现代办公事务处理

曹 辉 黄 健◎主 编
黄海珍 杜晓晖◎副主编

暨南大学出版社
JINAN UNIVERSITY PRESS
中国·广州

图书在版编目（CIP）数据

现代办公事务处理/曹辉，黄健主编；黄海珍，杜晓晖副主编. —广州：暨南大学出版社，2024.8

ISBN 978 – 7 –5668 –3918 –3

Ⅰ.①现…　Ⅱ.①曹…　②黄…　③黄…　④杜…　Ⅲ.①办公室工作　Ⅳ.①C931.4

中国国家版本馆 CIP 数据核字（2024）第 096969 号

现代办公事务处理
XIANDAI BANGONG SHIWU CHULI

主　编：曹　辉　黄　健　副主编：黄海珍　杜晓晖

出 版 人：阳　翼
责任编辑：王莎莎
责任校对：刘舜怡　许碧雅　何江琳
责任印制：周一丹　郑玉婷

出版发行：暨南大学出版社（511434）
电　　话：总编室（8620）31105261
　　　　　营销部（8620）37331682　37331689
传　　真：（8620）31105289（办公室）　37331684（营销部）
网　　址：http：//www.jnupress.com
排　　版：广州良弓广告有限公司
印　　刷：广州市友盛彩印有限公司
开　　本：787mm×1092mm　1/16
印　　张：15
字　　数：330 千
版　　次：2024 年 8 月第 1 版
印　　次：2024 年 8 月第 1 次
定　　价：49.80 元

前　言

　　"现代办公事务处理"是秘书专业的核心课程，对应秘书人才的"办文、办会、办事"中"办事"核心能力的培养，对提高秘书、行政文员等从业人员的职业技能有着重要的意义。本教材基于数字化发展背景，分三个模块对秘书等岗位的工作内容及工作流程展开分析。这三个模块分别为"认识办公室及办公室工作""办公室日常事务处理""办公室专项事务处理"，具体包括办公室管理人员素质、现代办公环境管理、现代办公通信管理、现代办公日常接待管理、现代办公印章与证照管理、现代办公用品管理、现代办公时间管理、差旅管理、会议管理、行政人事管理、信息管理，共十一个子项目，涵盖了秘书等工作岗位应掌握的办公事务管理的主要技能。

　　本教材是一本产教融合的工作手册，也是集理论、技能、实训、素养培养于一体的创新型教材。在编写过程中，我们特别突出了以下几个特点：

　　第一，素养积淀，融课程思政于无形。本教材注重学生职业素养的培养，在每个项目中都设计"素养积淀"模块，通过日常小事启示，引导学生树立正确的世界观、价值观和职业观，将课程思政巧妙地融入课堂及实训任务中，达到"润物细无声"的效果。

　　第二，数字化技术，赋能现代办公。数字化技术的广泛应用，给办公室管理工作带来全新的变化。数字化、智能化已成为现代办公管理的主要趋势。本教材打破原有传统办公室工作管理框架，重构教学内容，如在现代办公通信管理项目中增加了"社交软件的沟通技巧"，在会议管理项目中增加了"远程会议管理"，在信息管理项目中增加了"云办公"，等等，强调了数字化技术在现代办公环境中的应用，使学生掌握一定的数字化技术，突出现代性与创新性。

　　第三，项目化教学，打造连续性工作场景。采用项目化教学结构构建内容体系。每一个项目下设子任务，根据真实工作岗位需求提炼出典型工作任务。同时，设计了新入职的办公室助理角色"王丽"，以她的视角将具体任务引入每个项目中，使学生通过见证"王丽"职场中的蜕变经历更加深刻领悟办公室工作的内涵。另外，工作场景的连贯性使学生倍感真实与生动。

第四，校企合作，贴近岗位需求。本教材在编写过程中得到广东博纳德控股集团有限公司、山东沐宜传媒有限公司的大力支持。它们为书稿提供了大量的案例，并在智能化办公管理系统、会议管理系统等数字化技术应用方面给出具体指导意见，使得本教材能更贴近现代企业真实岗位的需求。

第五，讲训结合，突出实践能力培养。教材针对每个项目知识、能力、素养的要求编制一份实训任务书，每份实训任务书包括任务背景、知识储备、技能锻炼、素养积淀等模块，实训背景贴近岗位真实任务，使学生在实训中夯实理论基础，掌握职业技能，领悟职业素养，突出高职教材的实用性与针对性特点。

本教材编者均为在高职、高专一线从事秘书实务、行政管理教学工作的中青年教师，有较扎实的理论功底和较强的实务能力。全书共分十一个项目，项目一、二、三由黄健编写；项目四、五、六、八由曹辉编写；项目七、十由黄海珍编写；项目九、十一由杜晓晖编写。曹辉负责全书的统稿工作。

本书在编写过程中，参考了大量资料，从公开出版的书籍、报刊和网站上选用了一些数据和内容，大多已列入参考文献中，但鉴于部分网络资料的出处显示不清晰，无法注明出处，在此谨向所有参考资料作者表示衷心感谢。

本教材不仅可以作为高职、高专文秘类学生的专业用书，也可以作为行政管理人员、办公室文员等提升办公室管理能力的参考书。希望本教材能为广大读者的学习、工作提供一定的帮助。但是，由于编者水平有限，编写时间仓促，书中难免存在疏漏与不妥之处，恳请专家和读者批评指正，不胜感激！

编　者
2024 年 6 月

目 录

模块一
认识办公室及办公室工作

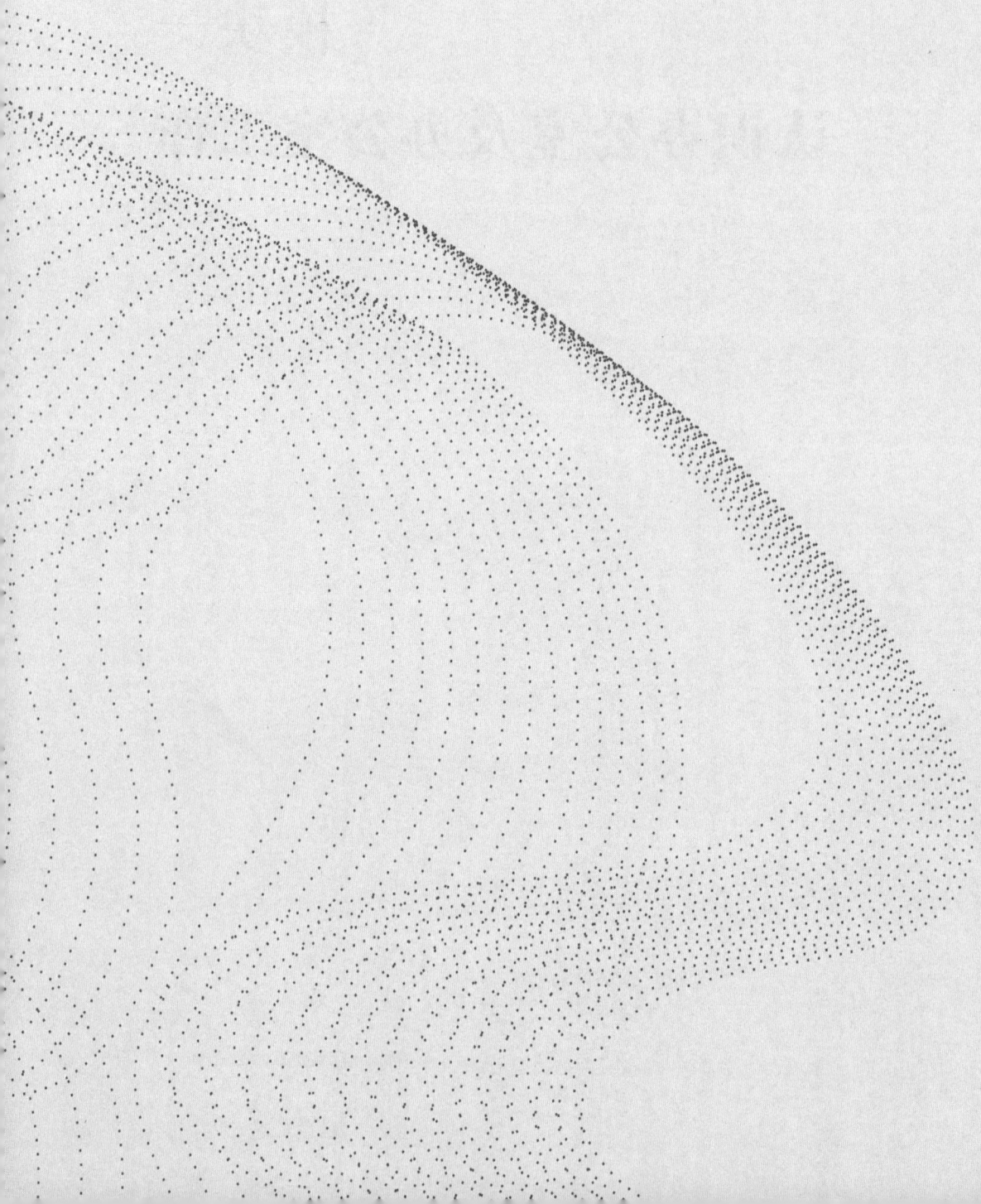

项目一
办公室管理人员素质

导 论

　　办公室管理人员，即办公室的"主人"，往往指的是秘书或行政助理。他们围绕着为领导服务这一工作核心，承担着办公室日常事务管理及相关突发事件处理的工作。在这样的工作情境中，他们要在"办文、办会、办事"方面突出地展现自己过硬的工作本领，就必须不断地学习新知识，提高职业技能水平，具备良好的职业素养，通过学习、磨炼，逐渐让自己成为领导的左膀右臂，以及办公室出色的管理者。

任务一　办公室管理人员的职业素养

任务目标

＊知识目标

　　（1）理解"办公室""职业素养"等概念的含义；

　　（2）了解"办公室管理人员"的含义；

　　（3）认知职业素养之于办公室管理人员的重要意义。

＊能力目标

　　能在日常工作与生活、学习中，有意识地采取有效的手段提高自身的职业能力水平。

＊素养目标

　　（1）认知"终身学习意识""创新意识""团队协作意识""工匠精神"等职业素养的重要性；

　　（2）能努力在工作实践中提升上述素养。

任务引入

　　王丽新入职长远有限公司行政部，担任秘书一职。公司总经理助理张云负责指导这位新人。

　　王丽第一天上班，发现张云早早就到了，正在为九点的会议做准备。她认真地检查了会议资料及设备，并告诉王丽要养成良好的工作习惯。"比如在头天下班之前，把第二天需要落实的事情梳理一遍，分析一下有什么事情是需要提前做好相应准备的，比如会议材料、场地、设备等。在时间的安排上，也要有主人翁意识，凡是自己负责的事，提前到场把相应的物品准备到位，对需要协调的各方，也应不辞辛苦地主动沟通，力求人人按时到位，保证活动正常开展。总之，自己心中装着'责任'二字，凡事主动、积极、认真去做，自然很快就能上手办公室的这些日常工作，成为业务能手啦。"听着张云的教导，王丽不由得心生敬佩。

几天下来，作为新人的王丽，思考最多的问题是：从事秘书工作，需要我们具备怎样的基本心态及行为方式？

任务分析

办公室不仅是办公室工作人员日常处理事务的场所，也往往代表着办事机构。面对烦琐的事务、复杂的人际关系，办公室工作人员尤其需要在心理、行为等方面积累良好的职业素养，以更好地完成本职工作。为此，我们需要掌握好以下几方面的知识与技能，并在实践中积累、提升自身的职业素养：

（1）理解两个基本概念：办公室、职业素养；

（2）认知秘书所应具备的心理素质；

（3）了解提升秘书心理素质的必要性及其方法，并在实践中加以运用。

一、基本概念的内涵

（一）办公室

从字面上来理解，办公，是指办理公务、处理公事。办公室，便是办公用的屋子。但在现实中，"办公室"一词在不同的语境中，会有以下四种不同的含义：

（1）泛指一切办公场所，内里常设有桌椅、文件柜、电话、电脑和其他用于办公的硬件设备与软件设备，区别于教学用的教室、生产用的车间等。

（2）某一类职业人员或某一级职务人员的办公场所，如经理办公室、校长办公室等。

（3）国家机关、企事业单位、社会团体内辅助管理的综合办事机构，如某市人民政府办公室、某集团办公室等。

（4）某种专门的独立工作机构，如某市某区征兵办公室、某市招生考试办公室等。

本书所谈的办公室主要取第三种含义，即国家机关、企事业单位、社会团体内辅助管理的综合办事机构，并侧重于企业的行政办公室。管理办公室各项业务的人员多处于秘书类岗位上，包括秘书、前台接待、文员、行政助理、总经理助理等，他们的工作内容虽然各有侧重，有所区别，但就性质来说，其工作均带有"辅助性"的色彩，即在领导身边开展辅助工作。他们以辅助决策、综合协调、沟通信息以及"办文、办会、办事"等为主要职能，是领导的参谋与助手。这类人员由于具有类似的工作性质，故均纳入"秘书"这一概念的范畴之内，本书所论及的"秘书"概念，也正是基于以上认知。为了更贴近实际的职业名称，接下来本书将用"秘书"一词来指称"办公室管理者"。

（二）职业素养

这是个多层次、立体式的概念。它指的是人的一系列个性品质的集合，而这些品质通过职场锻炼的磨合、工作任务的完成而在后天养成。职业素养源自鲜活的职业实践，具有职业性、实践性和情境性等特点。

在组织内部，办公室是一个需要频繁地进行信息处理、传播，以及开展组织内外沟通的场所。显而易见，面对纷繁复杂的业务与沟通任务，没有深厚的职业素养，秘书将无法胜任这样的工作。具体来说，职业素养可分为两大类：

1. 显性素养

显性素养即职业技能。秘书的职业技能，主要包含以下三个方面：

（1）办文，即具备文书写作、排版、存档保管方面的技能。

（2）办会，即具备会议等活动的筹备、组织实施与跟进善后的技能。

（3）办事，即具备办公室日常事务的处理技能。

2. 隐性素养

隐性素养指除了职业技能，完成一项工作任务还需具备的其他意识、特质，包括职业道德、职业意识、行为习惯等。如我们常说的有关安全、质量、遵纪、有效沟通、团队协作、爱岗敬业、对企业忠诚、责任感、终身学习及创新方面的诸多意识。

对秘书来说，典型的隐性素养会表现在以下五个方面：

（1）具备正确的政治信仰、人生观与价值观；

（2）具备良好的职业道德意识；

（3）具备终身学习的意识；

（4）具备良好的沟通、团队合作意识；

（5）具备创新意识。

职业素养不会在一夜之间突然生成，它需要通过长时间的工作历练，在不断实践—反思—整改—再次实践的过程中螺旋式上升，使自己的素养积淀得越来越深厚。众所周知，职业技能水平的提升、职业意识的加强均有赖于实践，可谓"实践出真知"。只有主动执行工作任务以及反思执行过程及效果，才能在大量的批评与自我批评中获取经验。

二、秘书的心理素质

（一）拥有良好的心理素质的必要性

除了前文所述的基本的职业素养以外，秘书还需拥有过硬的心理素质。之所以强调这一点而没有将心理素质归入隐性素养中去，不仅因为心理方面的问题并非单纯的后天形成，而是与先天条件、后天环境的影响均有关联，还因为秘书在工作中需要频繁地与各种各样的人打交道，心理素质好、善于处理各种人际关系、长于沟通等条件必不可少。此外，秘书还必须能应对工作中的变故，冷静地处理突发情况；面对他人的指责要始终保持从容应对的心态，科学合理地解决问题；对于工作难题要勇于尝试解决的途径与方法，并且在失败与挫折面前不气馁；思考问题时能够不断地打开新思路；愿意主动接受新的科技、文化成果来充实自己；等等。这些从容不迫的表现的根本，是勇敢、灵活、细心、毅力、包容和进取心，这都需要秘书拥有稳定、过硬的心理素质。

（二）科学地提高心理素质的方法

人非完人，当我们意识到自身心理素质上的不足时，想要有所改变，则需要相当的耐心，以及持之以恒的、有针对性的训练。

首先，我们要跳出自身视角的限制，尝试用旁人的眼光来审视自己的气质，即人的相当稳定的个性特点。

古代欧洲的心理医生基于遗传的角度，认为不同的人天生便具有一定的气质特征，大致可分为四种类型，即多血质型、胆汁质型、黏液质型和抑郁质型。虽然现代心理学通过对言、颜、行、姿等基本个人特征的把握，形成了更丰富的有关人的气质分类的观点，但并未否定前人观点。我们当然也可根据自己的需要，寻找更精准的评判工具，但在此，我们尝试要说清楚的只是"用旁人的眼光来审视自己"，运用这个传统的气质分类法已足够了。

当我们成为审视自我的"第三者"时，将自己的言行举止与以下的各类气质特征作比较，便能大致了解自己所属的类型了。

1. 多血质型

特点：活泼好动，善于交际，思维敏捷，容易接受新鲜事物；情绪情感容易产生也容易变化和消失，容易外露，体验不深刻。日常表现：敏捷好动，善于交际，在新的环境里不感到拘束；在工作学习上富有精力而效率高，表现出机敏的工作能力，善于适应环境变化；在集体中总是感到愉快，朝气蓬勃；能迅速地把握新事物，在有充分自制能力和纪律性的情况下，会表现出巨大的积极性；兴趣广泛，但情感易变，如果事业上不顺利，热情可能消失，其速度与投身事业一样迅速。这类人从事多样化的工作往往成绩卓越。

2. 胆汁质型

特点：坦率热情，精力旺盛，容易冲动；脾气暴躁；思维敏捷但准确性差；情感外露，但持续时间不长。日常表现：具有强烈的兴奋过程和比较弱的抑郁过程，情绪易激动；反应迅速，行动敏捷，暴躁而有力；在语言、表情、姿态上都有一种强烈而迅速的情感表现；在克服困难上有不可遏止和坚韧不拔的劲头，但不善于考虑能否做到；性急，易爆发而不能自制。这类型气质的人埋头于事业，也准备去克服通向目标的重重困难和障碍，但是当精力耗尽时易失去信心。

3. 黏液质型

特点：感受性低，耐受性高；外部表现少，情绪具有稳定性；反应速度不快但灵活。日常表现：稳重、安静、沉默，考虑问题全面；善于克制自己，善于忍耐，情绪不易外露；注意力稳定而不容易转移；外部动作少而缓慢。在生活中是坚持而稳健的辛勤工作者。这类人行动缓慢而沉着，严格恪守既定的生活秩序和工作制度，不为无所谓的动因而分心。他们态度持重，交际适度，不作空泛的清谈；情感上不易激动，不易发脾气，不易流露情感，能自制，也不常常显露自己的才能；能长时间坚持不懈、有条不紊地从事自己的工作；具有从容不迫和严肃认真的品德，以及性格的一贯性和确定性。其不足是处理事情不够灵活，不善于转移自己的注意力；惰性也使他们因循守旧，表现出固定性有余而灵活性不足。

4. 抑郁质型

特点：沉静，对问题感受和体验深刻、持久，情绪不容易表露，反应迟缓但是深刻、准确性高。日常表现：有较强的感受能力，易动感情；情绪体验的方式较少，但是体验持久而有力，能观察到别人不容易察觉到的细节；对外部环境变化敏感，内心体验深刻。外表行为：迟缓、忸怩、怯弱、疑心重、孤僻、优柔寡断、容易恐惧。

人的内心是复杂的，以上只是大致地对人的气质进行了粗浅的归类，不足以概括复杂的人心，这样做只是为了方便学习者更容易把握自己心理的主要特点。而这些特点，并不存在必然的优缺点，只是面对具体的工作，我们需要清楚地认识到自身的心理特质对于完成工作任务是否存在着某些阻碍。

个体的心理素质如何，原取决于先天遗传、成长经历与环境等条件，它往往是根深蒂固、难以改变的，但也并非一成不变。能否让我们心理的各种因素协调起来，形成提升工作效率的合力，关键还是在于个体的理性认知：对自我心理的相对客观的辨析——判断对工作进展不利的心理因素——借助内外各方的力量去约束或稀释消极的心理因素——增强工作成效。经过如此重复锻炼，新的习惯会逐渐形成，消极的心理因素对工作的干扰程度会逐步降低；自身的心理优势，便会在解除了消极心理因素的束缚后，在积极的行动中表现得更为鲜明突出。

任务书 1-1

一、任务背景

秘书王丽虽然在大学的专业学习中，已较系统地学习了办公室日常事务处理、会务管理、职场写作等领域的知识，经历了一些由学校及企业提供的真实的实践项目的锻炼，对秘书岗位有了一定的认识，但面对这份新的工作，她心里还是有些迷惘：办公室里的老员工，尤其是总经理助理张云，办事非常干练，处理问题非常老道，乐于接受新生事物，眼光独到。我要怎么做，才能像她那样优秀并得到大家的一致认可呢？再如，学校里所学习的内容，并不能 100% 地满足目前工作的需要。例如昨天张云请她帮忙做一篇公司年度风云人物的专访，但这种以微信公众号推文形式发布的文章应该怎样写，似乎在她以前所学的课程中并未深入涉及。想要将采访做得精彩一点，但自己并不熟悉那位风云人物，对人家的业绩、特点等完全不了解，简直是眼前一片黑。该怎样策划这次采访才好呢？王丽初来乍到，不好意思凡事都向老员工请教，生怕别人看低了自己。因此心里有些忐忑不安，担心事情做不好，被领导责备。

对于王丽的困惑与不安，我们该给她一些怎样的建议呢？

二、任务训练

1. 知识储备

（1）"办公室"有哪四种含义？秘书王丽所处的公司办公室，指的是其中哪一种？

（2）"职业素养"指的是什么？分为哪两大类？

2. 技能锻炼

（1）如何面对在秘书工作中所遇到的他人的指责？请结合生活或工作中的实例加以说明。在完成本题文字说明后，用口头表达的方式，与同学分享这一经验。

（2）在数字化的时代背景下，信息资讯、科技手段更新换代的频率大大加快。自然而然地，秘书所面对的工作挑战也频频出现。对此，我们是采取尽量回避的态度，一躲了之，还是迎难而上，寻求解决的办法？请简述理由。在完成本题文字说明后，用口头表达的方式，与同学分享这一想法。

3. 素养积淀

（1）请帮王丽规划一下，如何在秘书工作中贯穿"精益求精"的工匠精神？

（2）"21 天法"指的是用 21 天可以养成一个好的习惯。每天安排合理的内容，尝试用 21 天的时间学会一个小技能/通读一本书/掌握若干知识点等。请你制订一份为期 21 天的习惯养成计划，并将计划及每日的进度、感受等内容写下来。

任务二　办公室管理的工作内容

任务目标

＊知识目标

（1）了解秘书工作的内容；

（2）了解秘书工作的性质；

（3）了解秘书工作的特点。

＊能力目标

能在秘书工作的相关实践中体现其性质及特点。

＊素养目标

（1）初步建立秘书的职业道德意识；

（2）初步培养秘书细心聆听、准确理解、主动执行的职业素养。

任务引入

这天，秘书王丽正要按照日程表开始工作，总经理却打电话让她赶紧到会议室来，有个临时的任务等着她——做会议记录。

王丽临时接到任务，却感到力不从心。在会上，她需要一直保持高度集中的注意力，才能听清、理解发言者所讲的内容，并当即快速地做好记录。但她对公司业务还不太了解，导致在记录时很多术语听不明白。

散会后，王丽请教张云，该怎样应付这些"意外"的任务呢？

张云对她说，做事要有"三心"，才更有可能让自己成为优秀的秘书。

所谓"三心"，即专心——专注于工作所需的信息；细心——仔细观察所需服务对象的需求，仔细阅读经手的文件；耐心——做事不急躁、不浮躁，能长久地保持冷静、认真的态度。而对应办公室的日常工作，王丽又该怎样落实这"三心"呢？

任务分析

在"互联网＋"的时代背景下，现代办公室管理者——秘书，被赋予了更多"智能""综合"的特点，与古代辅佐君主的大臣不同，现代秘书在工作中所需的现代化办公技能、观念更多。现代秘书借助强大的科技手段和巨量的信息，利用线上、线下多种办公形式，既能撰文办文、摄制与处理图像音频资料，又能沟通协调；既会管理，又懂行业专业；既能处理信息，又能处理公关事务；既可以为领导办理各种具体事务，又能为领导出谋划策；既是领导的工作助手，又是领导的生活助理，全方位地为领导的工作服务。

本次任务要求我们掌握以下的秘书工作知识：

（1）秘书的各项工作；

（2）秘书工作的性质与特点。

一、秘书的各项工作

（一）日常事务工作

秘书的工作性质决定了秘书是"杂家"与"管家"，在处理各项外部事务的同时，也要更多地处理日常事务，包括日常接待、安排领导工作日程、接打电话与处理邮件等。

（二）沟通与协调工作

秘书工作的辅助性决定了秘书必须具备良好的沟通与协调能力，否则根本无法完成最基本的工作。沟通协调按照不同的分类标准可分为内外沟通协调、上下沟通协调等。

（三）会议组织与服务工作

办理会议是秘书必备的重要技能之一，主要包括会议前的筹备、会议中的服务和会议结束阶段的相关会务工作，如交通接送、费用结算等。

（四）组织安排商务活动

秘书在工作岗位上，经常需要组织各种各样的商务活动，如开放参观，宴请，举办签字仪式、庆典活动、新闻发布会等。所以秘书应熟悉这些商务活动的流程，并能够做相应的准备工作。

（五）文书处理与档案管理工作

文书是单位行使职权进行管理、联系、洽谈工作的重要工具。秘书经常性的工作之一就是收文的处理和发文的撰写。迅速、及时、准确、安全、高效地处理和撰写文书是对秘书工作的基本要求之一。立卷是文件办理的终点、档案管理的起点。已经处理完毕的文书，经过立卷定期移交档案室，以备日后查找利用。在智能型企业中，不少档案已经电子化。相应的档案储存与电子化存储介质管理，也是秘书工作的内容之一。

（六）参谋与信息处理工作

参谋工作是秘书的重要职能之一，秘书要不断地提高自己的能力，熟练地运用参谋的方法与技巧，把握参谋的时机，做好参谋工作。与此同时，秘书必须善于从多方面，如线上与线下、专业数据网站与面对面信息收集等，广泛地收集信息，并对信息及时进行整理、筛选、加工、利用和储存，以便为领导的决策提供科学的依据。

（七）公文写作

公文写作包括公文文书、事务文书与商务文书写作。写作技能是秘书实际业务能力的重要体现。

（八）人事助理工作

在中小型组织内部，办公室往往也需要承担员工招聘、培训及工资发放的任务，因此，秘书也相应地需要承担人事助理的事务，协助负责人开展相关的工作。

二、秘书工作的性质与特点

（一）秘书工作的性质

1. 辅助性

秘书工作在社会工作中处于辅助性地位。这一性质决定了秘书工作最本质的属性是辅助性。这是因为：第一，秘书工作是从属于领导与部门的工作。秘书工作主要是围绕着领导与部门工作而展开的，服务于领导与部门工作。第二，秘书只是辅助领导工作，秘书没有决策权，只是为领导的决策提供文件资料、信息情报以及建议或意见，为领导的组织和管理起到承上启下、内外协调和平衡的作用。因此，秘书在本质上是领导的工作助手，不能缺位而无所作为，更不能越权而胡作非为。

2. 服从性

秘书工作要求秘书坚决服从领导的指挥，按领导的意图办事。虽然秘书与领导在政治上是平等的，在人格上是独立的，在利益和目标上是一致的，但由于工作分工的不同，领导与秘书在组织上是一种上下级的关系。因此秘书要充分认识自己的职业角色，围绕领导的意图和要求调节自己的行为，严格按照领导意图办事，绝不能随意改变，任意超越。

3. 服务性

秘书工作的辅助性，决定了秘书工作的服务性。因此，为领导和部门服务是秘书工作的出发点与落脚点，是秘书工作的首要任务。领导机关和领导者是组织的核心，领导机关与领导者的管理和服务对象涵盖整个组织，所以秘书在为领导机关和领导者提供服务的同时，还应当为整个组织提供服务。秘书工作的服务性要求秘书树立强烈的服务意识，化被动为主动，积极地、富有创新性地做好各项工作。

（二）秘书工作的特点

1. 综合性与专业性相统一

（1）综合性表现在如下两个方面：

①秘书工作所涉及的范围及内容十分广泛。从其工作内容上看，不仅要起草文件、搜集信息、开展调研、处理综合性的事务，而且还要兼顾接待事务、会务组织与服务，以及领导交办的其他事务。

②领导工作的全局化也决定了秘书工作具有高度的综合性。因为任何一级领导都处于不同层次的管理系统的位置上，都必须总揽全局、预测发展、统筹规划、综合协调。各级秘书作为各级领导的参谋和助手，必须具有全局观念，立足于领导工作的全局，站在领导的角度观察、分析和处理问题，提出参谋建议，做到不在其位，当谋其政；必须具有较广的知识面，成为"通才""杂家"，以适应领导驾驭全局的需要。同时，还必须具有较强的综合概括能力和综合协调能力，才能做好相应的工作。

（2）专业性表现在如下两个方面：

①知识覆盖面之"广"与"专"的结合。当今社会，现代管理的科学化、信息化对秘书工作的专业化要求越来越高。秘书必须具有较高的政策水平、文学水平与理论水平，有较强的参谋能力、调研能力、信息处理能力和办文办事能力，熟悉文书、档案、保密、信访、会务、通信、礼仪等方面的知识，会操作现代化办公设施，等等。秘书作为一种特殊的社会职业，不是什么人都可以从事的，必须进行正规的专业培训。

②对所属行业知识的深入钻研。不同行业的秘书必须深入了解、掌握所在行业的专门知识。例如，党委秘书要熟悉党务工作知识，行政秘书必须熟悉行政管理知识，教学秘书必须熟悉教学管理、档案管理的知识，等等。秘书对行业知识越精通，工作起来越得心应手，否则"隔行如隔山"，就无法做好综合工作，更难发挥参谋的作用。

要做好秘书工作，必须把握好综合性与专业性的辩证关系。综合性是秘书工作的主要方面，专业性则是次要方面，二者互相渗透，相辅相成。秘书的专业知识越丰富、越全面，总揽全局的综合能力也就越强；秘书的综合能力越强，对全局了解越透彻，就越有利于其对专业知识的掌握，二者互相结合，互相促进。这一特征要求秘书一定要处理好"博与专"的关系，既要有较为广博的知识面，力求成为"专业通才"，又要精通秘书业务，力求成为"秘书专家"。只有这样，才能适应秘书工作的需要。

2. 被动性与主动性相统一

由于秘书工作具有辅助性的特征，因此，它也不可避免地带有被动性。

"辅助"是相对于"主导"而言的，是指在主导者的领导、指挥、控制之下，从旁帮助主导者完成共同的目标。处于主导地位的是领导，秘书处于辅助地位。秘书要发挥好助手、参谋、协调、补充等作用。

在工作中，秘书要时刻认清自己的位置，要懂得区分场合、对象来处理问题，要习惯于身居幕后为领导服务，适时表现自己却不抢风头。只有这样，才能更好地融入秘书的角色。

（1）秘书工作的被动性主要表现在：首先，作为领导的参谋和助手，秘书必须按领导的意图办事，不能自行其是。尽管秘书可以向领导提出不同意见及参谋建议，但在行动上必须坚决服从领导，奉命行事，不得我行我素。其次，秘书所在的办公室是各级机关的枢纽和门户，随机性的工作较多，事前难以预料。虽然办公室也有自己的常规工作，但可能变动性比较大，随机性较强，需临时应对的事务多，从这个意义上来说也是被动的。

（2）秘书工作的主动性主要表现在：随着现代社会科学技术的突飞猛进、知识经济的迅速崛起，领导的决策往往由原来的经验决策转化为科学决策，这是科技和管理发展的必然趋势。秘书必须擅长捕捉信息与掌握新知识来协助领导的工作。尽管秘书在工作中受到领导意图的制约，但依然有发挥主观能动性的广阔天地。所以，秘书既要在工作中贯彻领导意图，执行领导指示，又要充分发挥主观能动性，力求从被动中争取主动，开创新局面。

3. 机要性与群众性相统一

（1）机要性表现为：秘书在领导身边工作，必然要接触到各种机密。在当前激烈的市场竞争背景下，各组织尚未公开的营销计划、技术资料、客户名单等均属于商业秘密，秘书对此负有保密的责任。

（2）群众性表现为：办公室是各级领导汇集信息的中心，是联系各方的桥梁和纽带，其工作特点是具有广泛的群众性。许多文件的拟制、决策的实施，都涉及群众的切身利益，必须广泛地听取群众意见，纠正偏差，防止矛盾激化。与此同时，秘书在与投资者、客户、消费者打交道时，也要广泛了解、听取意见和建议，为领导决策提供依据。

因此，秘书工作是机要性与群众性的统一。如果秘书封闭自我，听不得群众的意见，忽视群众，就会割断领导与群众之间的联系，滋生官僚主义。反之，如果秘书忽略了机要性，就容易失去警惕，泄露机密，造成不良后果。

任务书1-2

一、任务背景

作为一名刚从学校毕业、参加工作的新人，秘书王丽是带着要把工作做好的热情投身于工作的。但是一段时间下来，她却有一种力不从心的感觉。原先王丽认为自己在学校里品学兼优，应付各门课程都游刃有余，觉得自己的能力还是比较强的。但来到真实的工作岗位以后，却发现现实与想象之间存在着很大的差距。

比如昨天，按照领导的意思写完的通知，她觉得文字通顺，意思表达清晰，自觉满意，就随手发布在公司的信息系统里广而告之了。但客户部的王经理马上就打电话来质问她："这个会议时间你们发通知之前怎么没有征求过我们部门的意见呢？我们在半个月前就已经安排了这个时间全体外出考察，行程都安排好了。现在突然要在这个时间开什么重要会议，还不能缺席……"

王丽一边道歉，一边头脑中一片空白。是啊，这么重要的会议，虽然领导定了时间，但自己不也应该查一下公司各部门的月度安排吗？都怪自己，只注重写作的问题，忘记考虑执行起来的细节问题了。

事后，她的师父张云让她及时撤下了这条已发布的通知，重新查看了各部门的事务安排，再与领导议定了合适的会议时间，写了新的通知，并经过领导的审阅之后，才正式发布出来。为此，张云语重心长地教导王丽："以后发布公开文件前，一定要将定稿发给领导审查，通过了才能发布。还有，平时要做好与各部门之间的沟通。咱们秘书，并不是只为领导服务，还要与各部门沟通，也为他们服务呢。可以说，上传下达，内外沟通，眼观六路，耳听八方，我们是信息的枢纽啊。"

王丽一边惭愧地点着头，一边心里泛起了涟漪："我确实太缺少实际经验了，还是得多向张云师父讨教、学习呀。"

那么，要想成为优秀的秘书，平时就需要大量的实践锻炼。你认为，王丽平时可以怎样来积累工作经验呢？

二、任务训练

1. 知识储备

在数字化的时代背景下，秘书应如何为领导服务？请举例说明。

2. 技能锻炼

每个工作任务的完成，均需要经历这样的过程：制订方案—实际执行—后续反思。在这三个环节中，秘书王丽分别需要考虑哪些主要问题？请帮她罗列出要点，并与同学分享观点。

3. 素养积淀

请帮王丽设计一段"自我介绍",目的是让其他部门的同事认识她这位新人,方便日后的工作沟通。介绍内容可以包括自己的姓名、身份及工作的主要内容等。完成文字稿的撰写后,请将这段介绍当众演示出来。

任务三 办公室管理人员的能力要求

任务目标

* **知识目标**

了解秘书工作所需主要能力的要求。

* **能力目标**

能根据秘书工作所需要的能力，有意识地在实践中锻炼专业技能，积累经验。

* **素养目标**

培养强烈的秘书职业意识，热爱本职工作。

任务引入

这天，秘书王丽正在清理开完会后的会议室。她并不急着开始动手收拾，而是先扫视了一下整个房间，将主要的设备都一一过目——种类与数量都对得上，没有遗失或损坏的。做完这一轮"扫描"，她才开始做第二步的收拾工作。经过入职后一段时间的适应与向老员工学习，王丽在工作上的进步很快。她的记性不错，在她的心中，早已在会前建立起一个关于会议室硬件设备的"仓库"，里面该有的设备（电脑、一体机、话筒等）种类、数量，她都了然于胸。每次等到会议结束、别人都离开后，她便先清点设备的种类与数量，将物品一一归放至原位；并将会前借用的物品归整到一起，再逐一归还给相应的部门。

王丽认为，秘书本应具备对待每一个工作细节认真、主动的态度。再深入思考下去，王丽想的是：

（1）围绕着秘书的工作，秘书主要需要哪些能力？

（2）能力的提升需要怎样的心态、怎样的行动？

任务分析

现代社会发展对秘书职业提出了诸如智能化、复合型等更高的要求。即秘书除了具有较广的知识面和较深厚的专业知识与行业知识以外，还需要较强的语言文字组织与表达能力、沟通能力、业务协调能力、独立处理办公室日常事务的能力、会议的组织与服务能力等。在信息化、智能化时代里，秘书还需要具有较强的利用各类新媒体平台处理与传播信息的能力。

本次任务需要我们从以下方面认知秘书的工作能力要求：

（1）智能方面；

（2）思维能力方面；

（3）组织能力方面。

一、智能方面

（一）敏锐的观察能力

秘书工作的特点要求秘书比一般人有更加敏锐的观察能力，以便在工作中迅速抓住事情的关键症结，对症下药，有效地完成本职工作。

（二）良好的表达能力

秘书是领导的"笔杆子"，要替领导起草各种文件，因此要具有良好的文字表达能力。同时，秘书又要做好上传下达、沟通协调的工作，这就要求秘书有很好的口头表达能力。

（三）良好的记忆能力

秘书每天面对纷繁复杂的人与事，若没有良好的记忆能力，将难以一一完成这些任务。

（四）自如的社交能力

秘书的社交能力比较重要，是因为其接触的人多，能否搞好社交活动，关系到秘书工作的成败。秘书应当充分利用自己与领导较为接近的关系，广泛地与社会各界接触，以开辟信息来源，搞活各方关系，从而取得良好的工作成效。

（五）良好的沟通能力

沟通能力就是个体能够从不同的人那里了解他们的想法，从中获取有价值的信息，并且能够将自己的想法、信息有效地传达给别人，从而达成沟通目的。秘书在工作中要起到上传下达、左右疏通的作用。其中也有艺术性，即调换角度的艺术。如在上传的时候，要站在下级的角度，把下情毫不含糊地说清楚。在下达的时候，要站在上级的角度，把信息传达得准确无误。同时，无论是哪种沟通形式，均需要考虑到文辞、语气的选择，以免对信息接收者的心理产生不恰当的影响，进而影响到沟通效果。

二、思维能力方面

（一）深刻的思考能力

思考是指进行比较深刻的、周到的思维活动。秘书工作往往要为领导决策当参谋，因此对秘书的思考能力也有很高的要求。秘书的思维活动应当具有广阔性、深刻性、独立性、灵活性、逻辑性与敏捷性。

（二）全局的综合能力

所谓全局的综合能力就是要求秘书胸有全局，宏观把握。秘书能把具体事物的各个方面联系起来，形成整体的看法，再从中找出工作的重点。从实践来看，秘书对于工作中的各种情况、各种特征、各个部分都需要进行整体的综合考察。如果只是做出孤立的、片面的决策，秘书工作就注定会失败。

秘书工作说到底还是一项系统管理工作。领导工作强调整体运行的效益与效率。作为领导活动的组成部分，秘书工作要适应这一基本要求，及时灵敏地对领导的要求做出准确反应，迅捷而卓有成效地做好各项辅助工作，又好又快地为领导提供满意的职能服务。

全局能力，要求秘书了解领导的工作重点，这样才能帮助领导处理一些非重点的事情，从而保证领导有时间来思考一些全局性、长远性的问题。

（三）快速的分析能力

所谓分析就是将事物的整体分解成为各个组成部分，或者把整体的个别特征、个别方面区分开来的过程。秘书有了分析能力才能深入实际，把了解到的情况进行研究，以便确立决策的方向，达到事半功倍的效果。这是做好秘书工作的重要前提。

（四）灵活的应变能力

秘书应当具有灵活巧妙的应变能力。这主要表现在审时度势，遇到突发情况不惊慌失措、无所适从，而是沉着冷静、随机应变。体现秘书应变能力的途径之一就是处理突发事件。社会复杂多变，市场竞争激烈，企业单位各种突发事件随时会发生。比如发生了紧急的情况，无法与单位领导取得联系，该怎么办，这便是秘书随时可能面对的问题。

三、组织能力方面

（一）游刃有余的协调能力

秘书工作会和很多人、部门打交道，这就要求秘书有很好的协调能力，能够很好地掌握领导、各部门以及同事的思想脉络，处理好各种矛盾，调动一切积极因素，形成和谐的局面。协调能力对秘书而言，重要性日益提升。

（二）点面兼顾的计划能力

计划能力是指为了组织的目标，在周密调查研究的基础上，制订实施规划（纲要）和方案的本领。秘书要正确处理时间、速度与质量的关系，在工作中努力追求"高效率、高标准、高质量"；抓住空隙，雷厉风行。同时，要加强工作中的计划性和条理性，以保证工作运转效率。

（三）运筹帷幄的调度能力

调度能力是指能够运用手中有限的推动力、引导力，充分整合手中的资源来完成领导交办的各种工作。

（四）高效可靠的管理能力

秘书应当有驾驭、组织、协调、执行和控制管理全过程的能力。根据职责的要求，秘书经常要按照领导的意图组织各类活动，如果缺乏一些现代的、科学的组织管理能力，就无法把工作做好。对此，秘书一方面要通晓办事的渠道，提高办事的效能，平时多思考，处处留意观察他人是如何处理问题的，不断增加自己的阅历和经验；另一方面则要用系统的观点，统筹安排工作。

（五）先进娴熟的信息收集与传播能力

在信息化时代中，秘书须熟悉并利用好各类传播渠道，在宣传、信息收集与处理等方面顺畅地开展工作。与传统的秘书工作相比，现代的秘书工作对数据收集、网络传播渠道的依赖性较高，对秘书的能力要求也相应地有所提高。与秘书工作密切相关的信息收集与传播渠道包括：

1. 办公管理类

这类软件是能满足日常组织内办公事务需求的网络系统。如各种 OA（Office Automation）系统，它们实现了手工办公到电脑办公的转变，实现了组织的信息交流与共享，建立起审批的流程体系，使远程办公得以实现。金山在线文档、腾讯在线文档一类的小程序则实现了多人同时在线编辑文档的功能。

2. 信息收集与处理类

这些软件或媒体平台往往由专业数据公司提供，数据量巨大，还能对数据进行简单的处理，大大方便了秘书的工作。提供数据的网站，如国家数据（https：//data.stats.gov.cn），可以查询到国家统计局调查统计的各专业领域的主要指标时间序列数据。当秘书需要发布调查问卷时，则可选择如问卷星、腾讯问卷等平台。这些平台不仅提供在线发布调查问卷的服务，还可以对所收集到的数据进行初步的统计，如所占比例、总数等的计算，比例图的生成等。

3. 社交沟通类

如 QQ、微信的在线聊天、传送文件功能，腾讯会议、钉钉会议的远程线上会议功能等，均使人们的沟通变得更便捷。利用好这些软件，能让秘书的工作更轻松、高效。

任务书 1-3

一、任务背景

这天，总经理交给王丽一个任务：帮他安排从广州出发，前往上海参加一个行业论坛活动。总经理把主办方发送过来的电子版邀请函转发给王丽，让她去办理接下来的事务，包括向主办方提交回执，安排好大约四天的行程。

王丽领了任务出来，脑子里有点乱，心想，总经理出差，有哪些事情该办？自己平时都很少独自出门，该提前做好哪些准备，还真有点蒙。这个回执比较容易处理，她仔细地阅读了邀请函里说明的要求，将其附带的会议回执下载下来填写上总经理的相关信息，并发送到指定的邮箱就完成了。但接下来，是不是该订机票及酒店？但上海她也没去过，酒店该怎么订？机票又该订哪个航空公司、哪个航班呢？

正当她在各大航空公司官网之间进行对比，看得眼花缭乱而不知所措时，张云正好路过，看她一脸苦恼，便问："你怎么啦？"王丽像抓住救命稻草似的，赶紧说："要给总经理安排行程，不知怎么办才好。我自己都没出过远门，没这方面的经验。您以前是怎么处理的呀？"

张云笑笑说："办公室的活儿，并不是一定要自己有过经验才会办的。作为秘书，肯定会在工作中遇到许多自己没接触过的人和没经历过的事，一定要主动地寻求解决的途径与方法。教你一招吧，把自己想象成老总，现在你要去上海出差啦，你出了家门以后，会需要哪些票据、哪些服务？你对应着把所需物品列个清单，就知道该准备些什么了。至于你想乘坐什么航班，对居住的酒店有什么要求，是不是该结合这次出差目的地和活动的时间、地点等条件，以及个人的喜好来决定呢？"

"是啊，"王丽点着头说，"所以我该结合老总的活动以及他个人的喜好来决定航班的班次和酒店。至于这个搜索的方法嘛，您放心，我会自己想办法通过各种网络搜索引擎去对比的。您说得很有道理，秘书要学会自己动脑筋，想办法解决问题。"

"对，"张云赞许地点点头说，"你反应很快嘛。除了这些，秘书还应该仔细地阅读邀请函中提出的要求，比如参加会议所需自行携带的物品、着装要求等，这些细节都应归纳并列出清单。需要秘书提前备好的咱们就准备好，到时提前交给老总，保证他顺利参会。"

"呀，您真细心，什么都想到了。"王丽佩服地对张云说。

张云笑着说："别夸我了，我一开始入职，也是什么也不懂呢。但接下来，我要求自己两只眼睛不能只盯着地上，要学会眼观六路，而且是细致地观察，还要大脑、眼睛、手配合着一起动起来。眼睛看了，脑子得思考，行动还要赶紧跟上，不能做'说话的巨人，行动的矮子'。我就是这样，一天一天把自己的工作能力锻炼出来的。经验也是建立在观察—思考—执行的过程中。"

"嗯。"王丽不住地点头称是。对于总经理出行的安排，她决定先仔细看看邀请函，把出行要点都罗列出来，再来决定她接下来要做的事情。

请你也帮忙想想，总经理出行，王丽该为他做好哪些准备工作呢？

二、任务训练

1. 知识储备

请帮王丽列一列，秘书工作主要需要哪些能力？

2. 技能锻炼

（1）在数字化的时代里，我们如何计划及实施商旅出行？有哪些可供搜索的网络资源？如何操作以达成目的？请罗列出相应的流程及资源名称、操作时需要考虑的要点，并与同学交换意见。

（2）撰写并简述自己遇到过的突发事件，回忆当时自己是如何应付的？从中可以归纳出哪些经验？把观点写下来，与同学分享。

3. 素养积淀

对于秘书王丽遇到难题便手足无措的表现，你认为她应该怎样修炼自己，才能改变这样的不足？请将建议简要地写下来。

模块二
办公室日常事务处理

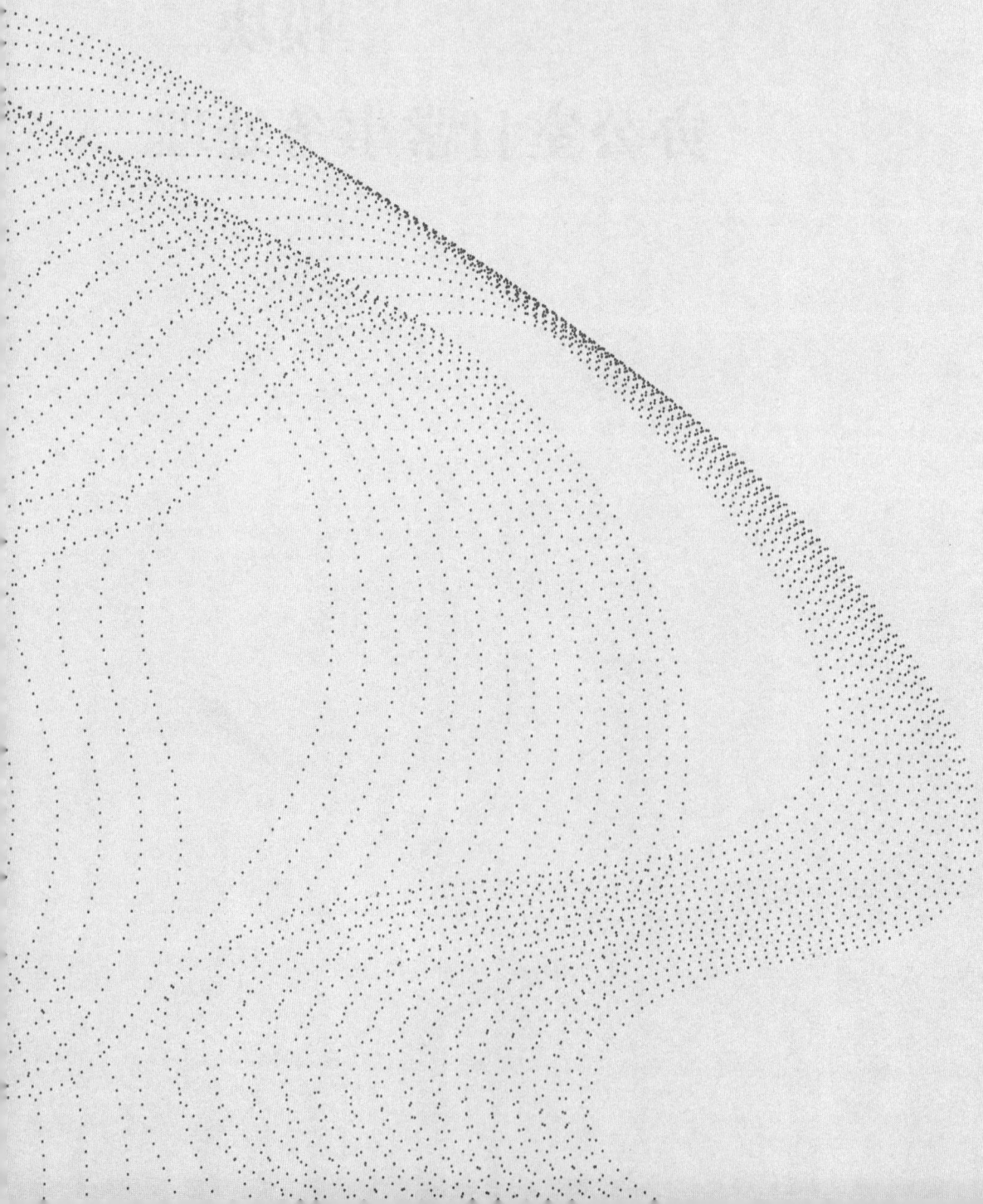

项目二
现代办公环境管理

导 论

　　秘书工作离不开办公室这类典型的场所。秘书办公事务的重要内容之一，就是对办公环境的管理。这一类工作，包含着对办公室布局的设计与美化、对办公环境的维护，以及对办公环境中安全隐患的排查等内容。涉及的相关知识、技能、素养非常多，如对各部门职能分工的深刻认知，空间美学知识，高度的安全意识、责任心等。通过学习，体会到自身具备渊博的知识、敏锐的洞察力以及良好的文化涵养是非常重要的。

任务一　现代办公环境的设计

任务目标

* 知识目标

　　（1）了解现代办公室的分类；

　　（2）了解办公景观设计的主要参考标准。

* 能力目标

　　能结合办公需求，对办公室进行合理的布局。

* 素养目标

　　培养高雅的审美意识、稳定的职业安全意识。

任务引入

　　这天，王丽接到工作：安排人手，把总经理办公室里面的布局重新调整一下。总经理提到几点关于重新布局的意见：

　　第一，办公室内没有专门的接待区域。有时他需要接待访客，只能隔着自己那张办公桌，与人面对面交谈，让人觉得彼此之间难以亲近，导致沟通的效果不理想。希望这次重新布局可以增加专门的接待区域。而且，他比较喜欢富有中国传统文化特色的设计。

　　第二，原先的办公室里除了家具、办公设备以外，便没有其他的物品，加上这些设施的外观、颜色都偏暗沉，因此在办公室里面总觉得沉闷，精神不振。因此在这次重新布局时，可以增添一些活跃气氛的元素，让工作更有激情。

第三，办公室的隔音效果不好。因为靠近公路，室外车来车往的噪声比较明显。希望这次能考虑到隔音的问题，想办法把噪声的影响尽量降低。

对此，王丽展开了思考：

（1）办公室是工作的场所，应如何布局才能满足工作的需求？

（2）为使人感受到环境所带来的积极的心理影响，办公室的布局应遵循怎样的原则？

任务分析

办公环境会对人的心理产生积极或消极的影响，从而也间接影响着工作的效率。良好的办公环境能使人心情舒畅、工作积极主动，从而提高办事效率；而恶劣的办公环境则起到与之相反的作用。

本次任务需要我们掌握并灵活运用以下要点：

（1）办公室的分类；

（2）办公室设计的原则。

一、办公室的分类

按照大小及布局来说，一般有三种：

（一）小型封闭式办公室

传统的办公楼多为中间一条走廊，两边是多间 5 ~ 20 平方米的小办公室，各自设门，呈现出封闭的样式。其优点是彼此独立，拥有自己的工作空间。缺点是彼此之间联系不紧密，缺乏直接的交流，不利于及时面对面的沟通。

每间办公室一般都配有办公家具，如桌椅、文件柜、茶几、沙发等，配以电话、电灯、电脑、复印机、传真机等设备。

（二）大办公室

一般多为 100 ~ 200 平方米的空间。其中大部分空间隔成多个个人工作区，在窗边、门边及中间位置留出一定的走廊位置。每个工作区为 3 ~ 4 平方米，有自己的桌椅、柜子及配套设备用品。工作区彼此之间用隔板隔开，隔板高约 1.2 米，办公人员坐着时互相看不见，免得干扰太多，但站起来可以相互打招呼，方便沟通；办公桌椅、柜子多为钢木结构，白色或银灰色，座椅一般为转椅，方便移动、转换方向，并可以调节高低，座椅两边有扶手，后有靠背，以减轻工作人员长时间工作带来的身体不适感。

大办公室的优点是节省空间，一些资源可以共享，如接待区的家具、文印区的设备等，人员之间面对面沟通起来比较方便；缺点是彼此产生的声音会相互干扰，同时也不利于保密工作。

（三）公寓式办公室

规模小的组织，例如三五人组成的办事处、联络处等，往往租用公寓式办公室。一般将进门的客厅作为接待区或普通文员办公室，里间的卧室被用作上司的办公室或会客室。

公寓式办公室的优点是节约办公成本，但缺点也很明显，即空间狭小，能容纳的人数不多。

二、办公室设计的原则

办公室的设计，主要是针对既定的房间，对家具、设备等硬件设施进行合理的布局安排；同时还需要考虑到各职能部门的位置安排是否合乎实际工作的需要，充分考虑到沟通、保密、心理、情绪转换、休息等要求。良好的办公环境，可以增强员工对组织的归属感，提升工作热情及专注程度，加强团队有效沟通，从而提高工作效率。

办公室设计的原则主要有以下几条：

（一）合理化原则

办公室布局应方便员工工作，并使员工的移动减至较小的幅度。一般来说，领导的办公区域里需要保证适当的访客空间，同时又要和秘书保持紧密的联系，以便于工作上的交流沟通。因此，领导的工作区域往往位于整体办公区域的里端，这里所受的干扰较少，而且工作人员不会因领导的接洽工作被转移、分散了视线与注意力。秘书的工作区域应紧挨着领导，以便随时听候领导的指示，及时做出回应。而在安排普通工作人员的工作空间时应考虑到保障公共空间与私人空间的相对独立，让两者区分开来，减少彼此之间的干扰与影响。

在大办公室内，设备的摆放位置需要考虑到其归属的使用者。一般公用的设施可以放在公共空间，如饮水机、打印机、碎纸机等，方便全体员工使用；但属于少部分人或不同部门使用的文件柜，则应遵循"就近原则"，结合通道的设计、安全摆放的考虑，将这些设施置于员工能快速到达并方便使用的位置。

（二）色彩搭配相宜的原则

色彩对于人的心理及生理都能发挥重要的影响力。在环境中，人的注意力往往首先捕捉到的是色彩，而非设施的形状、位置等其他构成因素。法国学者科斯在《色彩心理学》中向我们描述了大量生动有趣的有关色彩的最新科学研究案例。比如红色能唤醒人的大脑，如果想进行理性思考，最好远离红色；相较四壁落白、家具颜色单调的办公环境，员工在一个色彩突出的办公环境里会更有效率等。

色彩的搭配，是以使用颜色组合有效地营造舒服与愉快的氛围为原则。一般普通的办公室是需要员工保持冷静的头脑的场所，因此往往采用冷色调的颜色作为主色调，各种设施之间的反差不大。如天花板、墙壁、办公桌以米白色为主，融合同色系或中间色系颜色的柜子、文印设备等，彼此之间的反差不会过大。

若有激发员工创造力的需求，则不妨将办公室的颜色处理得较为活泼一些，这时可采用红、黄等暖色系，在构成颜色上则采用比例适度的对比色等，配合个性化、造型较为独特的家具，可以营造出不拘一格、富有创意的环境。但这种设计即便用色大胆，也要注意不可五花八门，缺乏整体的统一感，以免显得杂乱无章。

（三）办公设备优化的原则

一般来讲，选择配套、方便耐用、造型美观的办公设备也是秘书的工作之一。因此，有目的地设计与选择合适的办公设备对秘书而言，显得至关重要。

1. 照明设备

照明是人与人、人与物之间沟通以及空间舒适感的重要影响因素。办公时，合适的光线非常重要。一般我们应尽可能采用自然光照明，光线以眼睛觉得舒适为佳，必要时可以用百叶窗或窗帘来调节采光，避免光线过强而伤眼。遇到光线不充足时，则以电灯来补光。在补充的同等功率的光源里，白光显得亮堂；暖光则显得相对较暗，但能形成温馨的氛围。

2. 隔音设备

听觉是仅次于视觉的重要感觉。噪声对人体的影响有：心情烦躁，不能镇定，思维混乱，注意力难以集中等。因此在办公室内部可以通过隔音材料的铺设，在一定程度上降低噪声；在窗玻璃的材料选择上，选用有降噪功能的隔音玻璃，以最大限度地降低外界嘈杂声响对员工听觉的影响，使其得以集中精神，安心工作。

3. 空气调节设备

现代办公室基本上都装有空调机或中央空调系统。在使用时，要注意由送风口吹出的冷（热）气，不能直接、长时间地吹向人体，这样容易引起疾病。因此，可将空调的送风方式调节为变向、多角度送风；或者将工位设置于不直面送风方向的位置。有条件的室内还可添置温度计、湿度调节器等，随时监测调整，以保证合适的室内温度与湿度。办公室也不能整天使用空调，每天应留出一定的时间开窗通风，换取自然新鲜的空气。

4. 办公设备

要根据使用者的实际情况，依据方便、合理的原则来摆放。一般来说，现代办公室里，每个工位都应配备供个人使用的电脑，而打印机、复印机、碎纸机、传真机等常用设备需要摆放在公共空间里，其数量及摆放位置则根据实际使用的需要增加与就近摆放，以缩短使用者在设备之间频繁走动所耗费的时间与体力。

（四）办公室美化的原则

秘书工作的主要场所是办公室，办公室的美化程度如何，是衡量秘书能力与素养的标准之一。

1. 办公室绿化

在办公室适量摆放一些花卉绿植，不仅能点缀及美化环境，而且还可以调节周围的小气候。因为植物通过光合作用，能有效地吸收二氧化碳，同时释放氧气，提升室内空气的质量，特别适用于一些比较封闭的室内办公室。

此外，绿化办公室还有助于员工保持良好的心态，从而保证工作效率。我们都曾有过这样的感受：看到绿色植物或生机勃勃的鲜花时，会被其旺盛的生命力所触动，从而感到情绪安定、心情舒畅。一些植物还带有宜人的清香，令人的嗅觉得到良性的刺激，促使大脑皮质兴奋，从而影响人的心理、情绪与行为举止。因此，在室内适量放置植物，可以使人心旷神怡，提高工作效率。

但因为办公室往往见不到直射的阳光，周边环境也因为设备摆放、资料存储等因素的影响，需要长期保持干燥，因此，能在这里长期摆放且保持活力的植物，一般都必须满足耐旱、阴生等条件，最好还能具备吸收空气中甲醛等常见有害物质的优点。

2. 办公室装饰

办公室是工作的场所，应与家庭、商铺的装饰陈设有所区别，以整齐简洁为上。秘书可以采用若干美术作品、工艺品装饰办公室，这能带来赏心悦目的效果，增添办公场所的文化气息，给身在其中的员工及来访者带来美好的印象，避免办公室过于死板单调。但秘书在选择装饰品时的审美品位比较重要。一般在选择时，应结合公司文化的特点以及办公室的家具风格等因素来进行综合考量。如办公室整体风格比较现代、活泼，则不宜选择复古风格的装饰物，要考虑到彼此风格协调一致的问题。

装饰办公室，也可通过花束、花篮等含有新鲜花材的装饰物来装点。但在选择花材的时候，要考虑到花语、气味等敏感的细节问题。为此，秘书也需要有一定的责任心并具备基本的花卉养护知识。

任务书 2-1

一、任务背景

秘书王丽入职长远有限公司以后，准备对自己的办公室进行重新规划，以方便工作，提高工作效率。在重新设计之前，她总感觉到诸多的不方便、不顺手。

比如她的工位贴近窗户摆放，阳光常常通过窗户直接照射在她的电脑屏幕上，让她的眼睛感到不适；办公室的座机电话、文印设备等，虽然主要的使用者是她，但都放在远离她工位的角落里，每次她需要接听座机电话或者使用设备的时候，都要来回走动；特别是文件柜也放在那边的角落里，要使用的时候，也得抱着一摞文件走过去，来来回回，不知浪费了多少时间，工作效率也因此降低了。就她的办公室位置来说，是在靠近公司大门前台附近，这是因为之前人手不够，原先的秘书需要同时承担前台接待的任务。但现在秘书与前台分别由两人担任，分工更加细致了，王丽作为公司办公室的行政秘书，不再兼顾前台的工作，除了整个公司的行政事务，她有时还要协助总经理助理张云。但总经理及张云办公的地方在走廊的尽头，远离前台，以目前这样分隔两端的布局，她与张云等人沟通起来也非常麻烦。她常常需要走过长长的走廊，才能到达对方办公位置。有时因为事情紧急，她不得不一路小跑过去，相当不便。

也就是说，办公室的位置不对；以目前的情况来看，设备摆放的位置、工位的坐向也都存在着问题。如果向上级请示，在总经理办公室附近重新设置公司办公室，替换掉原来的那间，那么，她的工位以及那些设备该怎样摆放才科学合理呢？这是王丽要考虑的问题。

这天，她被告知，公司已经批复同意了她的请示，新办公室就在总经理办公室的旁边。这间房长 5 米，宽 3 米，有 2 扇窗。她可以先去看看，把布局图做好，这样到了搬家的时候，就知道怎样摆放这些设备了。

房间的空间如下图所示：

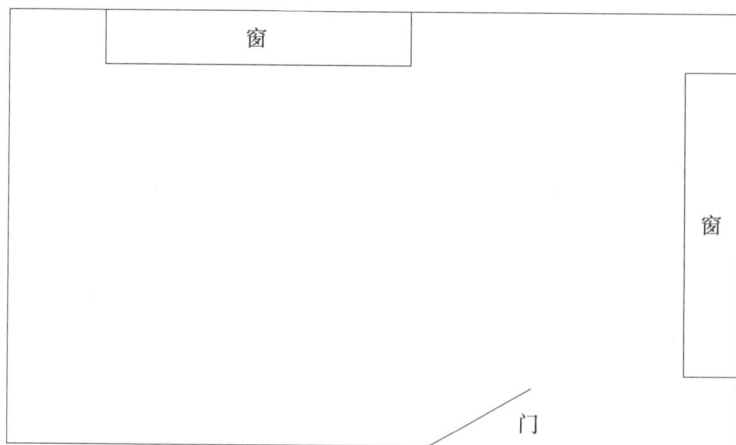

新办公室平面图

那么，在新办公室里，要怎样规划布局，才能让自己在工作的时候觉得方便，不影响效率呢？王丽统计了一下，需要规划的设备包括：办公桌、电脑、打印复印一体机、碎纸机、座机电话、机动的长条桌、饮水机、储物柜（数量分别为 1），文件柜 2 个。她准备画个草图，到时让搬家公司的员工对照着摆放。

以上这些物品如何摆放才能符合办公室布置科学合理、方便安全的要求呢？请帮王丽设计一下布局图，并说明设计的理由。

二、任务训练

1. 知识储备

秘书王丽在办公室的设计上，需要遵循的原则有哪些？请列出要点。

2. 技能锻炼

请帮王丽完成新办公室的平面布局。需要规划的设备包括：办公桌、电脑、打印复印一体机、碎纸机、座机电话、机动的长条桌、饮水机、储物柜（数量分别为 1），文件柜 2 个。

3. 素养积淀

请将自己宿舍或家中的书桌、书架区域在布局上做一些合理化的调整，以便自己在更整洁舒适的环境中学习。把调整方案写下来，并附上调整前后的对比图片。

任务二　现代办公环境的安全管理

任务目标

* **知识目标**

能识别现代办公环境中的安全隐患。

* **能力目标**

（1）能有意识地定期巡查办公环境，识别、记录其中的安全隐患，并能提出整改意见；

（2）能跟进执行乃至完成自己职责范围内的环境安全整改工作。

* **素养目标**

培养学生具有高度的责任感。

任务引入

这天正下着雨，一位客人匆匆走出长远有限公司的大门。因为走得很急，一不小心便滑倒在地上。秘书王丽正好经过，赶紧上前协助、安抚客人。

将客人送走后，王丽查看了地面，发现是因为下雨，人来人往，地面积水变得湿滑。

这时，只见人力资源部的经理走过来，对她说："小王啊，正好碰到你，我们对外的招聘网站可能是遇到黑客了，今天都办不了公了……"

半天下来，王丽感到办公室的环境安全隐患还真不少呢。她赶紧打开办公室环境安全检查情况表，开始记录刚刚发现的各项安全隐患。

此时，王丽思考及记录的重点，也是同学们需要关注的：

（1）办公室安全隐患有哪些种类？

（2）秘书应具备怎样的能力与素质，才能发现安全隐患并及时排查？

任务分析

办公室虽然不是意外频发的危险场所，但安全隐患依然存在。秘书应做好定期巡查整改的工作，尽量排除安全隐患，从而保障来往人群的人身安全，以及工作的顺利进行。为了排查安全隐患，秘书要具备以下能力：

（1）识别安全隐患的能力；

（2）处理安全隐患的能力。

一、识别安全隐患的能力

秘书首先要识别自己工作环境中有碍健康和安全的隐患，了解这些潜在的危险，这样可以减少发生类似危险的可能性。在办公室的潜在安全隐患中，最需要关心的就是威胁我们安全的一些细节问题。

工作环境是由许多因素和条件构成的，诸如工作区的空间、采光、温度、通风、噪声、装修材料、装饰物，工作区域内的办公桌椅、柜子、置物架、办公设备、饮水设备、办公用品及耗材等。

办公室常见的有碍健康与安全的隐患有以下几个方面：

（1）地板、墙面、天花板、门、窗中存在的安全问题。如地板上铺设的瓷砖松动破损、地面湿水打滑，墙面受潮发霉、起皮脱落，天花板开裂，门板变形而难以开合，窗户的铰链被腐蚀有脱落的危险，等等。

（2）从身心健康需求的角度来考虑，室内光线、温度、湿度、通风、噪声、通道等方面存在的安全问题。如光线、温度及湿度不适宜，会令人感到不舒服。一般来说，夏季体感较舒适的温度为 19℃～24℃，冬季时则为 17℃～22℃。在保持环境温度适宜的同时，还需合理地调节室内环境中的相对湿度。一般将湿度调节在50%～60%为宜，避免过于干燥及湿润，人体体感可达到相对舒适的状态，有助于维持人体正常的生理功能，以较好的状态投入工作。此外，如通风好而无异味；无噪声或尽量降低噪声的影响；通道顺畅，方向指示清晰及在必要的地方设置醒目的安全标识；等等，均在秘书进行安全问题排查时需考虑的范围之内。

在现代办公环境中，我们还强调秘书要注意光污染与气体污染的问题。如利用紫光灯消毒房间，应在所有人员撤离了该空间之后进行，从而避免紫光对人体的伤害；利用臭氧消毒之后，也应注意通风，避免浓度过高的臭氧对人体的伤害；所有人员不应在封闭或半封闭的空间内吸烟，以避免二手烟对他人身体的伤害。对于这些必要的常识，秘书也应有所了解。

（3）办公家具大小、高度及摆放位置存在的安全问题。比如在面积狭小的空间中硬塞入体积庞大的办公桌，或塞入数量过多的办公桌椅，使人们在使用时感觉空间局促，行走不便。通道不顺畅，人们在室内行动时，就容易产生碰撞等事故。这些情况均能表明办公桌的大小或数量与实际情况不符，需要置换体积较小的办公桌，或减少桌椅的数量。再如桌子的高度过高或过低，椅子设计不符合人体工程学等情况，容易让员工在长期工作中产生身体疲惫感，不仅会影响工作效率，也会导致某些安全事故，诸如员工身体因此出现疾病等。一般来说，如需摆放多张办公桌，会整齐地铺排成矩形状，这样可以使彼此之间的通道形成直线，方便人们行走通过。如果通道被办公桌分割成不规则的线条组合，人们在行走的时候将花费较多的注意力与精力，一旦分神，还极容易产生人桌之间的碰撞。而摇晃的桌子、破损的椅子、即将脱落的柜门铰链等，均应得到关注和及时的处理。

（4）办公设备的电源接线安全，无电线损坏裸露、乱拉电线及因电器过多引起的电容量负荷过重等问题；有顺畅的报修渠道，一旦发生故障能及时得到维修；注意办公室内各种用品、装饰物摆放的位置及方式保持正确，不会对人体产生危害。如剪刀、裁纸刀得到妥善安放，而不致因刀锋外露而形成安全隐患；装饰物安装稳固，不会掉落；装了水的水杯切勿放在手边，因为这样容易失手撞翻而招致不良后果；等等。

（5）办公人员具备足够的安全意识，在工作中始终保持责任心与细心，避免因为疏忽大意造成人身伤害或者信息泄露等安全事故。如踩踏在带轮子、会随时移动的椅子上搬抬物品；忽视火灾的可能性，随意吸烟、乱扔烟头，在灭火器前、楼道中堆放物品；在办公用的电脑上忽略安全保护措施的设置，使电脑处于网络系统中的高风险威胁之下；等等。与此相应的是，人们不仅需要具备安全意识，还需掌握必要的自救技能，在突发事故时，能对伤员、现场进行合理的处置，如使用灭火器灭火，对伤者采取简单的、对症的急救措施，同时能冷静处理情况，及时拨打正确的救援电话请求专业救援力量的支持。

（6）在数字化时代里，秘书还需要关注办公室网络信息安全的问题，因为网络系统也是现代办公环境的一大重要组成部分。秘书要认真学习、掌握国家有关网络信息安全的指导性文件，自觉按照要求去做，以做好网络安全的保障措施。

二、处理安全隐患的能力

当以上安全隐患被发现之后，秘书应立即行动或督促相关人员采取措施，正确地处理好这些问题。为此，秘书需要做到以下几点，以提升自己的处理能力。

（1）具备前瞻意识，在容易发生安全问题的空间处所中，以醒目的方式张贴必要的"温馨提示"。办公室环境安全方面的"温馨提示"可以包括两方面的内容：

第一，对日常办公室常规行为进行约束提醒。如不可吸烟的规定、文件柜资料取阅及返还的规定、下班前锁好门窗及断电的规定等。

第二，对于容易引起办公人员不慎受伤的隐患情况进行友情提示，如开水取用的防烫提示、设备的使用步骤说明及注意事项等。在撰写此类"温馨提示"时，秘书的行文需要注意人际沟通技巧的融入。即表意要明确，语气要温和，从保障他人人身安全的角度出发来撰文，而不宜以命令、指责的口吻去强制他人执行规定。委婉地规劝是因为这样更容易从情感上打动他人，使之产生共鸣，从而自觉地遵守规定，不会因为反感而产生抵触情绪。如在行文中表达出制定规定是为了"您的人身安全""身体健康"的意思，而非强硬地说"不……后果自负"。

（2）确定巡查周期，定期对办公环境进行安全方面的巡查。有些问题比较直观、不复杂，且需要高频率的检查，那么，它们理应成为秘书每日的常规工作，如在下班前检查垃圾是否均已被清理出办公室，电源是否关闭，门窗是否完好及关闭等；在工作中随时注意设备运转的情况等。

（3）一旦发现安全隐患，就应在职责范围内尽力排除或减少危险。如发现玻璃门上的安全标识缺失，可以马上制作出来并加以张贴，即便效果不够理想，也可以将此作为过渡期的解决手段，待日后制作出效果理想的标识再行替换；再如雨天地面积水，容易使行人滑倒跌伤，也应及时地通知后勤人员，立即处理积水，铺设防滑地毯，而不是仅仅张贴提示，请大家注意安全便了事。

（4）如果发现秘书个人职权无法排除的危险，就有责任和义务报告、跟进，直到问题解决。如发现天花板开裂、墙灰脱落，或者网络系统运行不稳定，时断时续等线上的问题，均应立即向有关部门汇报，督促工程人员前来维修解决，而非随意拖延，直到安全事故发展到不可收拾的地步。总之，秘书应将安全隐患扼杀在萌芽状态而不要任其恶化发展。要长期做到这一点，离不开秘书具备的丰富知识、敏锐的观察能力、高度的责任感与良好的执行力。

（5）所有的隐患解决过程：秘书发现—实施解决方法—排除隐患，应被记录在案，以供各方反思、检查。如设置环境安全隐患记录及处理表：

环境安全隐患记录及处理表

年　月　日				
地点	环境安全隐患	整改建议/实施	负责的部门	备注

任务书 2-2

一、任务背景

这天，秘书王丽按照办公环境安全管理的要求，巡查长远有限公司各办公室。听说最近财务部来了几位新人，原来的办公室不够用了。昨天下班前，财务部彭部长特意打电话给王丽说明了这个情况。王丽今天一上班就准备重点去财务部现场了解一下情况。

走进财务部，王丽发现，20 平方米的办公室，现在需要容纳 6 名员工，加上文件柜、各种文印设备等，办公室里的通道就只剩下仅仅一人能勉强通过的宽度，非常局促。员工小张昨天拿着一杯咖啡经过这条通道，一不小心，身体就碰在办公桌的隔板上，手一抖，咖啡洒出来，溅湿了小张的衣服，差点就被烫伤了。又因为增加了工位，原来的电插座不够用了，员工们就利用电插板来补救，但实在没有安放电插板的地方，于是便将其安置在地板上，这样，狭窄的通道上便又多了这些电插板，令人们行走起来更加不方便了。人多了，工位的摆放也只能利用边边角角的位置，硬塞进去。新来的员工反映工位的照明不足，总显得昏暗，而且正对着空调口，长时间办公，身体感到不适。

王丽一边了解情况，一边将自己的所见所闻简明扼要地记录在办公室环境安全检查情况表内。她向财务部的各位同事诚恳地道歉，认为是自己的责任，没有提前了解财务部需要进人的情况，也没有及时跟进房间及设备调整的需求。如果自己早点过来了解情况，早点做出调整补救，现在也不会是这个样子。彭部长宽容地摆摆手说："没事，能给解决问题就好，我们再熬两天，克服一下。这次新员工进来，也比较急，我也没有及时沟通，我也有责任。"

王丽红着脸走出财务部，心里正盘算着该如何调整办公室才能改变目前这种状况，一下没注意眼前，竟一头碰在一扇玻璃门上。她定睛一看，原来是会议室的玻璃门，不知什么时候，上面贴着的安全标识脱落掉在地上，加上附近走廊的灯坏了，光线十分昏暗，王丽这才不小心撞到了门上。她揉着额头，仔细地观察了一下此处的情况，继续将有关的安全隐患记录下来了。

在经过文印室时，王丽按照惯例走进去看了看，顺手掀起复印机的盖子。这时，一份文件赫然出现在她眼前。这大概是哪位员工在复印结束后，忘记取走的一份文件原件，它就这么被遗忘在复印机的玻璃板上。王丽将文件拿起来，认真地辨认了一下，确认属于客户部客户名单的一部分，里面有客户的联系方式等比较敏感的信息。王丽将文件收起来，往客户部走去。她要好好地跟部长说一下，必须时常提醒员工，客户资料非常重要，可不能漫不经心地摆放呀。

巡查完所有的办公室后，王丽回到了自己的办公室，准备根据刚才所记录的情况撰写整改措施的建议。

二、任务训练

1. 知识储备

（1）结合案例所述的安全隐患，请归纳出安全隐患的种类。

（2）在组织内部，若要尽量规避安全事故，秘书在其中应起到怎样的作用？请简要论述。

2. 技能锻炼

请根据刚才王丽巡查的情况，绘制办公室环境安全检查情况表。

3. 素养积淀

请观察教室、宿舍等，看看是否存在安全隐患，并提出解决安全隐患的建议。

项目三
现代办公通信管理

导 论

秘书在工作中需要与各种各样的人打交道。其中，有组织内的，如自己的上司、同事等；也有组织外的，如客户、合作商等。在无法面对面进行沟通的情况下，组织与组织之间、人与人之间往往通过电话、邮件、社交软件等载体保持着联系。各种通信方式均有其优势，也有其不足。秘书需掌握各种通信方式基本的使用原则、规律，能在实际运用中合理选择与使用它们，恰当保存相应的资料，从而高效地完成工作任务。

任务一　电话管理

任务目标

* 知识目标

掌握正确接听与拨打电话的要点，包括流程、电话沟通礼仪、电话记录等。

* 能力目标

能够正确接听与拨打电话，流程执行正确；有礼貌；善归纳；沟通顺畅并达成目的；电话记录完备；等等。

* 素养目标

养成专心聆听、礼貌待人的好习惯。

任务引入

在办公室里，接打电话是秘书重要的常规工作之一。

这天，王丽接起一个电话，亲切地问候道："您好，这里是长远有限公司办公室，我是秘书王丽。"

"我要找王总，有重要的情况向他反映。他手机号是多少？"

王丽一下警惕起来了，她的师父张云曾经叮嘱她，领导的手机号不能随便给别人。

"请问，您是哪位呢？是怎样的情况，我可以先了解一下吗？"王丽耐心地问。

"就是重要的事。赶紧的，王总的手机号给我。"电话那头的声音变得不耐烦起来。

王丽该怎么办呢？同学们，你们能给王丽一些建议吗？还有以下的相关问题，该如何解答？

（1）在办公室中，正常接听与拨打电话的流程是怎样的？

（2）怎样才能让信息顺利、准确地得到交流？

（3）怎样应付办公场景中那些"难缠"的电话？

任务分析

在现代社会中，人们越来越离不开电话这种通信工具，电话沟通已经成为秘书处理日常事务的必要媒介以及重要的内容。秘书每天都要通过电话进行大量对内、对外的联络工作，这对于其高效地完成工作任务起着不可忽视的作用，很多外界人士也是通过电话最先接触与了解秘书所服务的组织。可以说，秘书在电话沟通中所展现的良好形象不但代表着其自身素质，更是展现其组织形象的一扇窗。因此，秘书必须认真学习及运用规范的电话沟通技巧，切不可随性妄为而影响了组织的形象。为此，我们需要掌握以下几点：

（1）拨打电话的注意要点；

（2）接听电话的注意要点。

一、拨打电话的注意要点

正确拨打电话的要点，归纳起来有如下几点：

1. 熟悉拨打电话的流程

对于这些常规性的办公室事务来说，秘书都应做到有备而为之，这是此类事务处理的共同规律。因为只有做好准备，才能使事务处理的过程阻碍减少，处理顺畅，从而缩短处理的时间，节约精力，提高办事效率。那么，对于拨打电话来说，按照先后顺序来排列，相应的准备工作有哪些呢？

（1）明确通话目的；

（2）梳理沟通的内容要点；

（3）确认对方的姓名、所在组织及部门和电话号码；

（4）准确拨出电话。

顺利地接通电话后，秘书又该如何正确地与对方进行电话沟通呢？

（1）简明扼要地表明自己的身份（自我介绍）；

（2）清晰简洁地说出要找的人的姓名；

（3）与要找的人礼节性地寒暄；

（4）陈述沟通要点，表明己方的诉求；

（5）简洁清晰地与对方进行商议；

（6）确认最终议定的结果要点；

（7）礼貌地道别；

（8）挂断电话。

当然，这是最理想化的通话过程：秘书要找的人正好能接听电话。实际的情况却有可能发生各种意外，如秘书要找的人由于各种原因暂时无法接听，对此，秘书可按以下的步骤留下自己的诉求：

（1）了解正在通话的对方的身份、姓名；

（2）请求留言给自己要找的人，同时简明扼要地表明自己希望沟通的大致内容，提出自己的诉求，如希望自己要找的人可以电话回复等；

（3）复述自己的诉求要点；

（4）礼貌地道别；

（5）挂断电话。

2. 注意电话沟通的礼仪

在电话沟通中，虽然双方并非面对面地说话，但每个人的声音、语气、措辞等方面的状况如何，还是非常容易分辨出来的。比如当一个人心不在焉地说话时，会表现为回应较慢或无法予以正确回应，声音含糊，措辞不当等；而如果一个人带着微笑说话，则会使他的声音显得柔和悦耳，再加上积极的回应，这些表现均能令对方得到鼓励的暗示，更愿意将沟通顺利地进行下去。可见，电话礼仪并不仅仅是几句礼貌性的问候，而是与面对面的沟通一样，对秘书的肢体语言等辅助手段也同样提出了要求。归纳起来，秘书要做到以下几点：

（1）端正通话姿势。打电话的过程中不能吸烟、喝茶、吃东西，即使是慵懒的姿势对方也能听出来，因为身体不端正，说话时气息的流动不通畅，在声音上就会有所表现。若坐姿端正，身体挺直，所发出的声音就会显得亲切悦耳、充满活力。因此打电话的时候，即使看不见对方，也要当作对方就在自己的眼前，尽可能注意自己的姿势。

（2）辅以肢体语言。在说话发声的时候，音量、语速均要保持适中，声线柔和，气息稳定，面带微笑。因为人的发音器官，除了声带以外，还包括口腔与鼻腔。当人们在微笑的时候，面部肌肉始终是轻微上提的动作，能维持口腔的开合幅度，使之不会过于松垮，这样说出来的语音会显得较为悦耳。此外，为了向对方传递自己认真聆听的态度，提升对方沟通的热情，可予以"嗯""是的""好的""没问题"等简单而积极的回应；自己可以按平时表达的习惯，辅以手势，虽然对方看不见，但这些习惯性的手势却能让自己获得鼓励的暗示，也不妨为之。

（3）选择合适的措辞。在沟通中，表达同一个意思有多种措辞方法。比如要表达"欢迎"的意思，我们既可以用"期待您莅临现场，予以指导"这样较为书面化的表达方式，也可以用"那我们明天见，不见不散"这样显得较亲密、口语化的表达方式。在实际中如何选择，关键还在于我们平时注意学习，多实践，多反思，积累经验。一般来说，以下几点是我们在措辞的时候要注意避免的：

①过多地使用书面语。因为电话沟通的本质是口语交流，书面语过多，会让对方有可能听不懂而无法理解你的意思，还有可能让对方感觉到彼此之间的情感距离被拉大，难以继续沟通下去。

②使用粗俗的语言。这会让对方觉得不快，不愿沟通下去。

③没有使用尊称。一般来说，秘书在工作中需要致电沟通的人均为尊者，不管对方身份级别的高低，秘书在打电话的时候，心里都应先存着敬意，这样才能让对方感受到你的诚意与尊重，为接下来的沟通扫除情感不和谐的障碍。在普通话中，"您"是敬称，在对方姓氏后面带上相应的职务称呼或性别称呼，也是对对方表达尊敬的做法，若以"你""小王""老张"来指称对方，则失去了尊重，带有以上对下的意味了。

④措辞过于烦琐冗长。如果我们觉得客气话一定要多说，才能表示我们对对方的尊重，那就错了。因为工作中的电话沟通不同于日常家庭亲人间的拉家常，工作电话应惜字如金，用简明扼要的话把意思表达清楚即可，切不可啰唆，浪费别人的时间，引起别人的反感。

（4）使用商榷性的语气。为了使通话的对方明确感受到你的诚意与善意，我们应尽量用商榷性的语气，表达希望与对方在有所协商的基础上达成一致。为了体现我们商榷性的意味，不妨使用"我建议""是不是""我感到似乎"等用语，来委婉地表达自己的意思。

（5）选择合适的通话时间。秘书在决定拨打电话前，还需要考虑对方所处的境况，如是否在适合通话的时间范围之内，通话时长需要控制在多长时间之内为妥当。一般来说，除了特殊、紧急的情况以外，工作上的事最好在上班时间打，最佳通话时间是双方约定的时间与对方方便的时间。如果万不得已要在对方不方便的时候通电话，如下班之后、上班之前、午休时间等，应及时道歉，并说明自己如此紧急拨打电话的不得已原因。此外，还需将对方所处的时区等特殊情况纳入自己考量的范围之内。如对方与自己不在同一个时区内，自己就需要先计算好对方目前的时间，判断是否适合通电话。

（6）断线与道别的正确做法。如果在通话过程中断线，一般应由拨打电话的这一方重拨过去，并立即道歉，说明出现了断线的情况。在道别时，要使用礼貌用语，如"谢谢""再见"等，不可只管自己讲完就挂断电话。如果使用的是座机，在挂机时先将听筒耳机一头朝下，按住叉簧，挂断通话，再放下话筒一端。挂机后要确保电话切实挂断，否则影响来电呼入，甚至还可能造成泄密。

领导有通话需求而秘书代为拨打电话的情况，基本操作与前文所述的一致，只是在接通电话后，除了表明自己的身份，还需要说明是代某位领导拨打电话；待需要找的人顺利接听电话后，再礼貌性地问候对方，请对方稍等，并将电话交给领导，说明"您的电话已接通"。

二、接听电话的注意要点

正确接听电话的要点在通话过程中与拨打电话一致，在其他环节需要注意的，归纳起来有如下几点：

1. 接听电话的流程

电话铃声响起两声，及时接听—自报家门—确认对方身份—交谈及记录—归纳并确认通话要点—礼貌地道别—待对方挂机后，己方再挂机。如未能及时接听电话，在接听时应先向对方致歉："对不起，让您久等了。"

2. 自报家门的要点

（1）礼貌地问候对方："您好！"

（2）表明自己所处的公司及部门："这里是×××公司×××部门。"

（3）表明自己的身份："我是秘书×××。"

通过自报家门，有助于对方迅速地确认自己所打的电话是否正确。

3. 确认对方的身份与用意

电话接通后，如对方未表明其身份与用意，秘书应主动以礼貌的方式询问相关情况，如："请问您怎么称呼？""您找哪位？""您是想了解哪方面的情况呢？"若秘书一接电话即辨认出对方是谁，可直接称呼对方，以示亲切，如："啊，是陈总，您好您好！"

4. 认真地倾听记录

秘书应注意聆听，积极理解对方意图，做好记录。没有弄明白的地方，一定要请对方重复或解释，确保自己记录准确。在通话结束前，还应归纳要点，请对方确认，以保证信息传递的准确性。如果对方询问某些问题，自己需要放下话筒进一步查询才能够回复的，则要向对方说明情况，并询问对方是否可以等待，再根据对方的回复决定下一步的行动。

5. 做好代转电话的服务

秘书接到找其他人的电话，如果对方要找的人就在附近，应立即寻找而不拖延。如果对方要找的人不在，自己又无法处理的，应委婉地探求对方的来电意图，询问对方希望得到怎样的帮助，如留下电话号码、等相关人员稍后回电、转达信息等。这些需要跟进的内容，秘书都应在电话记录单上有所记录，也应主动跟进，及时转达。

6. 电话中断的处理方式

如在通话过程中电话中断，所聊的话语明显还没到结束的时候，那么，秘书应等待对方再次打来。如对方一直没有再次打来，秘书应主动给对方回拨过去，继续被中断的通话。

7. 特殊电话的处理方式

秘书可能会接到各种特殊电话，可做如下的处理：

（1）匿名电话。这类电话的拨打者既不愿报出姓名，也不愿说明动机，只是一个劲地要直接与领导通话。秘书对此类电话要保持彬彬有礼的态度，坚持不报姓名或不说明来意就不打扰领导的原则。如果是反映有关情况的电话，秘书则要保持冷静，并向有关负责人反映。

（2）纠缠电话。这类电话的拨打者为了达到目的，会频繁地打来电话，重复诉求。对此，秘书要不怒不躁，不被对方利用，同时也要礼貌地回绝，不留余地。

（3）投诉电话。这类电话的拨打者往往情绪比较激动，言辞比较激烈。秘书对此应始终做到心平气和地缓和冲突，冷静耐心倾听，表达出"感同身受"的同理心。等对方发完火后再诚恳地解释原因或提出建议，绝不能针锋相对，激化矛盾。

（4）领导不愿接听的电话。对此类电话，秘书需要做到委婉地拒绝，而不可直截了当地回复"领导不愿接听"，因为硬邦邦的回复有可能会伤害对方的感情。即便对方也许并非己方的朋友、客户，也没有必要因此结下仇怨，给自己树敌。

任务书 3 - 1

一、任务背景

这天，秘书王丽接到任务，要为公司即将在 11 月 15 日举办的长远有限公司成立 20 周年庆典活动联系相关的参加人员。她看了一下名单：嘉宾李先生，他不仅要出席活动，还要作为重要客户的代表上台发言；嘉宾王女士，她则是作为活动的评委被邀请的。名单中还有公司内部几个部门的负责人：宣传部刘经理、客户部王经理、后勤部马经理，这三位需要参加活动前举办的一个会务方面的筹备会，时间定在 10 月 20 日上午 9：00—10：00，地点在总经理办公室。

王丽拿出客户的通讯录，找到李先生与王女士的电话。她先拨打了李先生的电话，电话接通以后，她赶紧说："您好，是春秋物流公司的李树德总经理吗？请问您 20 号有没有空？请您来一趟我们公司。"

电话那头沉默了几秒钟，然后警惕地问："您是哪位？"

"哦，"王丽赶紧解释道，"我是长远有限公司的办公室秘书王丽。是这样的……"

结束了与李先生的通话，王丽又给王女士打去了电话。没想到，接电话的却是一位男性。王丽疑惑地问："请问是王兰女士的电话吗？""打错了。"对方没好气地瞬间挂断了电话。王丽检查了一下刚才拨打的电话，发现自己按错了一个数字，原本应该按"3"的，她按成了"5"。

就这样，她磕磕绊绊地打完了这两个电话，幸好两位嘉宾都还挺爽快，一口便答应了她的邀请。王丽不知道自己到底是哪里出了问题，原本很简单的两个电话，怎么就花费了那么长的时间呢？也许自己说得太多了？自己真是没停嘴地在解释，从举办活动的意义与目的开始讲，一直讲到邀请嘉宾的事情。她总觉得要把活动的意义强调了，才能请得动这些嘉宾，但其实还没等她罗列完活动的意义，那两位嘉宾就不约而同地问："是要我过去助兴吗？""是的是的。"王丽这才抛出了邀请的目的，结束了对话。现在想来，自己好像有点啰唆了，是不是直接提出邀请就好了？

接下来，她继续给公司内部的三位经理打电话，通知开筹备会的事情。这次，她挑了重要的内容来说，直接告诉对方开会的时间、地点，以及简要的内容、需要携带的资料等。通话很快就结束了。正当王丽为自己办事的高效率而高兴时，突然想起来，其他两位经理都只需要携带参加活动的工作人员名单前往开会地点即可，但宣传部还需要将活动的宣传资料提前发送给总经理过目，这点她忘记通知了。唉，早知道就应该把通话的要点先写下来，王丽拍着自己的脑门，懊恼地自言自语道："好记性不如烂笔头啊！"

二、任务训练

1. 知识储备

（1）秘书在拨打电话的时候，正确的流程是怎样的？

（2）秘书在接听电话的时候，正确的流程是怎样的？

2. 技能锻炼

（1）在以上任务设置的情境中，秘书王丽有哪些地方做得不对？请为她总结一下错误所在，并身体力行，做出示范演示。

（2）请观看其他同学的示范表演，做出简要的评价。

3. 素养积淀

培养认真聆听、积极思考、及时提炼概括的职业素养与服务他人的精神。随机找一段新闻或电话录音来听，记录下其中的要点。看看谁记得快速、准确、简洁。

任务二　邮件管理

＊知识目标

（1）掌握处理实物邮件的流程与细节；

（2）掌握实物邮件发出的流程与处理细节。

＊能力目标

（1）能够规范地处理实物邮件的收发；

（2）能够规范地处理电子邮件的收发。

＊素养目标

培养做事的细心与耐心。

任务引入

这天，秘书王丽像往常一样，打开刚拆封的邮件，仔细地看了起来。刚才她在叠放这些需要由自己拆封的邮件时，大致按照信封上的发件信息定了审阅的先后次序。比如来自上级主管部门、长期有联系的企事业单位的，一般放在比较靠前的位置。这样处理起来，会有个大概的先重要后次要的排序。这也是遵循了办公室事务处理"先重后轻"的原则。

在阅读到一封来自某律师事务所的律师函时，王丽的心不由地"咯噔"了一下，这还是她第一次接触到律师函。里面的内容是关于本公司微信公众号中一篇推文侵犯了肖像权的。信中清晰地说明了事情的脉络：在某公开发布的、带有明显的产品宣传的推文中，多次出现了当事人张女士的照片，而这些图片的发布，并未得到张女士的授权，侵犯其肖像权。

王丽自入职以来，还没处理过这样的工作内容，一时间有点发蒙。

王丽该如何处理这封棘手的邮件呢？

任务分析

邮件，包括传统的通过物流方式寄送的实物邮件及基于网络办公环境的电子邮件。任何一个组织，每天都可能会收进或发出一定数量的实物邮件。对实物邮件的处理是秘书的一项常规而重要的工作，看似简单，但如果处理不好，就会直接对秘书工作造成影响。因此，秘书必须懂得实物邮件处理的基本规范。同时，随着网络办公时代的延伸，电子邮件已经成为现代办公不可缺少的工具之一，甚至秘书每日处理电子邮件的工作量，常常会大大超过处理实物邮件的。电子邮件有其快捷、经济、高效的特点，但同样有其使用的规范。秘书如果不注意这些规范，也会对工作造成不良影响及困扰。

秘书在处理各类邮件时，要注意以下几个问题：

（1）实物邮件的收进流程及处理规范；

（2）实物邮件的发出流程及处理规范；

（3）电子邮件的接收规范；

（4）电子邮件的发出规范。

一、实物邮件的收进流程及处理规范

（一）收取

如果每天处理的实物邮件数量较大，组织内部一般都会在办公室下设专门的收发室，负责邮件的收取，也有组织会租用专用信箱，每天派专人收取。无论采取何种形式收取邮件，都必须保证邮件的安全及其时效性，及时收取，避免损毁或遗失，特别是对挂号信及特快专递要逐一清点、登记，在交接时履行签收手续。

（二）分类

邮件收取后，秘书可根据收件人的情况大体分为以下几类，然后再进行处理：①写明上司亲启的信函；②同事的私人信件；③各部门无指定收件人的信件。也可继续根据邮件轻重缓急的程度，再细分为急件与普通信件等。

在分类时，一般来说，应将私人邮件与公务邮件分开，将办公室内部邮件与外部邮件分开，以便进行分发与拆封的不同处理。私人邮件应按其所在部门进行归类，在下文所述的"登记"步骤完成后，及时派送到相应的部门或各部门指定的地点；属于上司的私人邮件，则由秘书直接交给上司。

（三）拆封

秘书对归自己处理的邮件进行拆封。此时秘书需要考虑邮件的安全与拆封权限两大问题。

为了确保邮件的安全，秘书应将邮件立起来，在桌面上轻磕几下，并对着光观察内里的信瓤是否已沉落在底侧，这样做可以避免因信瓤留在封口处而被开封的刀口损坏。这时注意尽量不要用手直接野蛮撕开封口，而应用剪刀、拆封器等工具沿着信封上端开封，注意不要损坏邮戳及信封上的文字，以完整地保留信封及其上面的所有信息。

取出信瓤后，注意再检查一下内里物件是否全部取出，并仔细阅读信中内容，判断所取出的物件是否齐全，对方有无可能漏寄；还需检查信中所涉及的信息，是否与信封上的信息一一对应。如有不一致的地方，应及时做好标记，并与寄件人联系确认，以防其中发生信息的错漏问题。

如此时不慎误拆了自己不应该拆的邮件，比如属于他人亲启的，秘书应立即将邮件封口，并在信封上标注"误拆"以及签上自己的名字，尽快交予相应人员，解释清楚、道歉，一般都能得到当事人的谅解。

（四）查阅

秘书对已拆封的邮件进行认真仔细的阅读。重点信息可标记出来，以提醒领导注意；还应为领导处理提供相关依据，如注明"参阅某月某日的某封来信""相关信息见某文件"等；对于内容复杂的长信，秘书应做出摘要。

若是广告等宣传资料，秘书应初步分辨其作用，对本行业、企业、产品有用的，可保存并转交给相关部门。

有些邮件中是订购的物品，秘书应找出当初订购的清单，仔细核对实物与清单的种类与数量。如有不符，属于未曾购买或无法接受的，都不能签收，以防欺诈性邮件。如其中的物品存在质量问题，应及时与寄件方商议处理的办法。

（五）登记

除了私人邮件外，公文、公函、需留存的其他邮件等，均需分类进行登记，以便管理。在登记时写明编号、邮件主题、收阅人或部门、处理办法等。普通广告、推销邮件等不需要进行登记。

（六）分办

秘书将登记后的邮件分别呈送给相关人员，按常规或授权由秘书自己阅办的则自己处理。如邮件需由多人阅办，可根据实际情况附上《邮件转送单》《传阅顺序提示条》，以便控制传阅过程。

需要呈送给领导的邮件，秘书应先初步对其进行判断，将最重要的放在最上面，然后由重要到次重要再到普通邮件，以此顺序由上而下叠放。

二、实物邮件的发出流程及处理规范

（一）检查邮件

主要检查以下四项内容：

（1）姓名与地址等关键信息。如信封上的收信人姓名、地址有无错误，其与信瓤中的相关信息是否一致等。

（2）标记。如需要标记"保密件""急件""亲启"等字样的，是否已经标记完毕。

（3）签名。如需要相关人员签名寄发的，是否已签名。

（4）附件。如需要附上相关文件的，是否已附上。

（二）装封登记

邮件装封要考虑方便收件人拆阅及其牢固的问题。邮件内所装的纸笺及其附件，应折叠为小于信封周边各一厘米左右的大小，不可撑满，以免对方拆封时损坏；信封封口牢固，如是印刷品，应进行加固处理，以免寄送途中松口、破损。在寄出前还需做好相应的登记，以便管理。其方法与收取邮件时一致。

三、电子邮件的接收规范

（一）定期查看

秘书应每天至少检查一次邮箱，查看有无新邮件，以免遗漏或耽误重要、紧急邮件的回复。对收到的有保存价值的邮件，则需按照自行设置的类型，下载保存于不同的文件夹中，以备日后所需。

如需由相关部门或人员处理的邮件，要及时转发。在转发邮件时，需在正文中略述转发的理由及建议或要求等。如"今收到上级主管部门下发的×××通知，涉及×××部门需要参与的事情，故将邮件转发给您，请在×年×月×日前按通知要求发送回执"，而不要什么也不说，直接转发，这样不仅显得唐突，没有礼貌，还会让接收方感到莫名其妙，不知所措。

（二）及时回复

一般应在收件当天予以回复，以确保信息的及时交流和工作的顺利开展。若涉及较难处理、复杂的问题，难以及时回复的，则可先回复对方已收到邮件，过几日再另发邮件予以具体回复。

需要回复的邮件要分别处理，如哪些是以上司的名义回复的，哪些是以秘书自己的名义回复的。

（三）避免误区

（1）正确地使用"发送""抄送""密送"。要区分"To""CC""BCC"（即收件人、抄送人、密送人）。"To"的人是要受理这封邮件所涉及的主要问题的，理应对邮件予以回复响应；"CC"的人则只是需要知道这回事，"CC"的人没有义务对邮件予以响应，当然如果"CC"的人有建议，也可以回 E-mail；而"BCC"是密送，即收信人是不知道你发给了密送的人的。"TO""CC"中的各收件人的排列应遵循一定的规则，比如按部门排列、按职位等级从高到低或从低到高都可以。

（2）只给需要信息的人发送邮件，不要占用他人的时间与精力。

（3）转发敏感或者机密信息要小心谨慎，不要把内部消息转发给外部人员或者未经授权的接收人。

（4）进行针对性回复。当回件答复问题的时候，最好把相关的问题抄到回件中，然后附上答案，且应该进行必要的阐述，让对方一次性理解，避免反复交流，浪费资源。

（5）回复不得少于 10 个字。对方给你发来一大段邮件，你却只回复"是的""对""谢谢""已知道"等字眼，这是非常不礼貌的。多写一些话语，可显示出你的尊重。

（6）不要就同一问题多次回复讨论，不要"盖高楼"。如果收发双方就同一问题的交流回复超过 3 次，这只能说明交流不畅，说不清楚。此时应采用电话沟通等其他方式进行交流后再做判断。电子邮件有时并不是最好的交流方式。

（7）要区分"Reply"和"Reply All"（即单独回复和回复全体）。如果只需要单独一个人知道的事，单独回复给他一个人就行了；如果你对发件人提出的要求做出结论响应，应该回复全体，让大家都知道。但如果你对发件人提出的问题不清楚或有不同的意见，应该与发件人单独沟通，不要回复全体来与发件人讨论。

四、电子邮件的发出规范

（一）准确地填写地址

秘书应在地址栏准确无误地输入收件人的邮箱地址，不要因为马虎大意而输错，导致对方不能及时接收邮件，或因为误投而造成不良后果。

（二）简洁地概括主题

秘书应在主题栏简明扼要地注明邮件的主题，令对方一看便清楚地知道邮件的要义，同时方便彼此查找及处理。如有必要，还可在主题栏标示发件人的真实姓名。

（三）得体地书写内容

（1）一般一封邮件只包含一个主题。需要收件人分别处理的不同事宜，应分多封邮件发出，以方便对方处理。

（2）恰当地称呼收件人，拿捏尺度。邮件的开头要称呼收件人，这既显得有礼貌，也明确提醒收件人，此邮件是面向他的，要求其给出必要的回应。在多个收件人的情况下可以使用泛称。

如果对方有职务，应按职务尊称对方，如"×经理"；如果不清楚其职务，则应按通常的"×先生""×女士"来称呼，但要先将其性别搞清楚。

不熟悉的人不宜直接称呼英文名，对级别高于自己的人也不宜称呼英文名。称呼全名也是不礼貌的，不要逮谁都用"亲爱的"，看似显得很熟络，实则会让对方感到你的不敬。

（3）电子邮件开头、结尾最好要有问候语。如开头的"您好"；结尾的"祝您工作顺利"等。

（4）邮件正文如果不包括对方所要的资料，内容一般不超过两个页面，尽量不要让对方拉动滚动条才能看完。

（5）需要提供给对方相关的资料，应以附件形式发送；如有多个资料，应先打包成压缩包，再添加到附件中去，这样可方便对方一次性下载所有文件。

（6）如果事情复杂，在正文中尽量以一定的序号，有层次、有条理地分段显示内容，以便对方快速理解你的意思。

（7）一封邮件交代完整信息。不要过后再发"补充"或者"更正"之类的邮件，反复如此操作会让人觉得麻烦、反感。如邮件需带附件一起发送，则在正文中提醒对方注意查收附件。同时，自己在发送邮件前也应检查附件是否已准确地添加于后。

（8）尽可能避免拼写错误和错别字。这是对别人的尊重，也是自己认真态度的体现。

在邮件发送之前，务必仔细阅读一遍，检查行文是否通顺，拼写是否有错误。

（9）合理提示重要信息。不要动不动就用大写字母、粗体、斜体、颜色字体、加大字号等手段对一些信息进行提示。合理的提示是必要的，但过多的提示则会让人抓不住重点，影响阅读。

（10）不要动不动使用颜文字，也不要使用以缤纷色彩、装饰性图案为背景的信纸。在商务信函中这样做会显得比较轻佻。

（11）电子邮件消息末尾加上签名档是必要的，但需用实名而不用网名，以免显得没诚意。签名档的信息不宜过多。签名档可包括姓名、职务、公司、电话、传真、地址等信息，但信息不宜行数过多，一般不超过4行。

任务书 3-2

一、任务背景

这天，刘总经理怒气冲冲地将一叠信件拍在张云面前，嚷道："不像话，我跟老王多少年交情了，他竟然这样来整我。你马上以我的名义写封邮件，告诉他，从此以后我俩再无关系，他是他，我是我，井水不犯河水，他走他的阳关道，我过我的独木桥。"

见刘总这么生气，张云默默地去倒了一杯水，递到他面前，说："刘总，您先喝口水。"然后拿起那叠信件，快速地浏览起来。原来，是供应商王总寄来的供货报价，其中不少热销的产品都大幅度涨价了。经过向刘总了解，张云知道刘总之所以这么生气，是因为他几次致电王总，想好好谈谈价格的问题，但对方却一直以工作忙为由，不愿再谈此事，最终把刘总惹恼了，这才要求张云马上给王总写一封"绝交信"。"马上用电子邮件发给他，马上！"刘总恨恨地嘱咐道。

张云看刘总正在气头上，也没多说什么，只是提醒他马上该出席公司的会议了，她昨天已安排秘书王丽去做会议记录，现在自己正好可以抽空完成"绝交信"这个任务。

刘总走后，张云想，王总的公司多年来一直与我们公司保持着良好的合作关系，现在上游的原料价格上涨，他们这样提价，应该也是不得已的举措。两位老总若能坐下来好好聊聊，谈谈各自的想法，把心结解开，应该就没事了。这封信，不应该提出"绝交"，而应该提出恳切的面谈邀请。想到这里，张云便按自己的想法草拟了一封邮件，暂存于草稿箱内。

两个小时后，刘总开完会回来，脸上的神色明显平静了许多。他不好意思地冲张云笑了笑，说："今早我的脾气太大了，那封信你真的发给老王了吗？"

"没呢，"张云也笑着说，"没有您最后的审核，我怎么会发送呢。您看看，我写的这封信，是不是您现在想发出去的？"说完，她将打印出来的信稿交给刘总过目。

刘总看罢，"嘿嘿"一乐，打趣道："知我者，张助理也。我现在不生气了，刚才开会，也了解到现在市场的一些新动向，原料的价格涨了，我们也得改变一下思路，另辟蹊径。我有些新点子，的确是想跟老王好好谈谈。"刘总又扫了一遍信，满意地点点头说："就按你写的发给老王。邮件算是正式的邀请，看看这个不接我电话的老顽固怎么回复我，嘿嘿。"

随刘总开完会出来的王丽，正好目睹了他俩的对话，也根据谈话的内容大概了解了事情的始末，心中不免对张云又多了几分敬意，觉得在张云身上，自己能学到很多东西。

二、任务训练

1. 知识储备

（1）实物邮件的接收流程是怎样的？

（2）写电子邮件需要注意避免哪些误区？请帮张云简要地写一写，供秘书王丽学习。

2. 技能锻炼

（1）5月8日，张云收到了王总公司寄来的邮件，里面是产品的报价单。因为王总与刘总关系很好，这封邮件是直接寄给刘总亲启的。请帮张云填写以下的邮件接收登记表。

邮件接收登记表

收件编号	收件日期	邮件名称/主题	发件单位（人）	收件部门（人）	备注

（2）请根据以上任务背景，帮张云草拟"刘总写给王总的电子邮件"，包括自拟邮件主题、称呼、问候、正文、签名等要素。

3. 素养积淀

邮件的撰写，不管是纸质版的还是电子版的，都需要秘书具有良好的语言修养。因此，我们平时应注重语言使用的规范性及其适用的语境。如书信中的问候语，有多种写法，适用于不同的对象。请就问候语的问题进行信息搜索，将找到的用于书信正文后的祝福语的形式、适用语境等写下来（展示五个祝福语及其适用语境），并与同学分享。

任务三 社交软件的沟通技巧

任务目标

＊**知识目标**

（1）了解常用的社交软件的性能、特点；

（2）了解常用的社交软件的基本使用方法。

＊**能力目标**

能娴熟地使用常用社交软件进行工作上的沟通，达到有效沟通的目的。

＊**素养目标**

培养处处为他人着想的工作作风，协调好人际关系。

任务引入

最近，公司正在举办一个面向客户的短视频制作比赛，由秘书王丽负责收集作品。为了及时发出通知、收集作品，王丽召集各位参赛选手，建了一个面向全体选手及相关工作人员的微信群，自己担任了该群的群主。

开始的几天，王丽在群里共享文件、发布通知，一切都进行得非常顺利，也省去了她挨个打电话通知以及收集个人资料等诸多的麻烦。她暗自高兴：这样的联系方式真是太方便了！

一天深夜，两位选手因为一点小事，竟在群里互骂起来。因为当时王丽已经休息了，所以对这些情况并不知晓。直到第二天起来打开微信，才看到群聊中这几百条火药味极浓的信息。

王丽该怎样做出回应以缓解工作群里紧张的气氛呢？

任务分析

在现代社交情境中，除了电话、邮件形式的沟通之外，还有很重要的一个方面，便是使用社交软件。这些软件可在电脑、智能手机、平板电脑等通信终端上使用，具有使用便捷、功能众多、能提升工作效率等特点。具体来说，普及面较广、人们惯用的社交软件包括：境内多使用的 QQ、微信等；境外的除了被称作"WeChat"的微信以外，还有 Skype、Twitter 等软件。在本次任务中，结合大部分学生日后的工作需要，我们将以 QQ、微信的使用技巧来作为训练的重点，并要求掌握以下几点：

（1）主要聊天工具的功能概述与比较；

（2）主要聊天工具的使用技巧。

一、主要聊天工具的功能概述与比较

虽然都是腾讯公司开发的社交软件，QQ 与微信的"脾性"却有所不同。QQ 诞生于 1999 年，覆盖了 Windows、MacOS、iPadOS、Android、iOS、Windows Phone、Linux 等多种操作平台。它支持在线聊天、视频通话、共享文件、点对点断点续传、邮箱服务等多种功能。在其诞生十年后的 2009 年，注册用户已达到 9 亿多。微信出现于 2011 年，能提供在线聊天、视频通话、文件传输等功能，截至 2022 年，注册用户已突破 12 亿。两者都是普及率极高的社交软件。

在智能手机的功能还未进入高速发展的年代里，秘书在办公中使用电脑终端上的 QQ 来进行沟通，传输电子文档，确实大大缩短了文件交接的时间，简化了某些办公流程，从而显著地提升了办公效率。

2007 年 1 月，苹果公司发布了新一代智能手机 iPhone，它的家族成员自此陆续亮相，加之各大品牌的安卓系统手机不断跟进，令智能手机的新功能不断被开发出来并被做大做强。手机的功能已不仅局限于打电话、接收短信，还能随时随地进行拍摄、录音等，它已成为现代人的掌上电脑。

在这样的时代背景下，微信于 2011 年 1 月上线，这款软件除了具有 QQ 的大部分功能外（如在线聊天、文件传输等），还具有账号与手机号码可以连通、便捷的朋友圈可以展示信息等功能。也就是说，在 QQ 作为社交软件的年代里，人们需要通过寻找、记录 QQ 账号才有可能加对方为好友，再进一步展开沟通；但微信加好友的方式，基本上只需要通过对方的电话号码即能实现（除非该账号有特殊的认证设置），这使人们之间建立好友关系的操作变得更简单。此外，微信还有非常直接的朋友圈展示功能，与 QQ 的动态展示功能相比，微信的这种展示更直观。它以图片的展示为主，容易吸引同一"圈子"内、具有类似欣赏趣味的朋友的关注，并更容易得到点赞、评论的肯定，使人在社交场合中备受鼓舞。

微信还具备更丰富的小程序功能，这使手机用户只需通过"扫一扫"二维码的操作，便能使用政府及商家的 App 或官网的诸多服务，而无须安装相应的 App 或搜索其官网。在办公环境中，这样的功能也提高了服务的效率。

针对 QQ 与微信的不同优势，秘书在办公时可根据实际需求来选择使用。

从现代办公的社交需求这一视角来说，一般比较多会用到的社交软件功能包括在线聊天、文件传输。

（一）在线聊天

考虑到微信的用户远比 QQ 的用户多，因此如果没有特殊的要求，用微信与他人联系，能得到及时回复的可能性相对 QQ 来说会比较大。不少人在手机里安装了微信软件，却没有安装 QQ，这就意味着这些人要打开电脑登上 QQ，才能看到相应的信息。从使用习

惯的角度来看，微信的联络功能比 QQ 的更为强大。

但如果是在群里聊天，QQ 可以定点选择某一位成员，立即展开私聊；微信却需要加对方为好友才能展开私聊，若遇到对方没有留意加好友的信息或无意从此与你产生"好友"的联系，私聊便无法进行。从这个细微的区别上可以得知：在 QQ 上开展聊天，相对会容易一些，但同时略显"强硬"。但如果自己的工作群被设置为微信群，那就很有可能在一个工作任务完成之后，被迫加了无数与自己并没有多少情感基础的"好友"，多少会有令自己不太自在的感觉。因此，在工作中究竟选择怎样的社交软件，并没有绝对的答案，关键还是靠自己结合工作实际去衡量利弊，根据实际情况予以选择。

（二）文件传输

在私聊及群聊的界面上，微信与 QQ 都能实现图文、视频、音频的在线传输（微信的单个文件不能超过 200MB，QQ 若为非会员用户，每天离线传输的文件不能超过 2G，在线点对点传则无容量限制）；在私聊的界面上，被传输的文件若没有及时点击打开，均会在临时保管期 7 天过后失效（QQ 是针对离线文件），即无法打开；但在群聊的界面上，QQ 却有着自己的文件保存优势，即群成员成功上传的文件，均可在"群文件"中长期保存，如果日后有寻找文件的需求，可在"群文件"中搜索。

此外，若要传输图片、视频等文件，微信会主动将其压缩而导致像素受损（即便使用微信的"原图"发送功能，像素依然会被略加压缩）；但在 QQ 上，这个问题就不会产生。因此，如果需要传输原像素的图片及视频，我们可考虑使用 QQ 在线传输，或进入"QQ 邮箱"，通过其附件或文件中转站分享过去。

二、主要聊天工具的使用技巧

（一）谨慎

无论使用哪种社交软件，秘书最终的目的都是希望方便快捷地与他人完成有效沟通。这些软件基于网络，能将信息迅速地传递给对方，包括图文、视频、音频等。在人们感受到社交软件的方便与快捷的同时，也应该看到，因为发送的速度极快，瞬间即可让对方接收到，一不小心误发，造成不良后果的概率也会增加许多。这就对秘书的言行提出了更严谨的要求。

如果要发送图文，编辑好以后，自己多看几次，多思考一下，没有问题了，看清楚发送对象再发送出去。如果要进行视频通话，则整理衣冠、端正身姿后再接通，以给对方留下良好的印象；如果要进行语音通话，则与接打电话的规范大致相同，只是双方都清楚对方是谁，一般彼此也就跳过了身份确认的环节，直接开始交谈了。有时情况特殊，如涉及资金转账的问题，就需要秘书特别谨慎，可使用视频通话以及其他的沟通方式，在确认对方身份后再继续下一步的操作。

（二）得体

在社交软件上与他人展开沟通，对比起邮件、电话来说，比较特殊的地方在于其可以做得更有温度。在邮件中，秘书可以通过文字传达情感；在电话中，彼此能通过语气、语音的变化加强情意的传达，但这些情意的传达，是建立在双方具有一定的文化修养、口语表达能力等基础之上的。如能读懂文字、流畅自然地运用彼此都能听懂的语言等，必要的条件都不能缺少，万一彼此语言不通或理解力不在一个层次上，则无法将对方传递过来的信息全部接收。但以微信为例，这样相互"不理解"的问题得到了较好的解决。如通过及时地发送表情、合适的图片，以及恰当地表达能让对方直观地感受到自己的情感，文字的阅读与理解便会显得不那么困难；再如软件自带的翻译功能，只需长按发出或接收到的文字信息，便可在弹出的菜单中选择"翻译"，这样便能满足语言不同的人之间顺畅聊天的需要。

但是，在利用社交软件来体现沟通的温度的同时，秘书依然需要在"得体"二字上严格把关。如表情的发送，应契合文字的含义，而不要张冠李戴，适得其反，引起别人的不快。表情包本身，也应该是健康的，不要带有暧昧色彩，或有越过工作关系的界限之嫌。

（三）时机

正因为社交软件的便捷性，手指一点，信息便能传达出去，但这种特性如果被滥用了，也可能给对方造成较大的困扰。如不分白天黑夜地想到就发信息，不顾是否假日，随时用信息"轰炸"对方，如此沟通，只会令他人感到烦躁、恐惧，并对你避而远之。

如果秘书是需要发送信息的这一方，正确的做法应是先分清时间，公众假期、休息时间、对方明确表明正处于不方便聊天的场合等，则不适合去打扰别人。实在有迫不得已的理由，也应该先道歉，阐明事情的紧迫性，再展开具体的内容，并且长话短说，尽快结束对话。

在考虑时间问题的时候，还需顺带考虑时差问题。不同的时区之间会产生时差。秘书要养成换位思考的好习惯，在通话前考虑对方是否身处与自己不同的时区，此刻是否为休息时间而不方便联系。

当秘书是接收信息的这一方，属于被动进入聊天，则需及时、主动、简洁、明确地表明自己的态度或立场，以便提高沟通的效率。如领导布置任务，秘书可回复"收到，马上去办"，其中所表现出来的积极意味，会比单纯回复"收到"或"OK"的表情包更深。

（四）形式

为了提高工作效率，工作中的聊天形式尽量做到一次性把话说清楚；少说客套话、废话，言简意赅地说清事情的来龙去脉。

社交软件的信息呈现方式，一般是发送者点一次"发送"，即发送已编辑好的内容。如果一件事被分为几段来发，在现实中就会出现这种情况：接收者看完前面一段，还不甚了解你的意图，但你又想等对方有所反应后，再说接下来的话，结果造成双方都在等待，耽误了彼此的时间，降低了工作的效率。

因此，正确的做法是：开门见山地简单问候—切入正题讲清事情的来龙去脉（为了方便对方理解，还可将意思梳理成几点，用一定的序号标识其层次）—提出你的诉求（或者疑问、建议等），这一切最好能编辑成一整段文字，再一并发送出去，而不要想到一句发一句，让对方做碎片式的阅读理解。

在礼仪的表现上也须遵循同样的原则，即简洁到位，切勿拖泥带水，拼命说客套话，不停寒暄而迟迟不进入正题。

总之，社交软件给办公提供了便捷的方式，而作为使用者的我们不仅要掌握其使用方法，更要循着办公室工作的一贯思路——为他人着想，细心、贴心、积极主动地把沟通工作做好，让这些软件辅助办公的功能最大化。当然，每一种通信手段都有其局限性。社交软件虽然方便，但也取决于其使用者必须在线这个前提。如果通过软件无法及时联系到对方，且事情非常紧急，那么，就要立即放弃在线等待，而改用电话联系等方式了。

任务书 3-3

一、任务背景

午休时间，秘书王丽正打算休息一下，总经理助理张云却走进办公室，对她说："这是后天产品评议会准备邀请的专家名单，麻烦你跟他们联系一下，看看他们能否出席。本来会议是安排在两周以后的，专家们也知道有这个会，但没想到事情发生变化，时间被紧急提前到了后天。你联系一下这几位，看看有多少人来不了。今天下班前一定要告诉我结果，因为如果有人来不了，我得跟总经理商量对策。"

王丽一边答应着，一边接过这份名单，见上面有五个名字，好在人不多，也都是熟人，平日经常来公司参加会议。她松了口气，心想，这倒也不难。不过五个人，挨个打电话太麻烦了，我干脆用微信来问吧。

于是，她按照名单上的排序，点开第一位孙总的聊天界面，将"孙总，您好！"这条消息发送了出去。然后想想，应该进一步表达一下自己的热情，于是她发了第二条消息——一张带表情的图片过去，在这张图片上，一只可爱的小兔子正欢快地蹦跶着，旁边的文字写着"我来啦"，这是王丽特别喜欢的一个表情图片，因为这只兔子的形象相当可爱，而且它表达了自己出现的意思，非常生动。发完这两条消息之后，王丽就等着孙总的回复，她认为，自己得知道孙总在线，才能开始问情况呀。

等了五分钟，终于等到孙总的回复，是一个"？"。王丽见孙总在线，赶紧将张云刚才嘱咐要问的事编成文字，发送了过去。但不知为何，孙总的回复很慢。好不容易问完他的意愿，王丽发现，已经过去了整整一个小时，看来这个午休是泡汤了。

就这样，原本王丽认为很简单的事情，却硬生生被拖到下午五点才完成。五位专家，三位能参加，其他两位来不了。当她把结果告诉张云时，张云有些发愁："哎呀，到这个时候才落实，再去找其他人来参加，就更困难了。"

王丽将今天做的这一番微信聊天的始末细细加以复盘，想弄明白为什么工作效率那么低，是哪里出了问题呢？

二、任务训练

1. 知识储备

请罗列出社交软件在使用中要注意避免的误区。

2. 技能锻炼

（1）在以上案例中，王丽的做法有哪些不妥，请一一指出。

（2）请找一位同学做搭档，一起撰写王丽与孙总的微信对话脚本并表演出来。要求：根据微信聊天的相关技巧，以正确的方式进行表达。

3. 素养积淀

锁定一个自己所在的 QQ 群或微信群作为观察对象，对其进行为期一周的观察，收集典型案例，以"微信群聊技巧"为主题，加以阐释，形成一篇 400 字以上的观察日记。

项目四
现代办公日常接待管理

导　论

　　一家单位总是有不同的人前来拜访，接待是办公室常规工作之一，接待工作水平不仅代表接待人员的素质和能力，更能够反映办公室乃至单位的整体形象，同时对于推动单位业务发展也具有十分重要的作用。因此，如何做好接待工作，展现组织良好的形象，对于办公室工作人员来说是一项重要的职责。通过本项目的学习，使学生掌握办公室接待的基本礼仪，能够自如地做好办公室的接待工作，并能辅助领导做好大型接待工作的方案，做好接待前的准备工作，协助其他部门完成接待任务，为企业树立良好的形象。

任务一　接待礼仪

任务目标

* 知识目标

　　（1）掌握递接名片、握手礼仪；

　　（2）掌握迎送礼仪；

　　（3）掌握乘车、乘坐电梯礼仪；

　　（4）掌握介绍与引座礼仪。

* 能力目标

　　能在接待活动中自如地运用各种礼仪。

* 素养目标

　　培养细心、耐心、用心的接待服务态度。

任务引入

　　王丽入职一周了，有一天，总经理助理张云对王丽说："下周开始，你要独自负责前台接待的工作了，主要负责接听外部电话、接待访客和处理一些比较简单的外部联络工作。"王丽想，不就是迎来送往，再加上接接电话，都是小事，这还不简单，便满不在乎地答应道："放心吧，张助理，没问题的。"张云似乎看出了王丽的心思，不由嘱咐道："你可不要小看了前台接待的职位，它是一个窗口，可以展示我们公司的形象，客人来了第一个见到的人就是你，你的仪表仪容、言行举止都可能会影响客人对我们公司的第一印象，所以，礼仪非常重要，你还是要提前了解一下前台接待的相关礼仪，以便更好地完成工作。""好的。"王丽连忙答应了下来。

王丽想起在大学时，老师也曾对他们做过礼仪方面的培训，可是，一想到在真正工作中要自如地运用，王丽心里还是很忐忑。

任务分析

前台接待是给客户及来访人员留下第一印象的重要窗口，是公司人员素质、企业文化的体现。办公室工作人员特别是前台秘书，必须注重礼仪。王丽在做接待工作之前，尤其要掌握好以下几个方面的礼仪：

(1) 仪容仪表礼仪；

(2) 迎送礼仪；

(3) 沏茶礼仪；

(4) 座次礼仪。

一、仪容仪表礼仪

俗话说：佛靠金装，人靠衣装。衣着打扮对于能否给对方留下良好的第一印象至关重要，作为秘书更是要注意自己的衣着及仪容，不仅要符合自身的气质、职场的要求，更要结合公司的特征，充分体现公司的企业文化。

(一) 服饰的"五应"原则

对于服饰的礼仪，比较流行的是"TPO"原则，TPO 是英文"Time、Place、Object"三个词的首字母。T 代表时间、季节、时代；P 代表地点、场合、职位；O 代表目的、对象。"TPO"原则要求人们的着装要与时间、季节相吻合；与本人身份、所处场合环境相吻合；与不同国家、区域、民族的不同习俗相吻合；要根据不同的交往目的、交往对象选择服饰。

而作为办公室工作人员，结合"TPO"原则，在服装选择方面要做到"五应"：

1. 应时

前台接待人员服饰的"应时"一方面是指选择的服饰款式、风格要与时代相一致，要符合主流审美，既不可落后于时代，也不能过于前卫，追求时髦，因为这样会给人不可靠、不稳定的感觉。另一方面，前台接待人员选择的服饰还要符合季节规律，不能打破常规，不可标新立异，不穿反季衣服。

2. 应景

服饰选择要充分考虑主要活动的地点，尽量使自己的服饰与自己所处的环境保持和谐统一。作为秘书、文员，主要的工作地点在办公室，选择服饰当以较正式的职业装为宜，这会给人留下庄重大方的印象，但在具体的款式和颜色选择方面，除了考虑自身的气质与偏好外，也要考虑公司的文化特色和办公室的装修风格。比如，公司如果是律师事务所，作为前台文员的着装应该以冷色系为主，会给人稳重可靠的感觉；如果前台的装修以绿色为主，前台文员服饰色彩上尽量不选择绿色或红色，以免整体观感不适。

3. 应事

着装应与职业、场合相协调。办公室工作时间着装应以端庄、整洁、稳重为原则，但如果是参加庆典活动或是与领导一同出席商务宴请活动时，就要选择与活动相匹配的服饰，特别注意，如果要与外宾、少数民族相处，更要特别尊重他们的习俗禁忌。

4. 应己

服饰的选择也应该要与自己的年龄、身份、体型、肤色、性格和谐统一。这里有一个误区，刚入职场的毕业生，一提到职业装就想当然地以为是黑、白、灰的职业套装，但其实现在职业装的款式、颜色都特别丰富。服饰选择要符合个人的气质，比如在颜色选择上，除了传统的黑、白、灰，选择浅蓝色、淡粉色更可以突显年轻的活力，为办公室增色不少。当然，服饰礼仪也要遵循美学，比如肤色偏黑或发红者，尽量穿深色服装；肤色偏黄者，尽量不选择黄色系、棕色系、驼色系的服装。

5. 应制

所谓的应制，就是指作为办公室工作人员，应该要符合公司制定的执行公务时的着装规定，如有统一的制服、头发颜色与样式、裙子长度等具体要求，则一定要严格遵守，展现整体的企业精神面貌。

作为办公室文员，应该在掌握服饰"TPO"原则的基础上，挑选出合适的职业装，特别注意，服装的品牌、档次要与身份相符。作为初入职场的年轻人，可以选择较为年轻的款式，更加符合朝气蓬勃的青春气息；在颜色方面可以选择纯色，风格以简约为主，不要太多花边或装饰，这样能给人一种稳重成熟的印象。

（二）仪容仪表

1. 首饰佩戴规则

首饰的作用就是装饰，使用得当可以有画龙点睛的效果，但如果过于烦琐或选择不当可能会适得其反。在正规的工作场合使用首饰需恪守以下五条规则：

（1）数量规则。戴首饰时数量上的规则是以少为佳。在必要时，可以一件首饰也不戴，如若选择首饰，其上限数量一般为三，即不应当在总量上超过三种，以免喧宾夺主。

（2）色彩规则。戴首饰时色彩的规则是力求同色。若同时佩戴两件或两件以上的首饰，应使其色彩一致，避免几种首饰色彩斑斓，对视觉造成一定的压力。

（3）身份规则。戴首饰时，不仅要照顾个人爱好，更应当服从于自身身份，要与自己的性别、年龄、职业、工作环境保持大体一致，作为前台文员，不适宜佩戴造型、色彩、价值过于夸张的首饰。

（4）搭配规则。戴首饰时，要尽力使其与服饰协调。首饰应视为服装整体的一部分，要同时兼顾服装的质地、色彩、款式，并努力使之在搭配风格上相得益彰。

（5）习俗规则。戴首饰时，应该遵守习俗。不同的地区、不同的民族，佩戴首饰的习惯做法多有不同。如果要接待不同民族的客人或外宾时，应该要提前了解对方的习俗，并做到充分尊重，避免因为佩戴了不合适的饰品而让对方不舒服。

2. 职场妆容规则

职场妆容应该具有简洁、清丽、素雅的特点，给人专业干练又不过于强势的感觉。作为办公室工作人员，良好的妆容不仅可以提升个人的气质，也可以为企业整体的精神面貌加分。在修饰妆容时，用品的选择要少而精；颜色要选择少色、淡色、自然色；画法上要线条简单，忌夸张的修饰。总体说来，要避免以下几种情况：

（1）浓妆艳抹。职场妆容应该给人留下沉稳干练的印象，不宜选择浓烈、鲜艳的颜色，这会降低别人对你的信任。同样，比较夸张的装饰，如假睫毛、水晶指甲、彩瞳等，都不适宜出现在正式的工作场合。

（2）素面朝天。很多人能意识到浓妆不可取，但忽略了职场中素颜同样不专业。作为秘书人员，化一个清爽的淡妆是职业女性的必备素养，"淡妆上岗"可以帮助自己树立信心，让自己的形象更专业。

（3）劣质芳香。职场化妆礼仪要求使用任何化妆品都不能过量，尽量不选择芳香型化妆品，特别是在香水的选择上。在办公室这样密闭的环境中如果香水味道浓烈很容易让人反感，即使是使用淡香，也不能喷洒过多。

（4）夸张的化妆手法。办公室的淡妆中以"自然修饰"为核心，不要用太复杂、太夸张的修饰。以女士画眼线为例，将眼线拉长或者画得过粗的方法都不适合职场。同样，眼影也不要大面积涂抹，"烟熏妆"可能显得眼睛大而妩媚，但职场上要的不是过量修饰后的美。

（5）当众补妆。尽管职场中时间很紧张，对待自己的妆容要一丝不苟，但这并不是说可以随时随地为自己补妆，如果需要补妆，一定要去化妆间。也不要将化妆品随意摆放在办公桌上，应收到自己的抽屉里。

二、迎送礼仪

在接待来访客人时，要热情主动，注意礼节，用细心的服务给客人宾至如归的感受。

（一）迎客礼仪

在迎接客人时，要注意以下几个方面：

1. "3S"迎客

在前台接待工作区，看到来访的客人，要马上做出"3S"的动作，即 stand up（站立）、see（注视）、smile（微笑）。

2. 引领礼仪

引领客人至指定位置时，要走在客人前面两三步，并要提前告知客人，如："我们现在要去三楼会议室""经理在办公室等您呢"，让对方有一定的心理准备。在遇到转弯时先提醒客人："请往这边走。"遇到楼梯或障碍物时，要提醒客人注意："请小心台阶。"

3. 电梯礼仪

引导客人乘坐电梯时，要主动操作电梯按钮，可以提前告诉客人要去的楼层，电梯到达门打开时，要先行进入电梯，一手按开门按钮，另一手按住电梯侧门，请客人进入电梯；进入电梯后，按下要去的楼层按钮；到达目的楼层，一手按住开门按钮，另一手做出"请出"的动作，可以说"到了，您先请"；客人走出电梯后，自己立刻步出电梯，继续引导行进的方向。

（二）介绍礼仪

对于初次来访的客人，有时秘书要代为介绍，在介绍双方认识时，一般本着"让尊者先了解对方"的原则，即将级别低的先介绍给级别高的，将主人先介绍给客人，将年轻者先介绍给年长者，将男性先介绍给女性。同时，还要注意在介绍时要有礼貌地以手掌示意，而不能用手指去指点对方。

（三）名片礼仪

初次来访的客人一般会主动出示名片。接名片时，用双手的大拇指和食指压住名片下方两角接过，说："谢谢，十分荣幸。"仔细确认对方的身份，如果发现不会念对方的姓或名，可以向对方请教："对不起，您的姓（或名）怎么念？"接过名片后，不可随意放置在桌面上，需要将名片妥善放好，可放入名片夹中。

如果出席商务活动，需要主动向地位高的人递交名片，或收到对方名片时，也一定要及时奉上自己的名片。递交名片要用双手，用大拇指和食指夹住名片左右两端，名片上的名字要正向对着对方，使对方接过名片就可正读。递交时要目光注视对方，并微笑致意，将名片恭敬地送到对方胸前，可顺带说一句："请多多关照。"

现在越来越多的人使用手机通讯录中的电子名片，作为秘书或前台文员，由于工作或后续联系的需要，可以主动向客人寻问联络方式："方便留一下您的联络方式吗？"但不能主动要求添加对方的微信，这样会显得有些唐突。

（四）握手礼仪

握手时，一般是尊者先伸手，要把是否愿意握手的主动权交给他们，所以秘书见到客人，不能主动伸手，可以向对方点头或鞠躬以示敬意。如客人或长者先伸了手，则应快步走近，用双手握住对方的手，以示敬意，可同时表达问候"您好""见到您很高兴"等。握手时，应伸出右手，掌心向左，虎口向上，力道适中，既不能软绵无力也不可太过用力，时间为 1～3 秒钟，轻摇 1～3 下，同时表情自然，面带微笑，眼睛注视对方。良好的握手礼仪，可以帮助我们展现成熟、稳重的职场形象。

（五）送客礼仪

客人提出告辞时，要等客人起身后再站起来相送，切忌没等客人起身，自己先于客人起立相送，这是很不礼貌的。若客人离开时，前台文员在自己的座位上正在工作，应该马上停下手里的工作，站起身与领导或其他同事一起相送，切忌只是嘴里说"再见"，而手中却还忙着自己的事，甚至连眼神也没有转到客人身上，这是很没有礼貌的行为。

"出迎三步，身送七步"是迎送宾客最基本的礼仪。当送客人到电梯前时，一定要等客人进入电梯，再挥手向客人告别："再见，欢迎您下次再来。"电梯门关闭后再转身离开；当送客人到车辆前时，挥手向客人道别，不要急于返回，要等车辆开走后再返回办公室。

三、沏茶礼仪

接待工作中必不可少的环节就是沏茶，一般在接待来宾时，由秘书或接待人员提前准备好茶叶及茶具，为客人上茶。其中也要注意相关的礼仪。

（一）冲茶礼仪

茶的种类繁多，我们可以根据客人的喜好进行选择，同时要考虑季节的特点，如春季可以喝花茶，夏季可以喝绿茶、白茶，秋季可以喝菊花、铁观音，冬季可以喝红茶、熟普洱茶等。冲茶之前要把茶具洗干净，也要根据茶的种类来选择合适的茶具。冲茶时，茶叶不能放太多，也不能放太少，泡了几次后要及时更换茶叶，以免味道不够。倒茶时只倒七分满即可，古有"茶七酒八"的说法，一方面暗喻了"七分茶三分情"之意，另一方面客人在拿茶杯时也不容易烫到手。

（二）上茶礼仪

上茶的时机选择也很重要，一般是先入座后上茶，要趁双方还在寒暄未进入正题时就上茶。上茶的顺序也有讲究，要先为客人上茶，后为主人上茶；先为主宾上茶，后为次宾上茶；先为长辈上茶，后为晚辈上茶。如果来宾人数比较多，一般先给最重要的、职位最高的客人上茶，再按从左至右的顺序依次上茶。

上茶时最好使用托盘，若不使用托盘，注意不要用手指接触杯沿。端至客人面前，应略躬身，说"请用茶"，也可伸右手示意，将茶杯放至客人的右手边。

四、座次礼仪

在进行接待时，要将客人引到指定的座位，提前安排座次时也有礼仪要求，基本原则是：以右为上、以居中为上、以前排为上、以远为上（以远离门口为上）、以面门为上（以视野良好为上）。具体情况要视不同的情境来分析。

（一）会议座次安排礼仪

若来访客人不多，可以在领导办公室的会客区接待，在安排座次时遵循以远为上、以面门为上的原则，将客人安排至面对门、远离门口的位置。

若来访人数较多，则需要在会议室接待。在安排座次时，一般客人与主人分开两边就座，以客为尊，将客人安排至正对门的位置，主人一方就座于背对门的位置，安排具体座次时，双方职务最高的人坐在中间，依据"先左后右"的顺序，按照职位高低安排其他人的座次。

（二）宴会座次安排礼仪

宴请是接待中的重要一环，商务宴请的座次安排要符合礼仪要求，体现对客人的尊重和热情款待。

若宴请只有一张圆桌，在座次安排上要遵循面门居中位置为主位的原则，一般由主人就座，其他席位的高低以离主人的座位远近而定，右高左低（如下图所示）。当然，如遇主宾身份高于主人，为表示对他的尊重，可以把主宾摆在主人的位置上，而主人则坐在主宾位置上，第二主人在主宾位的左侧。

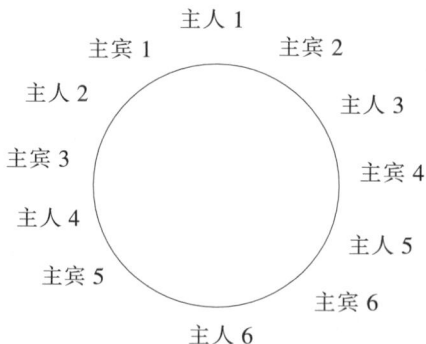

宴请的座次安排

若宴请人员数量众多，桌次的排列方法为：以主桌位置为基准，右高左低，近高远低（如下图所示）。

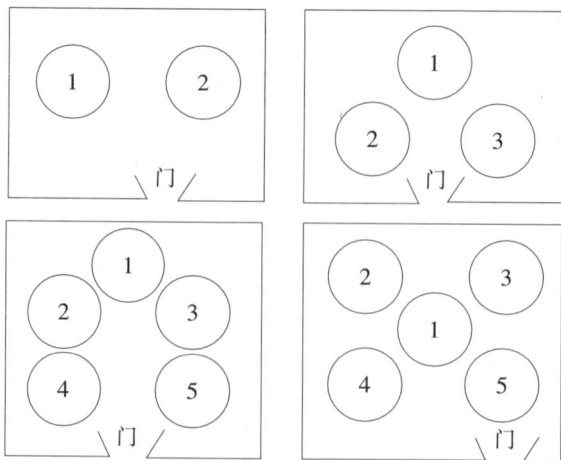

宴请的桌次安排

（三）乘车座次安排礼仪

1. 乘坐小轿车的座次安排礼仪

乘坐轿车时有两种情况：第一种情况，如果是专职司机驾驶，那么座次安排的礼仪是：右高左低，后高前低。即后排右位—后排左位—后排中间—前排右位；第二种情况，主人或是地位高的人驾驶时，以驾驶座右侧为首位，后排右侧次之，左侧再次之，后排中间为末席（如下图所示）。

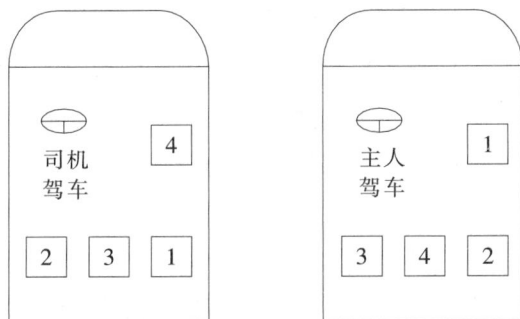

小轿车座次安排

2. 乘坐商务车、大巴车的座次安排礼仪

乘坐七座商务车时与小轿车相仿，要视专职司机还是领导驾驶两种情况而定。一般来说，多排座位的车以前排为上、后排为下；以右为尊，以左为卑，以距离前门的远近来排定具体座位的顺序（如下图所示）。

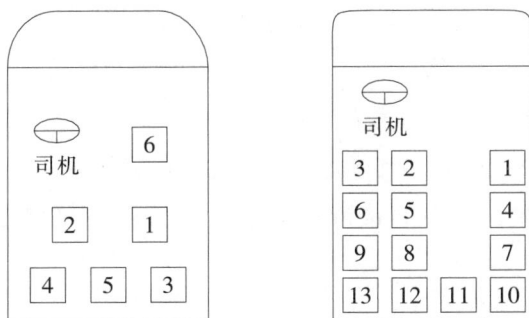

商务车、大巴车座次安排

任务书 4-1

一、任务背景

这天，一位男士走进公司大门。王丽正忙着写月底工作汇报，头也没抬地问："有什么事吗？""我找你们王总。"男士回复，并双手递上名片。王丽一只手接过名片，没看一眼就放在桌上，继续问："你有预约吗？见我们总经理是要预约的。"男士说："不好意思，今天恰巧路过你们公司就想来拜会一下王总，确实没来得及提前打招呼。"王丽说："那不行，按我们公司规定，必须预约的，这样吧，你先登记一下，我再问下领导有空见你没。"说着，王丽拿出来访人员登记表递给客人，正在这时，恰好王总走了出来，看到客人，忙热情地说："哎呀，张总，什么风把您吹来了，快来我办公室坐。"张总意味深长地说："不行啊，我还没登记呢！"王总瞪了一眼王丽，说："对不起，我的疏忽，您别计较，快进来坐。"王丽涨红了脸。

王丽这才知道这是一位非常重要的客人，很自责。过了一会儿，她看到王总送张总走了出来，为了弥补刚才犯下的过错，她赶忙起身迎上去，伸手对张总说："不好意思，张总，刚才是我不对，欢迎您常来！"张总皱了下眉，也伸手握了一下，说："小同志，还需要多锻炼哪！"

二、任务训练

1. 知识储备

请结合服饰的"五应"原则，简述秘书或办公室助理的仪表要求。

2. 技能锻炼

（1）作为前台接待人员，王丽的职业形象应该是怎样的？请你以自己为模特，帮王丽设计、示范一下，并展示一张职场"定妆照"，与同学分享你的设计理念。

（2）作为前台接待人员，王丽还需要熟练地运用迎送、座次安排、沏茶等接待礼仪，请以小组合作的方式，设计相应的具体背景及角色，正确地为王丽示范一下。

（3）在以上的情境中，王丽的接待哪些地方不符合礼仪规范？请简要地帮她罗列出来。

3. 素养积淀

要做好接待工作，很重要的一点是懂得从"心"出发，这里包含着处处为他人着想的爱心与责任心。请在接下来的一周内，仔细观察，简要记录一件发生在自己或周遭人身上的典型事例，体现人们身上存在的这种素养，并简略谈谈你的感受。

任务二 办公室日常接待

任务目标

＊知识目标

（1）了解接待有预约客人的程序和技巧；

（2）了解随机接待的程序和技巧。

＊能力目标

（1）能够做好有预约客人的接待工作；

（2）能够做好随机接待工作。

＊素养目标

具备主动服务、灵活应变的素质。

任务引入

今天是王丽在前台接待岗位上班的第一天，虽然已经熟悉了接待的相关礼仪，但在实际工作中如何做好接待工作，王丽还是没有十足的把握，这时，总经理助理张云走了过来，对王丽说："对于来访的客人我们要先确定他是否有预约，如果客人没有预约，我们要先弄清楚他们的身份和来意，在没有了解对方身份和来意之前，你不能透露公司的任何信息给他。但是，无论是否有预约，你接待的态度都要一样的热情、周到，因为这体现了我们公司的良好形象。""要辨别身份，要热情接待，还要把好关……这到底要怎么做啊？"王丽不禁犯起了嘀咕。

任务分析

正如总经理助理张云所说，接待不仅可以展现公司良好的综合素质和企业文化，也是保障领导不被打扰的重要关口，要起到"过滤""分流"的作用，让有预约或是有必要的客人及时得到接待，而把没有必要接待的客人坚决而又客气地挡在门外。所以在做接待工作时，只掌握接待的礼仪是不够的，还必须懂得辨别来访人员的身份和意图。

根据来访人员是否有预约我们可以分为：有预约的客人和随机客人，王丽要想做好日常接待工作，必须掌握以下内容：

（1）有预约客人的接待流程和技巧；

（2）随机客人的接待流程和技巧。

一、有预约客人的接待流程和技巧

通常正式的商务会见都会预约，作为秘书或办公室助理要将来访客人的信息整理好，并提前登记在来访人员登记表中。来访人员登记表可根据企业的要求进行设计，一般包括来访时间、来访人员姓名、单位、职务、被访人员等，如下表所示。

来访人员登记表

日期：

来访时间	姓名	单位	职务	被访人员	接待地点	备注

作为秘书或前台接待人员，每天上班时要先仔细查阅一下来访人员登记表，做到对即将到来的客人心里有数，也可按照公司的相关接待标准提前做好准备。

（一）有预约客人的接待流程

迎客、待客、送客是接待工作中的三个基本环节，作为秘书人员接待每一位来访者，都应该做到亲切迎客、热情待客、礼貌送客。

1. 亲切迎客

（1）要以良好的公司形象迎接来访者。见到客人的第一时间，应该马上做出"3S"动作（站立、注视、微笑），并伴随亲切的问候，如"您好""您好，欢迎光临"等。如果对方不是初次来访，可根据预约登记表的信息主动打招呼："您就是×××公司的×××先生吧？""×经理，您来了。"一开始就让客人感受到被重视，觉得该公司很期待自己的到来。

（2）了解来访者约定见面的部门或人员。在秘书主动问候之后，一般客人会主动告诉秘书他所约的被访者是谁，有什么事情。

（3）通知被访者。了解到被访者之后，请对方稍等，打电话联系被访者，确定是否有时间接见客人。如被访者有时间接见，则将客人引导至指定的会客处。

（4）等候区接待。如被访者不能马上接待，秘书要向客人致歉："不好意思，×××正在处理急事，需要您稍等15分钟，非常抱歉"，并安排客人在等候区休息等候。秘书邀请客人入座，款待饮品，递送书报资料以排遣时间。

2. 热情待客

（1）引导。秘书需正确引导客人至指定的接待场所。在引导前，秘书要注意收存好桌面的文件，特别是如有较重要或保密文件，要锁好再离开办公桌；引导时，要注意引导的礼仪规范，注意走在客人的右前方二三步，应配合客人走路的速度向前引导，并提前告知对方"现在我们去×××"，好让对方思想上有所准备；引导途中可与客人进行寒暄、交谈，以示友好。

（2）招待。秘书将客人引导至会客处后，如需要介绍，要注意遵循"让尊者先了解对方"的礼仪规范。待客人坐下后与上司还在寒暄时，秘书可以奉上茶水。要注意茶叶的选择与沏茶的礼仪。一般的客人可用袋泡茶，但重要的客人一定要用上好的茶叶，且不能用一次性纸杯。

3. 礼貌送客

客人提出告辞时，秘书要与上司一起送客，要走在上司的后面，但在开门、按电梯的时候要快步上前去操作，如客人有重物可以帮忙提，但客人随身携带的公文包不要抢着代拿。

前台的秘书在看到上司和客人要走出公司时，应立刻站起身相送，有时领导送至前台，吩咐秘书送客人下楼离开。无论是送至电梯口还是车辆旁，秘书都不要急于返回，应挥手致意，等客人离开视线后再返回。

📚 案　例

秘书（站立、注视、微笑）："您好，我有什么可以帮您吗？"

客人："我是天地集团的王伟。"

秘书："您好，王总，我们钱总正在等您呢。请往这边走。"

（走到一个转角处。）

秘书："请往右转。"

（秘书与客人轻松交谈。走到电梯口，秘书按住电梯。）

秘书："您请进，接待室在5楼。"

（到达楼层后，秘书让客人先出。到达接待室，秘书先打开门，然后背靠门。待客人进来后，把客人安排在上座。）

秘书："请您稍坐，我去转告钱总您已经到接待室了。"

（钱总过来后，在寒暄之际，秘书就沏好茶。上好茶后，秘书轻轻带上门退了出去。）

过了1个小时，会见结束。

钱总要秘书送送王总。

秘书环顾四周，检查王总是否有东西遗落，然后送王总到电梯口。

王总："我知道怎么走了，请留步吧。"

秘书："那您走好，欢迎下次光临。再见。"

秘书等王总进了电梯，电梯门关上后才转身离开。

（二）有预约客人的接待技巧

接待有预约的客人最重要的是有礼有节，体现出细心、周到的服务，能给客人留下好的印象，为此，在接待过程中需要注意以下几个方面：

1. 要核实客人的身份

对于初次来访的客人，即使有预约也要再次核实对方的身份，如："我和×××约好了。"也要再次确认一下："不好意思，请问您贵姓，是哪个公司的？"然后对照来访人员登记表的信息，看是否一致。

2. 等候区的接待不可忽视

虽然客人只是在等候区短暂停留，但我们也要热情周到地提供服务，在给客人款待饮品时，由于等候时间较短，我们提供一些比较简单方便的饮品即可，比如温水、袋泡茶或是速溶咖啡，以免刚泡好茶就要去会客室了；在客人等待时，秘书可以返回自己的工作区，但要不时关注客人的情况，如水杯是否需要加水，客人是否流露出着急的情绪等，待离约定的时间还有5分钟时，要再次与被访者联系，确认是否方便接见，要让客人感受到他时刻被关注着。

3. 语言表达有技巧

在与客人交谈时要注意语言技巧，比如，不能直接说"×××正在接见一位重要的客人""×××正忙着呢"，这样的话语会让对方不舒服，显得自己不重要；另外，在与客人寒暄时，注意不能说与自己身份不相符的话，如"您来找×××有什么事啊"，也不能问涉及客人隐私的问题，如"您今年多大了""您一个月能赚多少啊"，这些话都是不合适的。寒暄时可以聊一下天气、交通等话题。

4. 注意做好安全保密

作为秘书，要注意培养细心、谨慎的良好品格，要形成习惯，凡是离开办公桌前，都仔细扫视桌面，把重要文件收存好、关掉电脑屏幕再离开；另外，在没有了解来访者身份和来意之前不能透露公司的任何信息给对方，如"×××正在和×××见面""×××正在开×××会"，等等。

二、随机客人的接待流程和技巧

我们把没有预约的客人称为随机客人，对于这类客人，我们不能因为没有预约就把他们打发了，因为确实会有重要而又紧急的事情，但也不能有求必应，这样会打乱上司的工作计划，这就要求秘书能针对不同的随机客人，迅速甄别，并给予适当的接待与分流。

（一）随机客人的接待流程

接待随机客人与有预约客人的最大不同就是需要对客人进行筛选和分流，如果确实是可以接见的客人，可以按照有预约的接待流程处理。

1. 招呼来客

无论是否有预约，见到客人均需要使用"3S"的动作，并以欢迎的态度礼貌友好地接待，为其服务。在确认客人的身份和意图时，对于不肯自报家门的客人，无论对方气势多足，我们一定要坚持搞清楚他的来意，不能在不知身份的情况下就让他去见上司。

2. 分流处理

针对不同的随机客人，我们可以参照下表进行分流。

分流客人一览表

随机客人类别	接待方式
上司熟识的上级、客户	热情招呼，引领客人至会客室就座，快速通告上司，并按上司的指示接待
上司的亲属、朋友	请客人到会客室就座，并立即告诉上司，按照上司的指示接待
本公司的中层管理人员	立即通报上司，按上司的指示接待
推销员	征求采购部门意见，是否需要接见；留下对方联络方式，告诉对方，如有需要会与他联系
投诉的顾客	安抚顾客情绪，与相关部门的主管或工作人员取得联系后，接引客人去洽谈，并向顾客介绍负责的部门和接待人员的职位
其他不速之客	将对方的信息、来意汇报给上司，按上司指示进行处理

3. 按有预约客人的接待流程进行接待

分流后的客人，按照上司的指示，参照有预约客人的接待流程进行接待即可。但如需要更改被访者，要向客人解释清楚。如客人想拜访总经理，但总经理外出或没空接待，根据总经理的指示，由副总经理代为接待，此时应提前告知客人，以免客人误会。

案 例

一位客人来到办公室，说要找李总。

吕秘书："您约了李总上午见面吗？"

客人："没有，不知李总是否方便？"客人说完并递过名片。

吕秘书接过客人递来的名片，发现是本市某报广告部的广告推销员。李总规定不接待上门的广告推销员。但吕秘书考虑到该报是本市影响最大的报纸，得罪他们也不太好。吕秘书很机智，边翻看工作安排表边说："您看，今天很不凑巧，李总刚好有一个会议。我给您联系一下，或者您另约时间。"

客人："那麻烦您给联系一下。"

吕秘书："请问我如何向李总汇报您的情况呢？"

吕秘书从客人介绍中得知这名推销员确实是来拉广告的。

吕秘书打电话给李总。李总批评了吕秘书："不是说了今天我很忙，不见客人吗？"吕秘书放下电话对客人说："真不好意思，李总确实很忙，不能会见您。"

客人有点不高兴，但还是要求吕秘书向李总转告这次是专版，机会难得。

吕秘书："真是抱歉，李总现在正讨论一个合同的事，无法会客。您看我们公司在本市也就是一个分公司，并且业务又在本市的周边地区，虽然本市有些业务，但我们在贵报社的另一份杂志做了广告。我们是否还要在贵报刊登广告，得要李总决定。您看现在快下班了，为了不耽搁您的时间，您能否留下电话？"

"行吧。"客人还是有些不高兴地走了。

案例分析

在此案例中，吕秘书能确定随机客人的身份、目的，能随机应变地以"领导正在开会"为由，先请示领导是否愿意接见，再进行处理，起到了筛选的作用，避免不速之客影响领导的工作效率。但在此案例中，吕秘书也有一些不妥之处。首先，领导有交代，不接待上门的推销人员，虽然他代表了某个知名的报社，但毕竟是推销员的身份，吕秘书可以询问负责广告事宜的部门经理，是否有必要接见，而无须打电话请示领导；其次，不应对来访者透露领导具体的事由和公司内部的安排，只需要留下名片并告知对方，如有需要会联系对方即可。

（二）随机客人的接待技巧

接待随机客人最大的难点在于如何灵活地应对不同的客人，遇到不同特点的客人、突发的状况要如何应对，这就要求秘书有临场应变能力，要具备以下技巧。

1. 应对情绪激动的客人的技巧

有时候来访者由于各种原因情绪激动，如来公司投诉的客户，进行后一般要求直接见上司，秘书接待时应冷静再冷静。首先，把客人请至接待室，尽量不影响公司的运作；其次，要充分安抚对方的情绪，耐心倾听对方的诉求；再次，向他解释公司的制度，告诉他这件事情应该由哪个部门来处理，要让对方意识到，最重要的是解决问题而不是谁来解决，要让对方能感受到你是为他考虑的，是站在他的立场来想问题的；最后，根据公司的制度，将客户介绍到相应的部门，并将基本情况告诉相关负责人，由相关部门进行处理。注意，在回答客户问题时，一定要依据公司的条文和规则给予答复，对于超出自己职权范围或管辖范围的问题，要及时请示和汇报，不能擅作主张。

2. 应对固执任性的客人的技巧

有些来访者不听任何解释，胡搅蛮缠非见领导不可，甚至出言不逊，此时秘书也要保持职业素养，有礼貌但又很坚决地拒绝，建议对方留言代为转交，领导看到了会进行处理。

3. 帮助上司"挡驾"的技巧

没有把握上司是否愿意接见的客人，秘书可以先留有余地，"领导正在开会，我打个电话确认一下是否开完会了"；而对于上司不愿会见的客人，秘书可视情况直接告诉客人不能接见的原因，或者以上司没有时间接见或不在公司等为借口，告诉客人不能接见，以免对方不悦。在拒绝时要注意语气诚恳，但态度要坚决，切忌让客人产生等一等还有希望的误解。

任务书 4-2

一、任务背景

这天刚上班，总经理助理张云对王丽说："别忘了，今天 A 公司江总要来，这可是我们公司最重要的客户，你做好接待的准备。""好的，没问题。"王丽一口答应了下来。

过了一会儿，王丽正在整理来访客人的名片时，只见一个拎着公文包的男士出了电梯，绕过前台，径直往公司里面走。王丽马上喊住他："您好，请问您预约了吗？"他停下来，不耐烦地挥挥手说："我昨天就来过，昨天的事儿没办完，我还要找总经理。"王丽仔细一看，昨天确实在总经理办公室见过他，但领导还愿意见他吗？看他一副势在必得的架势，应该很难缠，王丽心里犯了难……

二、任务训练

1. 知识储备

请用流程图来表示接待预约来访者的工作流程。

2. 技能锻炼

请以小组合作的方式来演示王丽接待 A 公司江总的工作过程，接待中使用的道具自备，并且要注意接待时的礼仪，演示结束后完成自我评价。

3. 素养积淀

作为秘书，每天要面对很多突发状况，培养自己的灵活应变能力非常重要，只有具备良好的思辨能力才能更自如地应付接待工作中的各种情况。请以"知难行易还是知易行难"为辩题，分别写出支持正方的理由及支持反方的理由，理由越多越好。

任务三　办公室团体接待

任务目标

*知识目标

（1）了解接待计划的内容；

（2）了解团体接待所需的准备；

（3）了解团体接待的步骤。

*能力目标

（1）能够制订团体接待工作计划；

（2）能够按照接待方案做好接待前的准备工作；

（3）能够辅助完成团体接待工作。

*素养目标

（1）培养大局观、团结合作精神；

（2）培养注重细节、精益求精的工匠精神。

任务引入

经过两周的前台岗位锻炼，王丽已经能熟练地运用接待礼仪，对各种类型的来访者都能有礼有节地做好接待，妥善处理各种状况。这周的行政部例会上，部门经理说："下个月5号，长江集团董事长一行5人要从北京来我们公司洽谈业务，这是非常重要的潜在客户，公司上下都非常重视，总经理特别指定由我们部门统筹，一定要做好接待方案，提供热情周到的服务，这次洽谈是否成功关系到两公司后续的合作。"部门经理环视了一周："王丽，你来公司以后一直表现不错，你先来写接待方案的初稿，有什么不明白的地方可以问一下张云，你们俩一起出个接待方案，下次会议我们来讨论。"

王丽听了心里一惊，一方面为自己的能力得到了认可而感到高兴，但另一方面对于身上的重任又有些担忧，虽然自己在大学期间写过几次策划方案，但团体接待方案和以往的活动策划方案肯定是不同的，要从哪些方面入手呢？王丽又陷入了沉思。

任务分析

一般我们把超过3人来访的接待称为团体接待。在商务活动中，有些很重要的洽谈、参观等都属于团体接待范畴，做好接待工作对于商务目标达成至关重要，也会对公司利益产生影响。在做团体接待时，首先要保证双方完成商务目标（如洽谈、交流、参观等），其次要把接待活动安排得科学合理，落实到位；最后要通过周到细致的服务让对方感到宾至如归，对企业留下好的印象。因此，在团体接待工作中，秘书必须做好以下几个方面：

（1）制订接待计划；

（2）做好接待前的准备工作；

（3）落实接待工作。

一、制订接待计划

"凡事预则立，不预则废"说的是提前做计划的重要性，接待工作亦是如此。计划可以使接待工作井然有序，制订接待计划是接待工作的首要任务。

（一）制订计划前的准备

1. 了解单位接待管理制度

为规范党政机关国内公务接待管理，中共中央办公厅、国务院办公厅印发了《党政机关国内公务接待管理规定》。该管理规定高举勤俭节约的旗帜，坚决反对接待铺张浪费之风。厉行节约已蔚然成风，因此接待计划要在了解国内接待形势的基础上，根据本单位的制度或实际进行制订，如宴请标准、住宿标准等必须符合公司的规定。

2. 掌握来访团体的基本情况

首先，要了解来访团体的来访目的，只有根据来访目的做出的计划才更有针对性。此外，还需要了解来访者的基本情况，包括国籍、单位名称、来访天数、来访人数、到达的日期和地点，以及每个成员的姓名、性别、年龄、职务、级别、民族、宗教信仰、风俗习惯等。

3. 确定接待规格

接待规格是以陪同角度而言的。接待规格决定了其他的人员、日程安排及经费开支，包括在哪里迎接客户、谁全程陪同、宴请的规格、宾馆住宿的等级、房间标准等，这些都受到接待规格的制约。接待规格有三种：高规格接待、对等规格接待、低规格接待。

（1）高规格接待。主方的主要陪同人员比主要来宾的职位、级别高的接待，就是高规格接待，如一公司副总经理接待一位重要客户单位的部门经理。高规格接待表明对接待一方的重视和友好。

（2）对等规格接待。主方的主要陪同人员与主要来宾的职位、级别相当的接待，就是对等规格接待。这是单位最常用的接待规格。

（3）低规格接待。主方的主要陪同人员比主要来宾的职位、级别低的接待，就是低规格接待。这种接待一般用于基层单位，比如上级领导到下属企业检查工作，下属企业最高领导的职位也不会高于上级领导，这就属于低规格接待。

在一般公务接待中，采取最多的是对等规格接待。当然，有时因为工作需要或是体现对对方的高度重视，也可能会根据实际情况调整接待规格。影响到接待规格调整的因素主要有以下几点：

（1）对方与我方的关系。当对方的来访事关重大或我方非常重视对方，希望与对方能进一步增进关系时，可以用高规格接待。

（2）对方的会见要求。有时对方会主动提出会见某位领导的要求，如无特殊原因，应尽量满足对方的要求，如果不能满足对方要求，应当做好解释工作。

（3）意外因素。一些突如其来的变化会影响到既定的接待规格，如上司生病或临时出差，只能让他人代替，致使接待规格降低。遇到这种情况，需要提前向客人解释清楚并道歉。

（4）参照惯例。对以往接待过的客人，接待规格最好参照上一次的标准，否则通过与以往对比，会让对方感觉被怠慢了。

（二）制订接待计划

在开展正式团体接待工作前，要先做好一份接待计划报领导审批，做接待计划时一要有针对性，即针对来访人员的具体目的和任务，圆满完成来访的意图；二要有可行性，即应符合主客观条件，计划的内容是可执行的；三要有经济性，要考虑接待的成本，要做经费预算。接待计划一般包括以下几个部分：基本情况、接待日程安排、人员分工筹备情况、经费预算等。

1. 基本情况

此部分包括开展团体接待的相关信息，具体包括接待目的、来访人员、接待时间、接待地点、陪同人员等。需要特别注意的是，安排陪同人员时本着"少而精"的原则，尽量降低接待成本，并尽可能不影响本单位日常工作的正常开展。秘书可以根据来访的事由先初步拟定陪同人员名单，报请领导审批后确定。

2. 接待日程安排

要根据来访的目的、天数初步安排具体活动，一般以表格形式体现，包括日期、时间、地点、活动内容、陪同人员等（如下表所示）。

接待日程表

日期	时间	地点	活动内容	陪同人员

日程安排的事项包括工作安排、生活安排、业余生活安排三个部分。工作安排是指安排好来宾的相关工作事宜，如会见、会谈、汇报、交流、参观等；生活安排是指安排好来宾的日常生活接待，如饮食、住宿、交通，照顾好来宾的生活；业余生活安排是指安排来宾的游览、娱乐等活动，根据来宾的意愿，妥善安排组织好工作之余的娱乐活动。

在安排接待日程表时要明确具体、科学可行。即每项活动具体的时间、地点要清晰地列出来；活动安排的顺序要有逻辑、有条理；活动设置能执行、可落实。

3. 人员分工筹备情况

接待工作筹备表是在接待日程表的基础上，结合接待工作的要求，将每项工作细化，并落实到具体负责人。一般而言，比较重要的宾客的团体接待，都需要制作接待工作筹备表。大型的接待任务仅凭某一个部门某几个工作人员很难完成，必须各个部门进行全力配合，这就需要在接待前分清每个部门、每个工作人员的具体职责，才能保证接待任务的圆满完成。

人员分工筹备情况一般也以表格的形式体现，包括具体事项需要完成的时间、具体落实的人员等（如下表所示）。

人员分工筹备表

完成时间	工作内容	负责部门	负责人	备注	完成情况

根据人员分工筹备表可以将接待任务进行分工，明确相关部门的职责，可以让参与人员更加清楚自己负责的具体任务，全面了解整个接待流程。在接待筹备过程中，可以根据人员分工筹备表来检查每一项工作的具体落实情况，确保接待计划的可执行性。

4. 经费预算

根据接待规格、人员数量、活动内容做出接待经费的预算。接待经费一般包括工作经费（如租借会议室、会议设备等）、住宿费、餐饮费、交通费、礼品费、宣传费、其他费用等。在做经费预算时，一般以表格的形式体现（如下表所示）。

经费预算表

序号	项目名称	单价（元）	数量	总价（元）	备注

在做经费预算时，要注意遵循以下几个原则：

（1）全面性。要将此次接待所涉及的全部花销按项目名称进行罗列，不要有遗漏。这就要求有一定的统筹性，考虑问题尽量周全。

（2）合理性。在做预算之前，要先多方询价、比价，使预算报价尽量合理，既不过分虚高，也不能按市场最低价来预算，否则经费紧张，有超出预算的风险。

（3）有一定的弹性。尽管在做接待计划时已尽量考虑周全，但大型接待活动中总会有很多不确定性，难免有疏漏，因此，在做经费预算时要预留一笔经费做活动资金，可列入"其他"项目中。

根据接待目的以及企业的具体要求，接待计划中还可加入活动宣传、预期效果、应急预案等部分，可以使接待计划更完整、更有可执行性，并能突出体现接待的目标达成情况。

（三）领导审批确认

制订好的接待计划要交由领导审批，领导根据实际情况审核陪同人员名单、接待日程安排、经费预算等，要根据领导的指示进行修改，通过领导的审核方能最终定稿，并按接待计划着手开展准备工作。

二、做好接待前的准备工作

在接待计划确定以后，要在负责领导主持下召开协调会，明确各相关部门的分工与责任。通常来说，大型的团体接待活动由总经理办公室或行政部统筹，办公室主任或行政经理是总协调人，作为秘书要辅助部门经理做好具体事项的落实及全程跟踪协调的工作。

（一）做好接待前的具体准备工作

作为行政部门，虽然每个公司的具体分工略有不同，但在团体接待活动中，通常会负责以下的工作任务。

1. 了解来宾的基本情况

与对方负责此次活动的秘书进行对接，全面了解相关情况，制作来宾信息一览表，如有情况变动，要及时调整表格，并汇报给相关领导。

2. 安排好接站及返程票的预订

根据来宾身份及抵离日期、地点，安排有关领导和工作人员到车站、机场、码头迎送。迎客时要提前准备好接站牌、鲜花等。预订返程车票、机票、船票时，应事先征询来宾意见。

3. 安排好住宿

根据来宾身份和具体要求，协助具体接待部门安排好住宿，要预先考察酒店提供的住宿条件，特别关注房间大小、是否有窗、是否包含早餐等信息，以提供更细致的服务。

4. 安排好餐饮及宴请

根据接待计划预订饮食，要特别注意不同民族、宗教的饮食禁忌，并确保食品卫生和饮食安全。需提前考察酒店的就餐环境和菜式口味，菜式选择上既要突出当地特色，也要考虑来宾的饮食偏好；既要菜式丰盛、冷热搭配，也不能过于铺张浪费。需要特别关注酒店停车位是否紧张、服务态度是否热情。

5. 安排好工作用车

根据接待计划整理用车需求表，安排车辆时要考虑乘车人的职位，重要的来宾要乘坐较高档次的车辆，并配上经验丰富的司机，原则上每一辆车上都需有职位相当的本公司人员陪同。用车需求表一式两份，一份秘书自己保留，用于车辆调度，另一份给司机，方便司机提前做好准备。如果来访客人人数众多，需要租中巴车，秘书要提前联系并确定好租车事宜，要考察租车公司的信誉和所配车辆的情况。

6. 安排好会谈、参观等事宜

根据来宾的来访意图安排好相关活动，比如会谈活动要提前布置好会议室、安排好座次，备好茶水、纸笔、相关材料等。

7. 安排好文化娱乐活动

在条件允许的前提下为来宾安排一些文化娱乐活动，最好能反映当地的文化特色，如地方戏、民俗村参观等。注意活动内容要健康向上，有利于陶冶情操，也可事先征求来宾的意愿。

8. 提前准备好纪念品

根据工作需要可以与来宾互赠礼品或纪念品，需要注意的是，如果接待的是外宾，则一定要互赠礼品，这是涉外礼仪中的规范。准备的礼品不一定要很贵重，最好是能体现地方特色或企业文化的小礼物，但特别要注意避开不同民族、不同国家、不同宗教的禁忌。

9. 提前安排好宣传工作

根据此次接待的目的，如果来宾有重要身份或活动具有重要意义，为了取得良好的活动效果，给公司带来更大的效益，则要提前准备好新闻报道，利用内部渠道（公司网站、公众号）及外部渠道（报纸、电视台、网络等）进行宣传。

（二）做好接待前的统筹工作

秘书除了做好具体的准备工作之外，还要联络对方公司，做好信息沟通，全程掌握准备工作的进展情况，协调出现的问题，解决遇到的困难。

1. 督促准备工作的进展

按照接待计划的人员分工筹备表，督促每一项工作按时、保质地完成，如在筹备工作中发现问题应及时跟进解决，确保每一项准备工作的落实。

2. 定期组织召开工作协调会

如果是大型的团体接待活动，牵扯到的部门和工作人员较多，从确定接待方案到接待工作的正式开展，通常来说，至少要召开三次全部工作人员参加的协调会。第一次会议应在接待方案确定以后召开，会议目的是传达接待活动的宗旨和意义，分配具体的接待任务，确保每一位工作人员都明确自己的职责与工作内容；第二次会议可在筹备期间召开，目的是深入了解各部门任务完成的情况，商议遇到的问题，解决部门之间可能出现的分歧，确保接待准备工作的顺利完成；第三次会议应在接待活动正式开始前召开，再次确认接待期间每个部门和人员的职责，查漏补缺，确保接待工作的圆满完成。协调会一般由行政部门经理或主管主持，但行政秘书要辅助做好会议通知、会议材料准备等相关工作。

3. 与对方公司协调

一般来说，比较重要的事项，如涉及来访目的、活动议题等，需要双方的领导共同商定，但涉及具体的日常安排，如来访人员的具体情况、选择的交通形式、饮食要求等生活方面的问题则由双方的秘书直接对接，互通信息。如我方确定了日程需要及时发给对方确认，若对方人员有变动也要第一时间通知我方，以便及时调整安排等。

三、落实接待工作

在接待过程中，秘书需要按既定的接待计划来落实各项工作，协调各个部门的分工，检查各项活动落实情况，及时处理各种突发状况，确保接待工作顺利圆满地完成。

（一）注意各项接待活动的衔接

作为秘书或者接待工作的主要协调人员，在接待活动正式开始后，要时刻保持注意力的高度集中，在每一项工作开始前要再次确认细节，如场地安排是否妥当、车辆调配是否到位、人员准备是否充分等，通常需要对照接待日程表，在这项活动进行时就要确认下项活动的准备情况，确保各项活动的顺利开展。这就要求秘书一方面要有全局观，从整体上把握接待活动的安排；另一方面要有换位思考的习惯，从客人的角度来考虑如何更好地做好接待服务。

（二）突发状况的灵活处理

在大型接待活动的具体执行过程中，总会发生一些突发状况，如外出途中车辆坏了、重要领导临时有紧急任务等，这就要求在计划中做好应急预案，提前确定紧急联系人，发生突发状况时要及时汇报。而活动现场的突发小状况，如座位不够、茶点不够、会议超时等情况，要求秘书具备灵活的应变能力，根据实际情况迅速做出调整，保证活动顺利进行，尽量将突发状况的影响降至最低。

📚 案 例

天地集团承办一场新能源行业交流会，要接待包括政府人员、同行从业人员等在内的50余人，这不仅是同行业的交流，更有政府部门对未来行业发展的工作指示，如果能成功举办这场活动，一定会更好地树立天地集团的整体形象。因此，集团领导高度重视此次会议，提前20多天就开始准备，事无巨细，做了大量的准备工作，并做了两次模拟演练。可以说，一场成功的大型接待胜券在握。但是在召开交流会的时候，一场罕见的暴雨不期而至，会议室顶楼排水不及时，精心布置的会场瞬间变成了"水帘洞"，后果可想而知。

当发现会议室渗水时，接待负责人立即派3名工作人员到楼顶进行检查，查明原因是排水不及时，接待组立刻将会场更换至同栋楼下一层的三楼会议室，并同时对该会议室进行简单布置。约15分钟后参会人员有序地转移至三楼会议室，交流会继续召开。领导在交流会上说："虽然遇到了突发暴雨，但是能在十多分钟的时间内又布置了一个会议室，天地集团这样的组织能力让我们感到惊叹。"

　　会议结束后，倾盆大雨丝毫没有停止的意思，参会人员需要返回酒店，车辆停在靠近楼梯口的位置，10多名工作人员举起雨伞，搭建了一个走廊，参会人员就这样上了车。在车上，引导人员向大家表示了歉意，并引用了一首诗："贵人出门多逢雨，金丝漫漫绕银缕。若是有幸遇倾盆，蟠桃盛会醉听曲。"来宾听后全都释然，不良影响也随着雨停消失得一干二净。

案例分析

　　在做接待方案时，筹备人员已经提前查询了天气预报，知道当天将有暴雨，并提前准备了充足的雨伞、雨衣、雨靴。虽然已经做了应急预案，但是会议室漏雨却是始料未及的。因此，再细致的方案在执行过程中也会有突发状况。在此案例中，充分反映出现场接待人员较强的协调能力和应变能力，能转"危"为"机"，不仅没有影响接待效果，还树立了公司良好的形象。

（三）注意接待中的"细节"

　　细节决定成败，接待工作必须周密考虑。秘书要树立"接待无小事，细节定成败"的接待理念，面对接待工作中的各项复杂、烦琐事务，应当事无巨细地逐项确认，不可马虎、敷衍了事。如预订酒店时要注意考察房间的朝向、楼层；预订宴请的菜单时要考虑客人的口味；布置会场时要注意花卉的选择；安排茶水服务时要考虑茶叶与季节的匹配；等等。往往细节能体现接待服务者的用心，能让客人感受到被重视。

（四）及时听取客人的反馈

　　在接待活动进行时，要不断地总结工作，多倾听客人的反馈，包括对住宿、饮食、活动安排的具体意见，在可调整的范围内尽量满足客人的需求，可以根据实际情况来调整接待计划，如原计划的爬山休闲活动在征求客人的意见后可改为参观博物馆等，但一旦计划更改，需要马上协调各个部门，立刻做好相关准备工作。

（五）保持通信畅通

　　在整个接待活动期间，秘书作为重要的协调人，一定要保持电话畅通，24小时不关机，以便随时处理突发状况，如果是重要的接待活动，需要安排公司人员在客人入住的酒店值班。秘书还要提前准备好来访客人联系表和筹备人员通信录，确保能第一时间联系到相关人员，更好地协调接待的具体工作。

任务书 4 – 3

一、任务背景

为了更好地促进校企合作，我校特邀我们的专业实践基地——长远有限公司前来我校参观、洽谈。经前期沟通后，长远有限公司总经理、行政部门经理和秘书3人将在11月5日上午9点到达我校，了解我们专业的建设现状、参观我们专业的实训室，并就学生能力培养、校企合作开展等问题进行洽谈。

如果由你们小组负责此次接待活动的策划、筹备与落实，你们将如何完成这项任务？

二、任务训练

1. 知识储备

针对以上接待活动，请列举我方主要陪同人员的名单，并阐述确定陪同人员的原则。

2. 技能锻炼

（1）请小组合作完成此次活动的接待方案（提交电子版即可）。

（2）分小组，抽签完成以下接待活动的场景演示，道具自备。

①会场布置；②迎宾；③现场服务；④参观实训室；⑤拍照及送别。

3. 素养积淀

有时，在工作中要养成"多此一举"的习惯，即要求我们"多想一点、多看一次、多问一句、多试一下"，虽然会增加工作量，但多做一点、多学一点，会让结果精益求精。"多此一举"是一种认真的精神，不是还可以、还好吧，而是每一个细节都要较劲，追求精益求精。

请你抱着这样的态度，将刚刚完成的接待方案再次修改，分享一下你做了哪些调整。为什么要做这样的调整？

项目五
现代办公印章与证照管理

导 论

　　印章是党政机关、企事业单位、组织团体、个人进行经济、社会活动的诚信凭证与法律依据；而企业的证照是确保企业遵守国家的法律法规，保障企业生产经营正常运行的重要文件，无论是颁发与启用，还是管理与使用，都有严格的程序和要求。因此，加强印章、证照管理，严格使用规定，是秘书人员的重要职责。

任务一　印章管理

任务目标

*知识目标

　　（1）了解印章的种类及样式；

　　（2）了解电子印章的使用。

*能力目标

　　（1）能做好印章的申请、使用、保管工作；

　　（2）能根据实际情况设计印章管理流程；

　　（3）能使用电子印章。

*素养目标

　　培养学生的法律意识、规则意识。

任务引入

　　王丽在长远有限公司行政部工作了一个月，在总经理助理张云的指导下，对行政部的工作渐渐有了深入的了解。这天，张云对王丽说："王丽，你现在对行政部的工作已经熟悉了，从今天开始，我们公司的印章就交由你来管理了，等一下你来我办公室，我们俩办理一下交接手续。"王丽连忙回答："好的，张助理。"但王丽心里有些忐忑，她深知印章管理的重要性，很怕由于自己的管理疏忽给单位造成什么损失。怎么样才能做好印章管理呢？王丽不禁陷入了沉思……

任务分析

印章是企业中比较重要的物品，需要妥善保存、强化管理、重点关注。企业如果疏于管理，一旦印章出现问题，就可能会使企业蒙受巨大的经济损失，面临法律风险。作为企业的秘书，在印章管理方面，要掌握好以下内容：

（1）印章的种类与样式；

（2）印章的刻制与启用流程；

（3）印章的保管与使用；

（4）印章的停用与销毁；

（5）电子印章的使用。

一、印章的种类与样式

印章是机构或个人的凭信之物，因此又称印信，是社会交往中身份、权力与地位的象征和证明。2008 年国家档案局颁布的中华人民共和国行业标准《印章档案整理规则》（DA/T 40—2008）对印章进行了明确的界定：印章是将文字、符号和图形等按照一定的规范格式或艺术风格刻制、铸造在物体上，形成的以盖制图形和文字标记为使用方式的标志性信物和艺术品。一般包括印面、印文、边款、印纽（执柄）和印材 5 个构成要素。

（一）印章的作用

印章主要有以下作用：

1. 标志作用

只有得到法律认可的机构或人员（亦具有法人资格）才备有印章，并在印章上以印文的形式标明其法定名称（全称），对外联系工作就以印章作为标志。

2. 权威作用

自古以来，人们就将印章视为权力的象征，这是法律赋予的权力，具有相当的权威性，而这种权威性则是以印章为鉴证的。如对于某一法定组织来说，其领导人依法定程序产生，具有法人代表资格，因此领导人的名章，不是代表其个人，而是代表其负有的某种职权。

3. 法律作用

单位具有法人资格，其印章是单位的标志，按法定程序制发、用印后的公文和凭证具有法律效力，在刑事诉讼和民事诉讼中负有法律责任和法律义务。

4. 凭证作用

印章具有法定的凭证作用，加盖印章是一种法律行为。公务往来的文件，要取信于人，就必须加盖印章，各种各样的文件、凭证、证据等，若不盖章，对外一律无效。

(二) 印章的种类

公务印章主要有单位正式印章、套印章、签名章、专用章、钢印等（如下图所示）。

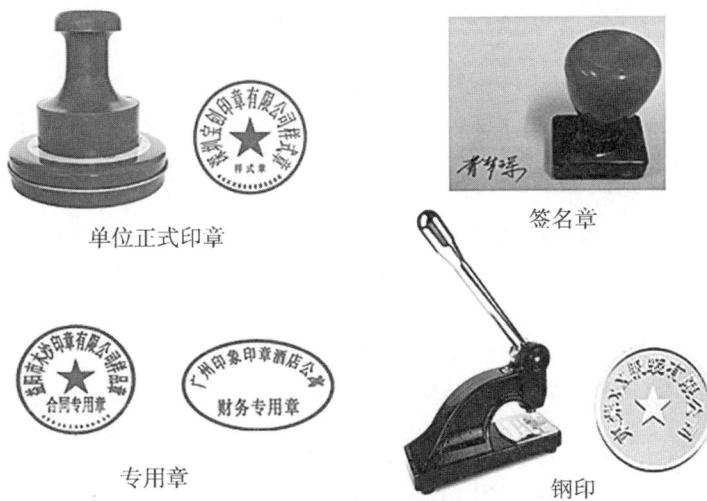

企业中常见印章

单位正式印章：代表机关、单位的正式署名，具有法定的权威和效力，多用于正式文件。

套印章：印刷单位经授权制版而成，用于印制大量文件，与正式印章具有同样效力，其使用需由单位领导人签发。

签名章：代表一个单位领导的身份，具有行使职权标志的作用，多用于签发文件。

专用章：是单位为开展某一特定的工作而刻制的证明章，其款式与正式印章有区别，不得用于正式文件，如合同专用章、财务专用章等。

钢印：不用印色，利用压力凹凸成型，一般加盖于贴有照片的证件上，盖印位置为照片的右下角，起证明持证人身份之用。

(三) 印章的样式

印章的样式主要包括质料、形状、印文、图案和尺寸等方面的具体要求。

1. 印章的质料

印章按质料来分，有铜印、钢印、木印、塑料印、胶皮印、万次印等。其中，万次印是可使用万次以上的印章，分为原子印和渗透印。原子印是用特殊材料，采用现代排版及制版技术，将所需刻制的印章先制成印版，然后将原子油与印版经热压固化成型，属液体压铸。渗透印是将所需刻制的印章采用固体材料热压成型，然后再注入印油，属固体压铸。原子印的制作工艺比渗透印要复杂很多，其印制出来的图案和字迹非常清楚，色泽鲜艳，出墨均匀，且不易掉色，价格也相对贵一些。但需要注意的是，单位正式印章一般只能使用印油，不能使用万次印，公章的质料由制发机关根据实际需要和一般惯例确定。

2. 印章的形状

国家行政机关和企事业单位、社会团体的正式印章为圆形，其他公务印章可采用正方形、长方形、椭圆形、三角形等多种样式。

3. 印章的印文

单位公章所刊名称应该是该组织的法定名称。如名称字数过多不易刻制，可以采用规范化简称。所刊汉字，使用国务院公布的简化字，字体为宋体。实行民族区域自治的地方人民政府的印章，可以并刊汉字和相应的民族文字。文字自左而右环行。其他印章可依据需要和习惯确定。

4. 印章的图案和尺寸

单位公章为圆形，中央刊国徽或五角星。国务院的印章，直径 6 厘米，中央刊国徽；各省、自治区、直辖市的人民政府和国务院办公厅、国务院各部委的印章，直径 5 厘米，中央刊国徽；各自治州、市、县级和市辖区人民政府的印章，直径 4.5 厘米，中央刊国徽；乡（镇）人民政府的印章，直径 4.2 厘米，中央刊五角星。国家行政机关内设机构或直属单位、企事业单位、社会团体的印章，直径不得大于 4.5 厘米，中央刊五角星。

国务院的钢印，直径 4.2 厘米，中央刊国徽。其他确需使用钢印的单位，其钢印直径不得大于 4.2 厘米，不得小于 3.5 厘米，中央刊五角星。

二、印章的刻制与启用流程

案 例

长远有限公司的公章由于保管不善，表面有污损，行政经理吩咐张云重新刻制一枚公司的公章，张云想起公司成立之初，自己申请刻制公章时的程序非常烦琐，时间很长，她想到自己有一个朋友就是刻制印章的，就想拿着公章让朋友刻制一枚一模一样的就行了，不仅节省了时间还能帮公司省下费用。张云把想法和部门经理说了，不仅没得到表扬，反而被经理批评了一顿，教育她必须严格按照公章申请的程序来办理。

国家行政机关和企事业单位、社会团体的公务印章，一律不得私自刻制，应到当地公安机关指定的刻章单位刻制。

1. 申请刻制公章的程序

新设立单位申请公章刻制的程序：上级机关批准—持相关材料到公安机关备案—到公安机关指定刻制单位刻制印章—双人同行取章—拆封检验—交由单位专人保管—发出附印样的印章启用通知—相关资料保存。

新设立单位申请公章，必须提供单位或机构的批准文件、登记证书（营业执照）以及法人、申请人身份证。

2. 重新刻制公章的程序

（1）单位或机构名称变更申请刻制新的公章流程：旧印章交回公安机关销毁—持相关材料到公安机关备案—到公安机关指定刻制单位刻制印章—双人同行取章—拆封检验—交由单位专人保管—发出附印样的旧印章废除、新印章启用通知—相关资料保存。

备案所需的相关材料包括：营业执照原件及复印件、工商变更核准通知书复印件、法定代表人身份证原件及复印件各一份、经办人身份证原件及复印件各一份、企业出具旧印章销毁证明、法人授权委托书、刻制公章申请书。

（2）补办遗失公章的程序：派出所报案、挂失—媒体刊登遗失声明—持相关材料到公安机关备案—更改印章样式或字体—到公安机关指定刻制单位刻制印章—双人同行取章—拆封检验—交由单位专人保管—发出附印样的新印章启用通知—相关资料保存。

需注意的是，公章如不慎丢失一定要立即向当地派出所备案，在省级媒体发布遗失声明，以免由于公章遗失给企业带来风险。

3. 印章的启用

启用新印章，应由制发或批准刻制机关颁发启用通知，收到文件之后方能正式启用。如由新印章取代旧印章，启用新印章后，旧印章同时作废。印章启用时，使用机构应将印模和启用日期一并报送颁发机构备案，并要立卷归档，永久保存。如果日后需辨别文件或票据的真伪时，印章的启用日期和印模就能发挥重要作用。

案 例

张云接受了部门经理的批评后，认真学习了申请印章刻制的流程，持相关材料到公安机关做了备案，并在指定的公章刻制单位重新刻制了公司的公章，取回公章后，长远有限公司发布了一则新印章启用的函。具体如下：

关于启用新印章的函

各相关单位：

因我公司印章污损严重需要更换，2023 年 1 月 1 日起启用新印章，原印章同时废止使用。

特此函告。

附新、旧印模。

长远有限公司（章）

2022 年 12 月 21 日

在 2023 年 1 月 1 日新印章正式启用后，张云将旧的印章和相关材料整理完毕并交由上级管理部门立卷归档，永久保存。

三、印章的保管与使用

（一）印章的保管

一般说来，组织的印章大都交由秘书或秘书部门保管，而且秘书或秘书部门通常要管理的印章有三类：一是本组织的正式印章和钢印；二是本组织领导人的签名章；三是部门的印章。印章必须妥善保管，其要点如下：

1. 专人负责

印章是组织的代表性信物，盖印就是组织认可的标志。一般情况下，印章的管理者就是用印者。因此，秘书或秘书部门对于保管和使用印章的人员必须严格审查和培训。

2. 妥善保管

按照保密要求，管印人不得委托他人代取代用印章。印章应存放在安全可靠的地方，最好是放在保险柜内，并且要养成随用随开锁，用完即上锁的好习惯，以免印章被滥用盗用，造成不良后果。节假日应在存放印章的地方加锁或贴封条。管理人员临时外出时，应把钥匙交给办公室或部门领导人，或指定临时代管人员代管，做好交接。

3. 注意保养

印章管理人员要定期保养清洗印章，以确保印章耐用、清晰。如由于机构变动或组织更名等原因而停止使用原印章，应将其交回制发机关封存或销毁，不能随便弃置。

需要注意的是，领导人的签名章可由本人保管，亦可由领导人委托的代理人保管。

（二）印章的使用

秘书人员要对印章的保管负责，但能否用印则要经过领导的审批，使用印章一定要按照单位制定的印章使用流程规范。

1. 用印审批

凡使用印章，必须经有关领导人批准，方可盖印。其权限可分级掌握，使用哪级印章，就应由哪级领导批准。例如使用企业的公章，应由企业领导人签批，使用企业办公室的公章，应由办公室领导人签批。企业可设计用印审批单进行管理（如下表所示）。

用印审批单

用印部门		用印人		用印时间	
用印文件名称		用印类型		用印份数	
用印事由					
部门领导审批意见					
总经理审批意见					

2. 检查核实

秘书拿到用印审批单后要认真检查，一查是否有领导签字；二查审批单的文件名称与实际盖印文件是否一致；三查需盖印的文件是否有明显错漏；四查实物份数与用印审批单中所需份数是否一致。检查无误后，方可盖印。

3. 端正盖印

要由负责印章管理的人员亲自盖印，不得交由使用人自行盖印。盖印要求端正、清楚，位置恰当。如果盖出来的印文不清晰、不端正，就会影响印章的作用，甚至还会引起对方的怀疑。盖印时，其位置通常在文件的末尾，即单位的落款及日期上，俗称"骑年压月"。但要注意的是给合同盖章，除了要在签名的位置盖落款章之外，还需要在合同的骑边处盖上"骑缝章"，即将合同每一页在侧面错开，保证每一页都露出一小部分，面积大小要略大于印章的大小，蘸取少量印油后将印章按压到错开的多页文件侧边上，使合同每一页均有红印，合同整体展开可以将骑缝章还原成原章。骑缝章的目的是防范风险，可以防止对方更换合同内容、否认合同内容，并避免因更换合同内容或否认合同内容而造成不必要的麻烦、争议和损失。

为确保印文的印记清晰，使用的印油要均匀，颜色要正红，用力要适度，使盖出的印章端正、庄重、清晰。

4. 登记备查

要严格履行登记手续，建立详细的用印登记簿。每次用印，都必须进行详细登记，以备发生意外时查核。登记项目通常包括：日期、用印部门、用印内容、用印类型、份数、批准人姓名、经办人姓名等（如下表所示）。用印人领取盖好印章的文件时，需在用印登记表上签名确认。

用印登记表

日期	用印部门	用印内容	用印类型	份数	批准人（签名）	经办人（签名）	备注

5. 妥善收存

用完的印章要立即妥善收存到带锁的抽屉或保险柜里，确保公章的安全。印章在任何情况下都不得外带，以免丢失。

（三）OA 管理系统中印章的审批流程

OA 管理系统简称 OA，是采用互联网技术，集内部通信、信息发布、公文处理、知识管理、辅助办公为一体，为企业的管理和决策提供科学依据，以便企业内部人员方便快捷地共享信息、高效协同办公的一种系统软件。随着办公自动化技术的日益发展，越来越多的组织采取 OA 管理系统，辅助进行日常办公管理，实现工作流程规范化、管理自动化，摆脱时间和空间的限制，实现协同办公与知识共享，大大提高了办公管理效率，实现无纸化、智能化办公新模式。

1. OA 管理系统中印章审批流程的设计

印章的管理通常包含在 OA 管理系统日常事务处理模块中，OA 管理系统由专业的公司进行开发设计，但作为行政管理人员需要结合公司印章管理的实际需求设计印章审批流程，并提供相应的表单，辅助完成印章管理模块的系统开发。

📚 **案　例**

长远有限公司购买了某公司的办公软件系统，行政经理让张云负责与该公司对接，协助该公司的项目经理完成 OA 系统中行政管理模块的系统开发。张云首先从印章管理入手，她根据公司印章管理制度，为不同类型的印章制作了审批流程图，并把相应的审批表格整理好，一起交给了项目经理。长远有限公司印章审批流程图如下图所示：

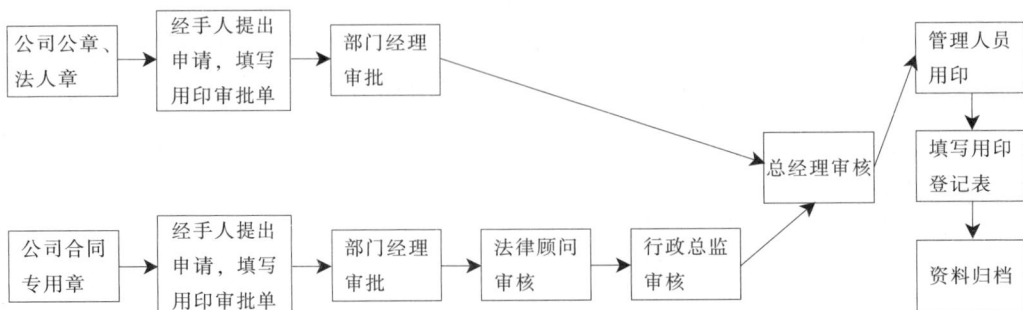

长远有限公司印章审批流程图

在张云的协助下，长远有限公司很快完成了 OA 系统的开发，在经过了几轮培训后，公司完全实现了系统化的网络办公，极大地提高了办公效率。

2. OA 管理系统中印章审批流程的使用

OA 管理系统中印章审批流程正式启用后，员工只需要用自己的账号登录系统，点击"印章使用审批"模块，开启"新建流程"，填写页面的用印审批单，上传用印的文件，检查无误后，点击"提交"按钮，系统将用印审批单自动推送给下一个审批人进行审批，可以随时在"已办事项"中查看流程进展情况，待完成全部审批流程后，拿着用印文件去印章管理人员处盖印即可。印章管理人员根据 OA 系统中的用印审批单进行文件审核，履行盖印、归档的职责。

3. 使用 OA 管理系统的优势

（1）可实现异地办公。使用 OA 系统进行印章使用流程的审批，不受时空的限制，审批人员可以随时通过电脑或手机 App 登录 OA 系统进行审批，极大地提高了办公效率。

（2）无纸化办公。通过网络填写用印审批单，减少了纸张的使用，节约了办公成本。

（3）有"短信提醒"等附加功能。在 OA 系统进行印章使用流程的审批时，可以使用"短信提醒"等功能，既可以提醒审批者及时处理流程，也可以提醒申请者审批流程所处的节点，节省了沟通成本。

（4）更方便归档管理。对于印章管理者而言，运用 OA 系统中的印章管理模块可以更方便地进行资料的归档，便于档案管理，节省了管理人员的工作时间，提高了管理效率。

四、印章的停用与销毁

组织名称变更、撤销、合并或由于其他原因不复存在时，要停止使用原有印章。停用印章要发文通知有关单位，并在通知中说明停用的原因，标明停用印章的印模和停用时间。停用作废的印章要及时送交原颁发机关处理，不得在原单位留存。如印章需要销毁，方式有两种，一种是自行销毁，一种是送刻章单位回炉销毁。但无论采取哪种方式，销毁时都必须报单位负责人批准。销毁的废旧印章都要留下印模保存起来，以备日后查考。

五、电子印章的使用

随着互联网技术和信息技术的迅猛发展，传统办公模式逐渐向信息化办公模式转变，纸质文书的流转形式也随之向电子文书的流转形式转变。为了确保电子文书的有效性，同时使得电子文书能与传统纸质文书具有相同的视觉效果，就产生了电子印章。

电子印章技术以先进的数学技术模拟传统实物印章，其管理、使用方式符合实物印章的习惯和体验，其加盖的电子文书具有与实物印章加盖的纸质文书相同的外观、相同的有效性和相似的使用方式。它借助云端存储，可随时调用，在使用时更为方便。遇到领导出差的情况，也可随时随地审批签署，免去实物印章需要面对面实地签署的麻烦。

（一）电子印章的特点

与实物印章相比，电子印章具有以下特点：

1. 电子印章是电子签名技术有效的表现形式

它的使用具有和传统实物印章相同的法律效力。电子印章所使用的电子签名技术可以对电子数据进行保护，避免电子印章被篡改的同时，也可以避免电子印章盖章的电子文书被篡改。

2. 一个实物印章只能对应一个电子印章

这更加符合人们日常的使用习惯，也方便公司做好管理，一般组织只会申请公章及法人章的电子印章。

3. 存储在可移动介质上

电子印章可采用多种电子信息载体，比如 USB－KEY、IC 卡、指纹仪等，不同的介质安全措施不同，其安全级别也不同，实施费用也不同。但不管采用哪种介质，都要考虑电子印章的统一管理、在线认证等因素。

4. 使用方便

电子印章的数字化技术较为复杂，但管理者在使用过程中门槛较低，不需要了解这些新技术和新概念，简单地培训以后就可以很好地使用电子印章。

（二）电子印章的使用流程

1. 电子印章的申请

使用电子印章的组织或个人首先需要到电子印章管理中心申请电子印章，按规定履行必要的手续，在主管机关确认无误的情况下，为申请者制作电子印章，并将制作好的电子印章导入特定的存储介质，如 USB－KEY 或 IC 卡等，提交给申请者。

2. 安装电子印章客户端系统

电子印章产品提供商给用户提供电子印章的同时，还会提供一套电子印章客户端系统。这套系统应该安装在电子印章保管者所使用的终端电脑中。电子印章客户端系统的主要作用就是盖章、验章以及实现电子印章管理等。

3. 电子印章的使用

电子印章和实物印章的使用方式基本相同，具体流程为：领导审批—将存有电子印章的实体（如 USB－KEY）插入装有电子印章客户端系统的电脑—启动电子印章客户端系统—读入需要加盖电子印章的电子文书—在电子文书中需要加盖印章的地方点击菜单上的"盖章"功能按钮—输入电子印章使用 pin 码—盖好印章—取出移动介质—妥善保存—做好登记。

4. 电子印章的挂失

若发生电子印章遗失，应立即到电子印章平台挂失，其过程与实物印章的挂失、作废处理方式基本相似。

　　电子印章方便异地盖章，在保障安全性的同时又节约了办公成本，提高了办公效率，加速了办公信息化的进程。但对于印章管理人员来说，电子印章的管理与实物印章同样重要，也应由专人管理，放置在保险柜内，在专用的计算机上进行操作使用，确保电子印章的安全。

案　例

　　为了加强印章的安全管理，天地集团购买了博纳德集团开发的"薪公章"管理系统和一体式智能印章。一体式智能印章的启用从事前审批、事中取证到事后追溯，全流程实行数字化管理，特别是智能印章中内置的智能芯片和高清摄像头，大大加强了印章的安全管理。

　　在印章使用前，先通过"薪公章"管理系统进行在线审批，审批通过后会在用章审批的附件上自动添加独一无二的盖章二维码，使用"薪公章"的摄像头可以扫描二维码，执行盖章任务，确保盖章文件和审批文件一致（如下图所示）。同时，在盖章时，高清摄像头会记录用章全过程，并将用章视频文件上传云端留证，盖章的文件记录等数据资料通过加密存储在云端，保障公司数据的安全性。

一体式智能印章的用印管理

　　天地集团在启用了"薪公章"管理系统后，解决了印章审批流程冗长、印章存取不够便捷、异地用章监管难等问题，大大降低了印章管理的成本，提高了行政管理效率。

任务书 5 - 1

一、任务背景

深圳天地集团因业务扩展，成立了一个新的子公司——深圳市天地贸易有限公司。集团总经理任命吕萌为该公司的行政办公室秘书。吕萌到任后首先就是要为新公司刻制一系列的印章并管理好这些印章。

印章全部刻制好了以后就开始正式启用了。这天，快到下班时间了，吕萌正收拾自己的桌面准备离开，公司综合部职员王平来找她："吕秘书，我这儿有份紧急会议通知要赶快发出去，你赶快帮我盖一下章。"

"什么紧急通知？怎么这么晚才来盖章？有领导签名吗？"

"黄主任有事先走了，还没来得及签名，这事又不能等到明天，你就给盖一下吧！明天早上一上班我就把通知发出去。"

吕萌接过通知一看，是一份明天上午的会议通知，这事情确实很紧急。正当她打算盖章时，电话响了，是吕萌的闺蜜小玲约她半小时后在电影院门口见面。吕萌一看时间紧急，就指着一个未上锁的抽屉对王平说："公章就在那儿，你自己盖吧，我先走了。你盖好了还给我放在这个抽屉里，千万给我放好！"

第二天，吕萌才知道这份会议通知出了问题，未经领导指示不说，通知的内容也有错误，可是王平一早就把通知发出去了。吕萌被总经理叫去批评了一顿，他让吕萌一定要加强对印章的管理。

二、任务训练

1. 知识储备

（1）请结合案例，列举深圳市天地贸易有限公司需要刻制印章的种类。

（2）简述印章刻制的程序。

2. 技能锻炼

（1）请指出案例中吕萌在印章管理中的不当之处。

（2）请分组演示任务背景中正确的印章管理流程，要求自行设计所需要用的表格工具。

3. 素养积淀

作为秘书人员，管理印章时一定要坚守原则和底线，对于违背公司管理规定的请求要勇敢地说"不"。生活中，你是一个勇敢说"不"的人吗？请选择任一情景分析，如果是你，你将如何拒绝他人的请求。你能否总结一下拒绝的技巧？

情景一：你最好的闺蜜想要借你的作业来抄，你如何回复她？

情景二：你的班主任想让你帮他处理一份文件，但你最近在忙着准备四级考试，根本腾不出时间，你如何回复老师？

情景三：你的舍友总是不经你允许，在你不在时，擅自使用你的电脑，你很介意，你将如何与他（她）沟通？

任务二　证照管理

任务目标

* 知识目标

（1）了解企业证照的种类及作用；

（2）了解企业证照的使用流程。

* 能力目标

（1）能做好企业证照保管、借用；

（2）能根据实际情况设计企业证照借用流程；

（3）能做好企业证照的年审。

* 素养目标

培养学生的法律意识、规则意识、责任意识。

任务引入

这天，长远有限公司行政秘书王丽正在整理文件，发现一个文件盒内放满了公司员工的资格证书、法务人员的律师证、报关人员的报关资格证等，她连忙请教总经理助理张云："这些证书有什么用啊，为什么公司要保留员工个人的证书呢？"张云说："这些资格证书是员工任职的资格证明，同时也证明了我们公司有相关业务的资质，有些岗位需要持证上岗。不仅如此，像公司的营业执照、税务登记证、安全生产许可证等，都是非常重要的文件，我们要妥善保管好。哦，对了，马上要年审了，到时候我带你走一次流程，你就明白这些证书的意义了。"

原来证件管理也这么重要啊，王丽不禁觉得肩上的担子又重了……

任务分析

证照是公司以及所属各单位依法合规经营的重要法律依据文件，其所载内容是企业合规经营的前提条件之一，必须给予妥善安全管理，确保企业遵守国家的法律法规，保障企业生产经营的正常运行。企业证照管理的主要工作内容包括证照的办理、建档、使用、更新和年审等工作。作为企业的秘书，在企业证照管理方面，要掌握好以下内容：

（1）企业证照的种类；

（2）企业证照的办理流程；

（3）企业证照的建档及使用管理；

（4）企业证照的年审与变更。

一、企业证照的种类

常见的企业证照一般有四类，分别是经营类证照、资质类证照、权证类证照和其他类证照。

（1）经营类证照，指的是经营许可类的证件，例如营业执照、金融许可类证件等。

（2）资质类证照，指的是企业的资质证明，例如安全生产许可证、压力容器制造许可证、体系认证证书等。

（3）权证类证照，指的是政府职能部门颁发的权属证明，例如土地使用权证、房屋产权证、有价证券证书等。

（4）其他类证照，指的是除以上三类证照之外的其他证书，例如各类机构颁发的会员证、理事证、荣誉证书等。

一般来说，前三类证照都非常重要。如果从企业正常经营发展的角度来说，经营类和资质类的证照最为重要，因为这两类证照决定了企业有没有权限继续经营；如果从资产管理的角度来说，权证类的证照最重要，因为这类证照表明了企业的资产权。

除了上述这四类企业证照之外，有的企业还把企业经营需要员工具备的各类资格证书或证明员工能力的各类能力认证证书视同企业证照，由企业统一管理。这样做的好处是能实现企业对相关证照的全面管理。

二、企业证照的办理流程

（一）公司资质类证照办理流程

一般情况下，由政府职能部门核准或颁发的权属证明、企业开业运行所必须具备的证照等（如企业法人营业执照、组织机构代码等涉及企业注册信息的证照），由公司的行政部门负责办理。在办理这些证照时，要遵循国家相关的法律法规，秘书应先熟悉相应的办证流程，准备好相关的材料，按照政府或相关行政部门的办事指引和流程去申请。

（二）业务部门证照办理流程

一般来说，企业中有关部门需要涉及的资质证照由业务部门负责牵头办理，行政部门可协助办理。如国税登记证、地税登记证、银行开户许可证等涉及财务类的证照，由财务部统一负责办理，但相关资料准备由行政部门配合。在业务部门办理相关证照时也要走审批流程，具体的审批流程如下图所示。

```
┌──────────────┐     ┌──────────────┐     ┌──────────────┐     ┌──────────────┐
│ 部门经办人提出 │ ──> │ 本部门负责人  │ ──> │ 行政管理部门  │ ──> │  总经理审批   │
│  证照办理申请  │     │    审批      │     │  负责人审批   │     │              │
└──────────────┘     └──────────────┘     └──────────────┘     └──────────────┘
                                                                          │
                                                                          ▼
┌──────────────┐     ┌──────────────┐     ┌──────────────┐
│办理结束后，证照│ <── │ 部门经办人    │ <── │  知会证照     │
│交证照管理员存档│     │  开始办理     │     │  管理人员     │
└──────────────┘     └──────────────┘     └──────────────┘
```

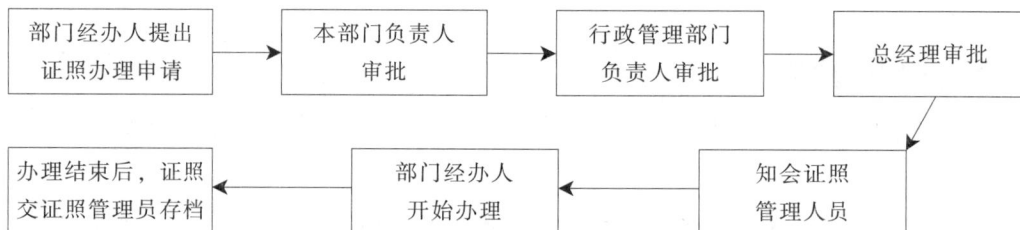

业务部门证照办理审批流程图

三、企业证照的建档及使用管理

企业证照应由指定人员保管，通常是由企业的行政管理部门统一管理。企业应当指派专门的证照管理员来负责证照的建档登记、更新和管理工作。证照管理员岗位具有一定的特殊性，应当由在企业工作一定年限、对企业有一定了解和忠诚度、稳定性较好的员工担任。如果企业规模较大，证照管理员可以由专人担任；如果企业规模较小，证照管理员可以由公司员工兼任。

（一）证照建档管理

为了规范管理，证照管理员可以对本企业的证照做一个建档，如下表所示。

证照建档表

证照名称	颁发部门	原件数量	登记日期	有效截止日期	年审时间	副本存放地	备注

企业要定期对证照管理员进行培训，定期检查证照管理员对证照的保管情况、使用情况以及对快到期证照的更新情况。

（二）证照使用管理

为了加强对企业证照的管理，需要制定企业证照使用及管理制度，明确规定证照的使用范围、使用程序，规定证照由行政部门的专人管理，对于像财务部这样需要经常使用经营类或权证类证照的部门，经过企业管理层批准后，可以由财务部长期留存必要证照的复印件，但证照的原件仍由行政部门统一保管。

各部门有使用证照的需求时，可以提出使用证照原件、复印件或电子版的申请，填写证照使用申请表（如下表所示），经过部门负责人和行政管理部门负责人审批之后，方可使用。

证照使用申请表

申请人		申请部门		申请时间	
申请使用证照名称		申请使用证照类别			
申请使用证照份数		申请使用时间		归还时间	
用途说明					
部门负责人审批		行政管理部门负责人审批		证照管理审核	

　　证照管理员凭经过相关领导审批签字后的证照使用申请表办理证照的借用业务，不经正常审批流程，不得使用证照。

　　对于借出的证照原件，申请人应当在规定时间内归还。如遇特殊情况不能归还，应当申请延期归还，证照延期归还手续的办理与证照使用申请的流程相同。

　　证照申请使用人应保管好证照，不能损坏或丢失证照。如果发现证照损坏或丢失，须第一时间向证照管理员报告。证照管理员在接到通知后，应立即办理证照挂失或补办手续。

　　证照申请使用人不得擅自把企业的证照用于申请内容之外的其他用途，尤其不能进行各种担保。证照管理员应当做好证照的使用登记，形成证照使用登记表（如下表所示）。

证照使用登记表

证照申请使用部门	证照申请使用人	证照使用日期	证照使用类型	证照使用份数	证照使用原因	备注

四、企业证照的年审与变更

　　根据国家相关法律法规，很多证照需要进行年审。如企业的营业执照，每年都必须进行年审，主要是为确定企业的营业资格以及营业能力，这也是有效保障企业正常运营的重要方式之一。如果企业没有年审或年审不通过，与公司相关的所有证照的年检都无法进行，因此及时进行营业执照年检是相当有必要的。

　　证照的年审、到期换证、变更、延期等工作由证照申请部门负责，由证照管理员负责提醒，行政管理部门实施监督。对于一些比较重要的证照，例如营业执照，也可以由行政管理部门统一负责延期或变更工作。

案 例

长远有限公司的总经理助理张云带领行政部秘书王丽一起办理公司营业执照的年审。张云先是准备了年审所需要的文件资料，然后在网上申请年审，具体操作流程如下：

打开国家企业信用信息公示系统，在右上角导航里选择地区，然后点击"企业信息填报"；

选择工商联络员登录，填写企业名称、统一社会信用代码，联络员收取短信验证码登录；

再点击"年度报告填写"，选择填报年度。如果以往年度没有填报，还要先补报，然后再报送上一年度的年报；

进入基本信息页面，仔细填写完企业基本信息之后，保存；

依次点击左侧股东以及出资信息、网站或者网店信息、股权变更信息、对外投资信息、资产状况信息、对外担保信息、社保信息等进行填写，没有相关信息可直接保存或填"无"，根据需要选择公示或不公示，然后保存；

全部填写完之后，仔细检查一下填写的内容，点击"预览并打印"。确认无误后，可点击"提交并公示"，出现提交成功，点击"确认"，填报完成。

在完成所有步骤后，张云打开电脑，在长远有限公司证照建档表"营业执照"这一栏目的备注中填写"已完成2023年的年审"。王丽发现，有年审要求的证照已分别在栏目中备注了，不解地问："不是我们部门负责年审的证照，我们也要记录年审时间吗？"张云回答道："当然，虽然这些证件由相关业务部门负责年审，但我们也要起到提醒和监督的作用，如果因为没有及时年审导致公司受到损失，我们也是有连带责任的。"

原来证照管理也不是一件小事情啊，王丽决心以后要好好学习公司关于证照管理的制度，做好这项工作。

其他部门的证照应由相应部门负责办理年审，行政部门做好配合和监督工作。在证照的年审、到期换证、变更、延期等工作进行的过程中，除经办人之外的相关参与部门要做好配合工作。如果因为经办人导致证照出现问题，追究经办人的责任；如果因为相关参与部门没有做好配合工作导致证照出现问题，追究相关部门的责任；且不论由于何种原因导致证照出现问题，证照管理员都负有连带责任。

证照管理员应当至少在证照到期前的半年之内提醒相关经办人或相关部门证照即将到期。在提醒过后，证照管理员要跟踪证照更新的进度。证照更新结束后，经办人员应当把新的证照交到证照管理员处，由证照管理员统一保管。

当有证照需要注销时，应当由相关部门提出申请，填写证照注销申请表（如下表所示）。

证照注销申请表

申请人		申请部门		申请时间	
申请注销的证照名称		申请注销证照的理由			
部门负责人审批		行政管理部门负责人审批		总经理审批	

任务书 5 - 2

一、任务背景

深圳市天地贸易有限公司行政办公室秘书吕萌负责公司的重要资质管理，是公司的证照管理员。这天，项目部小王来借公司的二级保密单位资格证书，在项目投标时要使用。吕萌马上在文件柜里翻找，却找了半天都没有找到，她连忙查看公司证照建档表，确实有这个资质，但放在哪里了呢？她忽然想到，上个月好像是销售部来借过一次，但具体是谁借的，她已经想不起来了，她马上抱歉地和小王说："不好意思，等我去销售部拿回来再给你送去。"幸好销售部相关人员及时将二级保密单位资格证书还给了她，她立刻送去了项目部，真是虚惊一场啊！

回到办公室，她刚坐到办公桌前，行政经理就打来电话，刚一接起电话，经理就大发雷霆了："你为什么没有及时地提醒相关人员做好证书的年审？现在项目部在准备一份标书才发现，我们公司有几个项目经理的证书已经过了有效期了，你知道这会给公司带来多大的麻烦吗？你是怎么管理证照的？"吕萌委屈地回答道："可是，我已经发过通知了啊！""只是发通知就行了吗？我不是在问你是怎么做的，我要的是结果！"经理生气地挂断了电话。

二、任务训练

1. 知识储备

深圳市天地贸易有限公司有如下证照，请你大致为它们做一下分类。

营业执照　安全生产许可证　二级建筑师证书　国税登记证　工程设计资质证书

建筑业企业资质证书　建筑行业协会荣誉理事单位证　土地使用所有权证

2. 技能锻炼

（1）请指出案例中吕萌在证照管理中的不当之处。

（2）请分组演示任务背景中正确的证照借用流程，要求自行设计所需要用的表格工具。

3. 素养积淀

秘书人员的责任意识非常重要，在工作中，要谨记"做了不等于做完"，即有时结果比过程更重要。所以，在工作中执行领导意图时更要及时反馈结果。那么，你是一个注重反馈的人吗？遇到下列情景你会怎么做来确保结果呢？

情景一：老师让你通知同学们要清理实训室卫生，你发了通知在班级群里，但没人理会。

情景二：在一场颁奖晚会中，你负责协调领奖人员，需要确保他们穿正装按时出席。

项目六
现代办公用品管理

导　论

办公用品主要是日常工作中使用的各种文具、办公自动化所需要的各种耗材以及其他特殊物品等的总称。日常办公用品多是细小、琐碎之物，但是这些用品是完成日常办公所必需的，做好日常办公用品的管理工作，对提高工作效率、保证工作的完成有重要意义。同时，做好办公用品的采购、管理、发放，在大多数中小企业中也是秘书、行政助理等岗位的主要工作职责，掌握办公用品的管理方法不仅能够保证企业的日常办公，还能有效利用办公资源。

任务一　办公用品的分类与采购

任务目标

* **知识目标**

（1）了解办公用品的种类；

（2）了解办公用品的采购流程。

* **能力目标**

（1）能规范地进行办公用品采购；

（2）能设计办公用品采购过程中的各种工具表单。

* **素养目标**

培养学生细心的工作态度及收集与处理信息的能力。

任务引入

长远有限公司要开新产品推广会，行政部门所有人都在连夜准备文件。部门经理分配给王丽的工作是装订和封套。经理一再嘱咐："一定要做好准备，别到时措手不及。"王丽听了心里有些不高兴，心想：这种高中生都会做的事，还用得着这样婆婆妈妈地嘱咐我吗？于是王丽不放在心上。等到文件交到王丽手里，她开始一份份装订，没想到只订了十几份，订书机"咔嚓"一响——订书钉用完了。王丽漫不经心地打开抽屉，发现里面没有订书钉了！王丽立马去找库存，但发现订书钉已经没有了。王丽着急了，去各个办公室找，但都所剩无几了，肯定不够用。

这时已是深夜了，而文件必须在明早 9 点大会召开前发到代表手中，经理对王丽大喊："不是叫你做好准备吗？你平常是怎么管理办公用品的？"王丽低头无言以对。办公室的同事几经周折，终于在一家五星级酒店的商务中心找到了订书钉，并赶在开会之前将装订得整齐漂亮的文件发到代表手中。

任务分析

王丽作为公司的行政秘书，应承担办公用品的采购、发放及日常管理工作，这些工作琐碎、繁杂，需要有一定的工作程序。在案例中，王丽没有妥善地进行办公用品的采购与库存管理，导致办公文具不充足险些影响公司重要的新产品推广会。可见，行政秘书必须意识到办公用品管理的重要性，增强责任意识，掌握办公用品管理的相关流程。做好办公用品采购主要需掌握以下几个方面的内容：

（1）办公用品的分类；

（2）办公用品的采购。

一、办公用品的分类

办公室中常见的办公用品具体有以下几种：

（一）日常办公用易耗品

1. 纸簿类

（1）打印纸。主要有 A4、A3、B4、B5 等规格，用于打印、复印各类文件。

（2）备忘录或留言便笺，供内部交流时使用。打印的留言便笺多用在办公室内部，作为工作人员获取留言的正式途径；自粘贴留言便笺可方便地记事和提醒，并能粘贴在电话旁边或文件封面，作为标识。

（3）信封。在办公室中应当常备各种尺寸的信封，用于邮寄不同的资料。有的信封是自粘贴的，有的需要用胶水粘贴。信封上面最好有本公司的详细信息。

（4）标签。用于打印姓名和地址，粘贴在信封、文件、索引卡片等上面。

（5）笔记本、会议记录本等。用于工作人员做会议记录。

（6）名片簿。用于收纳往来名片。

2. 笔类

各种用笔。如签字笔、红色笔、铅笔、圆珠笔、荧光笔、白板笔等，这些应当在办公用品柜中保持充分供应。

3. 装订类

（1）装订机和订书钉。用于装订相关的纸页。

（2）起钉器。用于处理文件、纸张中的订书钉。

（3）剪刀、美工刀。用于裁剪。

（4）打孔机。在整理文件时给多页文档打孔，可适用于不同类型的活页夹。

（5）曲别针、大头针、长尾夹。用来夹持不同厚度的文档。

（6）胶带、细绳和牛皮纸。胶带经常用于粘贴内有保密信息或支票的信封，细绳和牛皮纸主要用来包扎、包裹。

4. 归档用品

（1）各类文件夹和文件袋、档案盒。用于存放各种文档。

（2）日期戳。在收件夹上加盖日期戳，文件被传递给不同人员时经常需要加盖日期戳。

5. 其他常用办公文具类

（1）修正液、修正纸带。用于修正手写或打印的错误。

（2）尺子、橡皮、笔筒等。

（二）办公自动化用品及易耗品

主要有相片纸、传真纸、光盘、可移动硬盘、墨盒、色带、硒鼓等。

（三）其他办公用易耗品

如接待客人使用的茶点、咖啡或其他饮料，一次性纸杯、纸巾以及应领导的特殊交代所准备的物品等。

二、办公用品的采购

（一）办公用品的采购流程

采购办公用品时一般有以下基本流程：

1. 请购

由需要购买货物的人员或部门填写企业内部的办公用品申购表（如下表所示），说明需要购买货物的理由及货物型号、数量等，再由部门领导签字。行政秘书将各部门的申购表进行汇总，制作采购需求表（如下表所示），交由总经理审批。

办公用品申购表

申请人				申请日期		
申购物品						
序号	名称	数量	规格	单价	总价	需求日期
1						
2						
3						
合计						
用途						
部门经理审批						

采购需求表

序号	名称	规格	数量	单价（元）	总价（元）	需求部门	需求日期	用途
1								
2								
3								
合计（元）								
总经理审批								
财务部审核经费								

2. 审批

总经理审核采购的内容、数量及金额预算，总经理审批签字后交由财务部门进行综合平衡，确认采购经费来源，由财务主管签字后交采购人员。

3. 采购

采购人员向供应商发出购买需求信息，各供应商提供报价单，采购人员进行比较、筛选，选定供应商，填写正式订购单（如下表所示）并签字，说明订购货物的详细情况，发给供应商。

订购单

发货单位		到达单位	
单位名称		单位名称	
发货地址		送货地址	
联系人		联系人	

（续上表）

发货单位		到达单位	
电话及传真		电话及传真	
邮政编码		邮政编码	
结算方式		账号	
发运方式		希望到货时间	
税号		经办人	（签章）
开户行			
发票性质			

品名	规格	单位	数量	单价（元）	金额（元）
总金额	大写： 佰 拾 万 仟 佰 拾 元 角 分（币种： ）				

4. 入库

收到供应商的货物后，要对照供应商的交货单和自己的订购单，检查货物的数量、质量，符合要求则填写货物入库单并由库房人员签字，货物入库，再将签收后的交货单送交财务部门。

5. 付款

财务部门收到发票后，对照交货单、入库单和订购单，确认三张单据货名、数字相符，经财务主管签字批准，支付款额或支票。

（二）选择供应商的原则

在确定了要采购的办公用品清单，落实了采购经费来源之后，行政秘书就要着手开始进行采购了。首先，就是要正确地选择供应商，建立较稳定的采购渠道，开通办公设备、办公用品补充和更新的通道，以满足现代办公对办公条件的需求。

在筛选供应商时，具体可以考虑以下因素：

1. 价格和费用

首先，要比较不同供应商的报价，掌握办公用品的市场价格，选取性价比较高的供应商。其次，行政秘书还应掌握一些降低成本的方法，如批量购买、利用节日降价或将其指定为本单位的唯一办公用品供货商等，帮助企业节约办公成本。最后，还要考虑购买后可能产生的费用支出，如存储的损耗、存储所占空间费用、设备更新造成的耗材报废等。

2. 质量和交货

在选择供应商时，要把货物的质量放在第一位，即一定要选择有质量保证的货物，保证产品质量过关，同时也要考虑交货时间问题。供应商应该能在需要时快速交货并按约定准时交货，这样可以减少库存的费用。

3. 服务和位置

要比较供应商提供的服务谁更周到，如是否可以电话、微信或网上订购，是否可以定期结算，退换货是否方便，是否可以提供齐全的办公用品等。供应商所在的位置也要考虑，距离近一些，方便联络和交货。

4. 安全和可靠性

要比较供应商在送货过程中能否保证货品的安全，各种手续及相关发票、单据是否齐全等，也要考虑供应商的信誉。

从以上四个方面进行综合评判，选择合适的供应商，可以先合作一段时间，考察该供应商产品的质量、服务态度、送货及时性、票据规范性等情况，同时也要注意员工在使用办公用品时有哪些意见，如该供应商各方面表现良好，可以发展为稳定的办公用品供应渠道，为后续提高办公用品采购效率奠定基础。

（三）选择恰当的采购方式

目前电子商务愈发成熟，可供选择的办公用品采购方式也变得更加多样，通常可选择的购买方式有：

1. 实地购买

实地购买是指采购人员亲自去供应商处，当面洽谈。这种方式的好处是可以亲自判断办公用品质量的好坏，以便及时做出取舍。也可通过实体店的规模、客户量来判断供应商的整体实力，对于采购的办公用品质量更加有保障，但这种购买方式相对比较浪费时间和精力。一般多用于首次挑选供应商或对办公用品的质量有非常严格的要求时。

2. 传真订购

有些办公易耗品的订购，需要给供应商发传真，详细列出订购的货物名称、数量、类型、送货时间等细节，这样才能让供应商清楚订购需求。供应商在接到传真后，会按要求送货上门。

3. 电话订购

对于有兴趣合作的供应商，可以通过电话或微信的形式下单，将要采购办公用品的规格、数量告知对方，但即使是通过电话下单，也应该要保留一份详细的订购单，方便供应商送货上门时进行核对。

4. 网上订购

网上订购是指通过网络提供的电子商务服务，进行价格及质量的比较，从网上商店购买的方式。这种方式更快捷，节约了去实体店考察的时间和精力，而且突破了空间限制，商品可供选择的范围、款式更加广泛；有时电子商务的渠道会比线下实体店更加便宜，也降低了成本。但随着电子商务的蓬勃发展，购物平台越来越多，网店的质量也参差不齐，在采购时一定要对线上购货渠道及商家做认真筛选。

案　例

　　这天，长远有限公司客户部小王拿来一张紧急办公用品申购表，要补充一套办公接待用的茶具，行政秘书王丽这一天都在忙着公司新产品发布会的事，匆匆在某购物平台上下了单，就接着去忙了。一周以后，小王过来问为什么茶具还没到，王丽这才想起来，昨天刚刚接了一个快递，因为忙就没有拆开，应该就是茶具。她马上拆开快递，将茶具交给小王，可小王一拿到茶具，脸立刻就拉了下来："这颜色、质地、图样都太土了，一看档次就不高，这怎么用来接待客人啊？你这是在哪儿买的啊？"王丽马上说："啊，没关系，你不满意，我马上退货哈。""你重新买要选个靠谱点的平台，质量要有保障，物流也要快一点，不要像这个那么久，我们下周一就要用了。"小王不悦地说道。"好的好的，放心，下周一前一定会给到你们。"王丽不好意思地回答。

案例分析

　　网购确实能帮我们节省时间和精力，但对网购的平台和商家的选择同样不容忽视。首先，在电子商务平台选择上，尽量选择知名的、信誉度好的平台，可综合考虑该平台中商品的价格、档次，是否有自己的物流团队等因素；其次，在具体的商家选择上，要查看该商家的星级、好评度、合作的物流公司、发货的地址等因素；最后，还要考虑平台的售后情况，如退换货及开发票的便捷性等，综合来选择合适的网络采购渠道。如上面案例中，王丽为了确保下周一前一定能送到，物流的快慢就是首要因素，但王丽又怕送来的产品质量与图片描述有出入，退换货来不及，因此最保险的做法还是去附近的实体店进行采购，以确保能在规定的时间买到符合要求的用品。

　　（1）网上订购平台的选择。

　　随着中国电子商务的蓬勃发展，可供选择的网上订购平台有很多，目前最常用的三大购物平台有淘宝、京东、拼多多，这三大平台各有特色，在采购时可以从以下几个方面进行筛选。

　　①商品品质。网上商品种类繁多，但质量却参差不齐，甚至有买到假冒伪劣产品的可能，所以要选择对商品品质把控较严格的购物平台，比如京东。即使在京东平台上采购，还要看该商品是否属于自营商品，一般自营商品的品质更有保障。

　　②物流速度及服务。除去商品品质的差别外，不同平台的物流配送速度和配送服务也有较大的差别。三大平台中只有京东有自己的物流公司，配送速度较快，一般可以当日送达或次日送达，而且商品的包装较好。其他两个平台都是第三方物流，在选择采购时要特别注意该商家发送的物流公司、发货的时间、发货的地点，要预计货物到达的时间，以免

影响公司正常使用。

③退货服务。退货的难易程度、客服的响应速度也是选择平台的重要因素。当网上订购的物品不符合要求时，要申请退货或换货，这就要考虑每个平台退换货的门槛、客服响应速度、退换货物流的便捷性以及是否有七天无理由退货的保障，甚至要考虑是否有运费险，以降低退换货的成本。

④发票服务。采购时还要考虑平台或商家是否提供发票，以便收到货物后可以顺利报销。

（2）网上订购的流程。

网上订购的流程：购物平台选择—注册账号—挑选商品—协商交易事宜—填写准确地址和联系方式—登记发票信息—选择支付方式并付款—收货验货—退换货—退款—维权—评价。

（3）网上订购时的注意事项。

①货比三家，注意商家的信誉度。

②注意发货时间，有些货物是预售，注意商家承诺的发货时间，以免影响正常使用。

③收到货物时应及时验货。收到货物后，要立即开箱检查货物的质量，如货物有破损要立即与商家协商，判断是物流公司的责任还是商家的责任，以保障自己的权益。

④及时开具发票。在订购时就要在平台上登记发票相关内容，收货后要立即下载电子发票，及时做好报销工作。

⑤公私用途分开采购。最好将自己要采购的物品与公司要采购的办公用品分开下单，方便售后及发票管理。

⑥注意收集使用后的反馈。要多收集办公人员使用相关办公用品后的评价，如能否满足办公人员的要求、使用的效果如何等，以便在下次采购时充分考虑这些内容，更好地做出采购决策。

任务书 6-1

一、任务背景

这天，办公室主任施林将王丽叫到办公室，对她说："根据集团会议决定，公司的接待区需要重新装饰一下，这是为了适应公司的发展，也是为了展现我们集团的新面貌。你先征求一下各部门的意见，将接待区所需的物品和预算列一下，做个初步的采购方案。""好的。"王丽马上回答道。

从施主任办公室出来后，王丽马上动手筹备接待区采购方案。过了几天，王丽就把接待区采购方案初稿交给了施主任。施主任看了之后，把王丽叫到了办公室。

施主任："我看到你要采购的物品清单中有高清摄像头、液晶显示屏，这些都是做什么用的啊？"

王丽："我看其他公司都有，觉得我们装修也要尽可能跟上潮流。"

施主任："紧跟潮流没错，但也要节俭务实，要充分考虑这些设备的实用性，看看是否有必要。我看你的预算快 10 万了，但你有没有考虑过我们的办公经费预算比较紧张，所以我们要力求节俭和实用。另外，你新采购的设备也要考虑和原来的设备是否匹配，不要造成浪费。"

王丽："好的，我会注意的，我回去以后再重新评估下设备的实用性，重新做下预算。"

施主任："我看到你的采购方式都是在网上采购，但设备的安装及售后方面是否有保障呢？"

王丽："我只是觉得网上订购方便些，而且价格也比较便宜，我没有考虑到安装的问题，我再详细了解下。"

施主任："接待区的重新装饰是一个整体项目，你要考虑采购物品与原来物品的协调性，既要具备接待与宣传的功能，又要节俭实用。你回去再修改一下采购方案吧。"

王丽："好的，施主任，我修改好了再交给您审阅。"

王丽按照施主任的要求，重新拟订了采购方案，并最终通过了施主任的审阅，接下来，她要按照采购清单来进行采购了。采购清单主要包括沙发、茶几 2 套，高清摄像头 1 个，消毒柜 1 个，各种茶具 5 套，高清宣传壁挂机 1 台，展览柜 2 个……

王丽要如何完成采购任务呢？

二、任务训练

1. 知识储备

（1）请简述采购办公用品的一般流程。

（2）如果王丽决定在网上订购茶具，她应如何选择平台和商家？请你对比一下京东、天猫、拼多多、抖音商城几个网络平台的优劣。

2. 技能锻炼

（1）结合案例，请指出王丽在拟订采购方案时应该注意哪些因素。

（2）结合案例背景，如果你是王丽，针对采购清单中的物品，你分别会选择哪种采购方式？请说明理由。

3. 素养积淀

能敏锐捕捉和利用信息对于秘书而言是非常重要的素质，比如市场新推出了自动取钉器、某电商平台马上要进行促销活动、某品牌正在推广共享复印机模式……这些信息都可能辅助我们做出采购决策。那么，你是一个善于捕捉信息的"信息达人"吗？最近，有没有给你留下深刻印象的新奇事物？可否和同学们分享一下获取的途径？

任务二　办公用品的发放与库存管理

任务目标

＊**知识目标**

（1）了解办公用品的发放流程；

（2）了解库存管理的概念。

＊**能力目标**

（1）能规范地进行办公用品发放；

（2）能妥善地保管办公用品；

（3）能设计办公用品保管及发放过程中的各种工具表单。

＊**素养目标**

培养学生的成本意识、节约意识。

任务引入

这天，长远有限公司的行政秘书王丽一早来上班，市场部的小郑就来领取 A4 纸、荧光笔、铅笔、装订机、回形针和胶带等。王丽接过小郑的办公用品申请单，发现没有市场部经理的签字，就要求小郑找经理签字。小郑说，找过了，没找到，让王丽先发放，回头再补签字。王丽一想也行，就把这些办公用品给小郑了。王丽刚发完办公用品，肖副总又让王丽复印一些紧要的资料，王丽一时忘了登记小郑领过的办公用品，后来小郑也忘记了去补办手续。两周后，工程部要领取办公用品，发现库存不够。王丽觉得很奇怪，每个月底做库存控制卡统计时，都在控制范围内，又没有发现物品被盗，怎么会少呢？王丽又重新查了一下，在账上还是查不出什么问题。王丽只能启动紧急采购程序了，先申请，后订购单。来回折腾了好几天，才把办公用品买回来送到工程部，但已经耽误了两天的日常工作。行政经理很生气，让王丽好好反省一下，如何做好办公用品的库存管理。

任务分析

办公用品的日常管理工作琐碎、繁杂，看似不起眼，但如果没有按一定的流程进行管理，就可能会影响正常工作的开展。在此案例中，王丽在发放办公用品时，没有检查领导的签名，同时没有做好办公用品的登记，导致库存控制卡的余额与实际库存不相符，因此没有及时进行办公用品的补充，最终导致耽误其他部门的日常办公。由此可见，规范的办公用品发放流程及库存控制非常必要，王丽要想做好企业的"好管家"，还必须掌握以下内容：

(1) 办公用品的库存管理；

(2) 办公用品的发放。

一、办公用品的库存管理

作为行政助理或秘书，不仅要做好办公用品的采购，同时，也要做好相应的库存管理，不仅要对办公用品的库存做详细记录，还要对库存物品的数量进行控制。如果库存太多会占用资金，增加库存成本，造成管理成本上升；如果库存过少，就有可能影响正常办公，因此要根据公司办公用品的实际消耗情况确定合理的库存。此外，办公用品的存放也不可掉以轻心，要做好分类，妥善保管，既保证安全又尽可能地减少因过期而浪费。

案 例

长远有限公司这段时间的办公用品消耗量很大，A4 纸平均每天用 2 包，水笔每天要用 10 盒，大头针、圆形针的用量也很大，一天要 20 盒。由于用量大，在每月办公用品发放时，有的办公用品断货，造成使用部门怨声载道。后来行政秘书王丽咨询同事，寻求解决问题的办法。行政经理也提出要求，让王丽做好库存控制，维持平均 5 天的最小库存量，然后根据库存有选择性地进行重新订购。经过使用科学的库存方法，断货现象解决了。可是不幸又发生了：王丽在发放办公用品时，放在上层架上的颜料瓶掉下来砸在她头上，将她的头砸出了一个大包。

到底怎样才能做好库存管理呢？这可真是一个难题……王丽不禁犯起了难。

案例分析

办公用品供应是否充足、及时，在很大程度上决定了工作效率。如果没有一个合理的库存控制，每当缺少办公用品的时候，都要放下手中的工作，急忙跑去外面购买，既影响工作，又造成了浪费，无形之中就增加了公司的运营成本。因此，有效的库存管理对于提高办公效率、保证工作进度起着很大的作用。与此同时，还要做好办公用品的库存管理。根据办公用品的特性妥善保管，以免因保管不当造成办公用品的损坏和浪费，并且注意保管的安全性。

（一）库存控制的相关概念

库存控制是指对制造业或服务业生产、经营全过程的各种物品、半成品以及其他资源进行管理和控制，使其储备保持在经济合理的水平上。库存控制是使用控制库存的方法，得到更高盈利的商业手段。虽然办公用品的采购与库存并不能直接增加企业的利润，但如果做好此项工作，却可以为企业节约成本。因此，对于企业而言，办公用品的库存控制也十分必要，这就要求办公室人员要认真对待存储在办公室里的设备和各种用品，维持一个良好高效的库存控制系统。

通常以最大库存量、最小库存量、重新订购线来控制办公用品的库存。

1. 最大库存量

最大库存量是指一项物品应该存储的最大数量，如果超过这个数量可能会导致物品过期或是存储费用的增加。

2. 最小库存量

最小库存量是指一项物品最小的存储量（不能少于这个数量），否则可能会导致物品缺失而影响工作。

3. 重新订购线

重新订购线是由物品的平均使用量、物品交货时间来确定的。当库存余额与再订货量接近时，就意味着必须订购新的货物以保证业务的正常运行。

4. 重新订购线的计算

重新订购线 = 平均日用量 × 到货时间 + 最小库存量

案　例

长远有限公司行政秘书王丽在学了一段时间库存管理后，连忙计算公司 A4 纸的重新订购线是多少。她先统计每一天 A4 纸的平均用量，经她统计，长远有限公司每天大概用掉 2 包 A4 纸，又计算了 A4 纸的到货时间，从她下单到送货上门、入库，大概需要 3 天，最少 A4 纸要留有 10 包，那么长远有限公司 A4 纸的重新订购线是多少呢？王丽开始认真地计算起来。

案例分析

经过计算，上例中长远有限公司 A4 纸的重新订购线应为 16 包，即当库存剩下 16 包左右时，王丽就要重新进行采购了。重新订购线可以提醒库存管理人员及时进行采购，保证办公用品的充足供应，但在确定重新订购线时也要考虑公司业务发展的情况，依照公司业务量的旺季或淡季进行调整。

（二）办公用品入库管理

办公用品采购完成入库前须进行验收，对于符合要求的，由办公用品管理人员登记入库，对于不符合要求的，由采购人员负责办理调换或退货手续。

1. 办公用品入库的流程

（1）根据订购单核对交付货物时出具的交货单及货物，检查订购单与交货单、货物是否相符。

（2）核对采购的办公用品的质量和数量，如有出入，应立即联系供应商（或通知采购部门）。

（3）按真实数量支付货款。

（4）接收的货物按照办公用品存储规定存放。

（5）及时更新库存余额。

2. 设计库存控制卡

库存控制卡是指为每一种物品建立库存卡，用以登记、接收和发放物品，并随时掌握办公用品的库存情况。库存控制卡的内容包括库存参考号、项目、单位、最大库存量、最小库存量、重新订购线、日期、接收、发放、余额等（如下表所示）。

库存控制卡

库存参考号： 项目： 单位：			最大库存量： 最小库存量： 重新订购线：				
日期	接收			发放			余额	备注
	数量	发票号码	供应商	发放数量	申请部门	领用者		

在设计和使用库存控制卡时，要注意以下几个问题：

（1）一物一卡，即每一种办公用品做一张库存控制卡；

（2）库存控制卡中的"库存参考号"是指该用品具体的存放位置，以方便寻找，如A4纸的库存参考号为"A1"，可代表1号储物柜；

（3）最大库存量、最小库存量、重新订购线是根据该用品的日均用量、到货时间来确定的；

（4）每当用品数量有变动时，如采购入库或发放，都应及时更改库存控制卡，要保证库存控制卡上的余额与实际货物数量时刻保持一致。

3. 办公用品的库存保管

办公用品在入库保管时，要做到以下几个方面：

（1）储藏间或物品柜应上锁，保证安全，减少丢失。储藏间需要的面积取决于单位对所需物品的储存量。

（2）各类物品要清楚地贴上标签，标明类别和存放地，以便能迅速找到物品。

（3）新物品置于旧物品的下面或后面。要做到先来的物品先发出去，保证不会因过期而不得不销毁。

（4）体积大、分量重的物品放置在最下面，减少从架子上取物时发生事故的可能。

（5）小件物品、常用的物品，如订书钉盒，应放在较大物品的前面，以便于取用。

（6）储藏间要有良好的通风，房间保持干燥。

（7）储藏办公用品的地方应有良好的照明，以便查找。

（8）要经常检查库房的温度、湿度、通风、隔热、防火、防水等措施，防止霉、虫、鼠等各种有害因素的侵蚀。

（9）加强库存记录和库存监督，及时填写库存控制卡。

（10）建立严格的领用审批登记制度，保证账、物、卡的一致。

4. 办公用品的库存监督

为确保办公用品库存管理的安全性，可定期对库存进行监督检查。

（1）检查库存物品申领卡和库存控制卡，从而了解各部门使用办公用品的情况，其目的是防止物品的过度使用。这种库存监督可以每两个月进行1次。

（2）定期检查库存控制卡，了解库存物品的项目和最大库存量、最小库存量、重新订购线。其目的是了解随着公司的发展变化，在办公用品使用方式改变的情况下是否需要重新调整这些量，也可以通过监督处理那些过期的和多余的物品。这种监督通常一年2次。

（3）检查实际库存，将库存中实际存放的物品余额对照库存控制卡片上的余额，看是否有出入。其目的是防止浪费和被盗。准确计算库存价值，剔除那些从未申请使用的物品，发现和纠正库存记录的不正确填写。这种监督通常有规定的时间间隔，例如一年4次。

案 例

2月25日，今日文化发展有限公司将订购的办公用品送到长远有限公司，行政秘书王丽该如何做好办公用品的入库管理呢？请看王丽的工作程序。

王丽按照公司入库管理的相关规定，有条不紊地与供应商办理办公用品的入库手续。

（1）王丽将供应商送来的办公用品与订购单进行核对，检查规格、数量是否与订购单一致。

（2）检查无误后，王丽将办公用品收下，支付现金2140元。

（3）王丽收取供应商提交的发票，检查发票抬头、项目、金额、是否有单位公章等。

（4）王丽将办公用品分类存放好，将新的用品放下面，旧的放上面。

（5）王丽分别更改相应办公用品的库存控制卡。如下表所示：

长远有限公司 A4 纸库存控制卡

库存参考号：A1				最大库存量：50			

项目：A4 纸 　　　　　最小库存量：10

单位：包 　　　　　重新订购线：16

日期	接收			发放			余额	备注
	数量	发票号码	供应商	发放数量	申请部门	领用者		
2.20							15	
2.25	35	S1976608	今日文化				50	

二、办公用品的发放

📚 案　例

一天上班时间，李芳正在电脑前忙碌着，研发部的张然敲门走了进来。张然是李芳的好朋友，平时下班，她俩经常在一起吃饭、逛街。李芳停下手中的工作问她："有事吗？"张然说："我到财务室报账，顺便领两箱 A4 纸。"李芳说："今天不是公司规定的领用时间。过两天就是 5 号了，你再来吧。再说我现在正忙着呢。"张然说："不行不行，我等不到那天。纸要用完了，你就帮帮忙吧。"说着，把一张办公用品领用申请单放到了李芳面前。李芳拿起来一看，说："不行啊，这单子你们领导还没签字呢。"张然说："你先让我领了吧，我们经理出国了，要一个礼拜才回来，等他回来你找他补个手续不就行了？得了得了，快点吧，咱俩谁跟谁啊？"李芳感到很为难。可是看着张然不达目的誓不罢休的架势，心想，谁叫我们是好朋友呢？就从库房里拿了两箱纸给张然，张然满意地走了。

📚 案例分析

在此案例中，李芳的做法并不恰当，在办公用品的发放过程中，要遵循公司的相关管理制度，按照指定日期发放，这样不仅能提高行政人员的工作效率，以免每天被琐事分散精力，也可以大致估算在一个周期内各部门办公用品的消耗量，如果紧急情况要提前申领时，需填写办公用品紧急申领表，并要有领导签字；此外，办公用品领用申请单上一定要有领导的签字，即使领导出差，也应该有其指定的负责人签字。总之，在办公用品发放中，不能因私人关系而破坏公司制度。

（一）办公用品发放的要求

办公用品的发放应遵循以下要求：

1. 指定人员发放

办公用品的发放一般应由专人负责，不可随便代为发放，也不可由员工随意领用。

2. 根据单位相关制度规定发放时间

办公用品发放的时间一般应固定，这样既利于合理估算相应周期内办公用品的使用量，也有利于提高工作效率。

3. 紧急领用物品时必须按相应的程序处理

除固定时间外，各部门紧急领用办公用品应根据情况进行特殊处理，但必须履行相应的审批手续。

4. 根据办公用品领用申请单进行发放

办公用品的发放应根据办公用品领用申请单核发，办公用品领用申请单要有授权人签字批准并留存。

5. 清点核发办公用品

发放办公用品，应做好办公用品发放清单的登记，通过办公用品发放清单，可以清晰地看到办公用品领用的一些情况。如：发了什么办公用品，发了多少，发给谁了。据此也能估算出办公用品的用量，同时还能了解各部门的使用情况和使用特点，以便提供更加体贴、高效的服务。

（二）办公用品发放的流程

发放日常办公用品的基本程序：

1. 填写办公用品领用申请单

领用物品的员工需要先填写办公用品领用申请单（如下表所示），填写项目要齐全。

办公用品领用申请单

领用物品名称	规格	单位	数量
领用部门：		领用人：	
领用部门负责人：		日期：	

2. 审批办公用品领用申请单

领用物品的员工将填写完的办公用品领用申请单交所在部门负责人审批，所在部门负责人若同意则在办公用品领用申请单上签字。

3. 提交申请

领用物品的员工将有部门负责人签名的办公用品领用申请单交负责管理办公用品的人员，负责人员要确认办公用品领用申请单是否符合规定。

4. 登记领物

核对无误后，库存管理人员将物品发放给员工，并在办公用品发放清单（如下表所示）上登记，领用人签字。

办公用品发放清单

时间	物品名称	规格	数量	单价	总价	领用人	经办人

5. 更改库存余额

发放完毕后，库存管理人员应该按照发放物品的数量，在相关办公用品库存控制卡上更改余额。

（三）办公用品发放的注意事项

做好办公用品的发放工作，要注意以下几点：

（1）严格按照制度，适时适量发放。

（2）办公用品由指定人员发放，其他人员不得擅自取用。

（3）价格较高的办公用品损坏或报废后，需以旧换新，否则不予核发。

（4）办公用品发放要及时更新库存余额，要定期盘点库存，做到物、卡一致。

（四）办公用品使用管理

为了规范办公用品的管理，应该制定相关的制度进行约束，必要时需要采取以下措施：

（1）制定有效的办公用品节约制度。

（2）办公用品如分配给个人使用的，由个人负责管理，如笔记本电脑、台式计算机、笔等；如给部门共同使用的，由部门主管指定专人管理，如文件柜、打印机、复印机等。

（3）财产发生损坏时，使用人或责任人需负相应的责任。

（4）主管级以下人员未经允许不能私自使用非己负责设备。

（5）员工要爱护公司所有的公共设备，离开办公室前，要检查关闭所有设备电源及容易发生危险的器具，保证安全。

（6）任何人未经领导批准，不能将专用办公设备带出办公地点，否则要承担相应的后果。

任务书 6 - 2

一、任务背景

　　李芳对公司的办公用品做了统计，用得最多的是 A4 纸与回形针，A4 纸平均每天用 6 包，回形针平均每天用 10 盒。从订货到供应商送货后入库需要 5 天时间，公司要求最小库存量为 3 天用量。

　　15 日是公司领用办公用品的日子，研发部张然和另外两个同事各拿了一张办公用品领用申请单前来领货。由于当时李芳有事在外，她让张然自己去取货。等李芳办完事回来，张然已经取走了货物，并把储藏室的钥匙放进了李芳的办公桌抽屉内。这时下班的时间到了，李芳想等第二天再登记办公用品发放清单、更改库存控制卡，而且凭着自己的超常记忆力（每次进货和领货时都能很快记住所进货物的规格和数量）肯定没有问题。但接下来的几天李芳忙于事务，疏忽了登记办公用品发放清单、清点货物。

　　又到了发放办公用品的日子，李芳在发放办公用品时发现库存控制卡上的办公用品数量和实物不相符，一清查，发现少了很多办公用品，她也搞不清到底是谁多领了还是领取后忘记做库存登记了。眼看着 A4 纸和回形针所剩不多了，她立刻上网订购了 A4 纸 10 箱共 100 包，回形针 300 盒。

二、任务训练

　　1. 知识储备

请计算天地集团 A4 纸与回形针的最小库存量与重新订购线。

　　2. 技能锻炼

　　（1）结合案例，请指出李芳在办公用品发放时的不正确之处，并提出改正意见。

　　（2）结合案例，请演示正确的办公用品采购及发放流程，所用的表格工具需提前设计好。

　　3. 素养积淀

　　勤俭节约是中华民族的传统美德，我们不仅在办公用品管理方面要节约成本、杜绝浪费，在日常生活中也要从小事做起，养成勤俭节约的好习惯。关于杜绝浪费、废物利用等方面，你有哪些心得或是小妙招呢？

　　请至少列举三条，和同学们分享一下，让我们都做勤俭节约小能手。

项目七
现代办公时间管理

导 论

　　时间管理，是指对时间进行有效计划和控制，从而在有限的时间内创造最大的效益。办公室工作事务繁杂，更需要合理地分配时间，有效地利用时间，以提高工作效率。作为上司的得力助手，秘书不仅要管理好自己的时间，还要很好地为上司安排好工作日程，有效地为上司管理时间，使其提高工作效率，在有限的时间内有序地工作。

任务一　时间管理方法

任务目标

＊知识目标

　　（1）了解时间管理的含义；

　　（2）掌握时间管理的方法与技巧；

　　（3）学习时间管理的法则。

＊能力目标

　　能在日常生活、工作以及学习中，有意识地运用时间管理的工具与方法提高自身的效率。

＊素养目标

　　建立有效的时间管理理念，引导学生保持珍惜时间、善用时间的人生态度，提高学生的自我规划意识。

任务引入

　　一天，长远有限公司总经理助理张云从外面出差回来，见办公室新来的秘书王丽在办公室里生闷气，便主动询问。原来王丽刚才被经理责骂了一通，心中很委屈。她向张云诉苦道："经理每天都要交给我很多项工作，这项工作还没完成，另一项工作又来了，搞得我不知如何是好，该先干哪项工作呢？结果，经理责怪我。其实，我从早忙到晚，有时还加班加点，经理说我'效率低下，瞎忙乎'，你说我该怎么办？"

张云看着王丽，微笑地说："王丽，当今社会讲究高效。我们必须在愈来愈短的时间内完成愈来愈多的事情。但你可能会感觉到'我从早忙到晚，但事情做不好。我这么拼命，结果却是白忙一场，感觉自己一直被工作追着跑'。你到底在忙什么？你的忙乱也许并不是因为工作太多，而是因为你没有对时间做出很好的安排，没有管理好自己的时间。"

王丽抬头看看张云，疑惑地说："时间管理？"

"对，时间管理！它指的是在同样的时间消耗下，为提高时间利用率和有效性，选择一切可以利用的科学方法和手段，进行一系列的时间分配工作。"张云回答道，"你可以看看时间管理的书籍，学习时间管理的方法与技巧，这样才能安排好各项工作的同时，提高工作效率。"

听了张云的话，王丽沉默了，她明白下一步该怎么办了。

任务分析

作为秘书或行政助理，每天要应对的事情很多，有些很紧急，有些很琐碎，如果没有很清晰地规划时间，合理安排工作内容，就会像案例中的王丽一样，每天被任务追着跑，不仅身心俱疲，还很难保证工作的质量。因此，掌握时间管理的方法、妥善利用时间在办公室管理中非常重要，要学会做"时间的主人"，这就要求我们掌握以下几方面的内容：

（1）时间管理的内涵；

（2）树立正确的时间管理观念；

（3）时间管理的一般原则；

（4）时间管理的方法。

一、时间管理的内涵

时间管理是指通过事先规划并运用一定的技巧、方法与工具实现对时间灵活并且有效地运用，从而实现个人或组织的既定目标。

时间管理通过利用可靠的工作技巧，安排并引导个人生活，合理有效地利用可支配的时间，通过计划保证各项事务完成的一系列管理活动，用最短的时间或在预定的时间内，把事情做好。时间管理探索的是如何减少时间浪费，以便有效地完成既定目标。

二、树立正确的时间管理观念

（一）时间是一种宝贵的资源

在所有的支出中，浪费时间是最奢侈也是代价最昂贵的。时间的价值是用效果来衡量的，它取决于在有限时间内取得的成果。

（二）运用科学方法合理规划时间

时间是世界上最公平的，无论是普通的工作者，还是伟大的科学家，每天能利用的时间都是 24 小时。而在这有限的时间里，要安排工作、学习、娱乐、生活，协调各类事务。如果想要在这 24 小时内创造更多的成就，体现更大的价值，就必须用科学的方法对自己的时间进行管理和规划，如"四象限时间管理法""80/20 法则"等，不能手忙脚乱，劳而无功。

（三）严格执行时间规划

要明确目标，严格地按照计划行事，尽量在限定时间内完成工作任务，避免拖拉等不良工作习惯。

（四）评估时间管理状况

如果经常感觉时间不够用，在时间管理方面总是捉襟见肘，则要进行反思，养成定期评估自己时间管理状况的习惯，不断总结反思，以对时间进行更好的管理。

三、时间管理的一般原则

（一）把握精力最佳的时间

把最重要的任务安排在精力最充沛、最有效的时间做，能收到事半功倍的效果。

（二）把握最佳时机

在完成某件事情的最佳时机内完成它，就能收到最大效果，否则可能大大贬值或毫无意义。

（三）80/20 法则

80/20 法则认为，重要的东西只占一小部分，只要集中处理占整体 20% 的重要的事务，就可以解决 80% 的问题。所以，要有意识地要求自己，把精力和时间首先用来处理那些最重要同时也是最困难的事情。

（四）严格规定完成期限

严格规定完成期限能够使人产生紧迫感，会更迅速有效地完成任务。

（五）保持时间利用的相对连续性

分析工作性质，重要、复杂的工作最好在大段完整的时间内完成，以免精力和思考被中断后还需要再集中。

（六）使用"A·D"原则

A 是指 along，意为"连续"；D 是指 digital，意为"分段、数位"。"A·D"原则是指每隔一段时间，要更换工作环境、工作方式或工作内容，以保持大脑新鲜感，提高工作效率。因为大脑细胞长时间接受一种信息刺激，会导致工作效率降低。如果穿插进行其他内容的活动，人体原有的兴奋区产生抵制点，在其他部位出现新的兴奋区，就会提高工作效率。

（七）时间安排要有弹性

工作内容安排要考虑一定的弹性，用以处理未纳入计划或不期而至的事情。

（八）批次处理原则

一段时间处理同一性质的事，可多件累积到一定数量再处理，比如复印不紧急的文件等。

（九）有效利用零碎时间

有时可用的时间比较分散，但如果能有效利用也可收到很好的效果，如在等车或排队时间可读份报纸，在乘车时间可以构思下工作总结等。善于利用零碎时间，一时获益或许不大，但长期积累，效果就会产生。

四、时间管理的方法

（一）四象限工作法原理

美国著名管理学家科维提出的一个时间管理理论——时间四象限法，把工作按照重要和紧急两个不同的程度进行划分，基本上可以分为四个象限：既紧急又重要、重要但不紧急、既不紧急又不重要、紧急但不重要（如下图所示）。

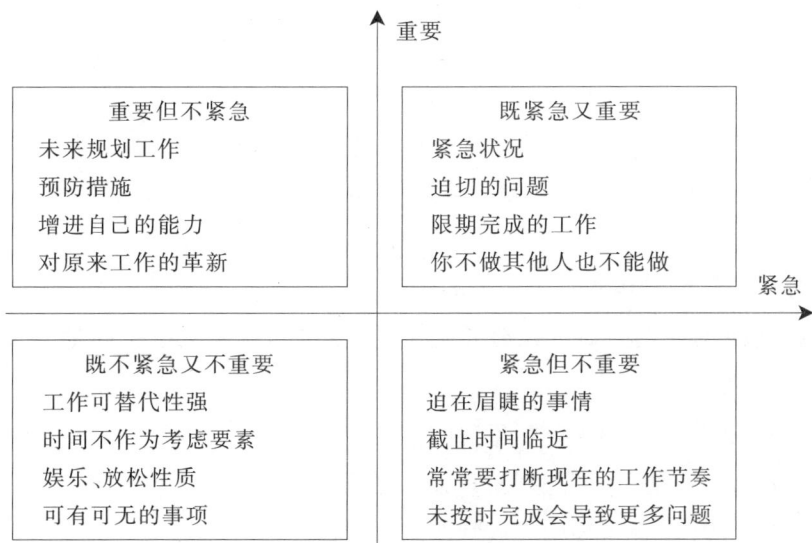

重要

重要但不紧急	既紧急又重要
未来规划工作	紧急状况
预防措施	迫切的问题
增进自己的能力	限期完成的工作
对原来工作的革新	你不做其他人也不能做

紧急

既不紧急又不重要	紧急但不重要
工作可替代性强	迫在眉睫的事情
时间不作为考虑要素	截止时间临近
娱乐、放松性质	常常要打断现在的工作节奏
可有可无的事项	未按时完成会导致更多问题

时间四象限法

按处理顺序划分：先是既紧急又重要的，接着是重要但不紧急的，再到紧急但不重要的，最后才是既不紧急又不重要的。四象限法的关键在于第二类和第四类的顺序问题，必须非常小心区分。另外，也要注意划分好第一类和第四类事情，都是紧急的，区别就在于前者能带来价值，实现某种重要目标，而后者不能。

1. 第一象限：立即去做

既紧急又重要，立即去做。类似于处理媒体对公司的负面报道、发生了安全事故等，无可否认，肯定是第一优先级进行处理，否则后果非常严重。不过在立即去做的同时，还得思考真的有那么重要且紧急的事情吗？我们工作和生活中的主要压力就是来自第一象限的任务，但第一象限中80%的任务都来自第二象限中没有被很好处理的事务。

2. 第二象限：有计划地去做

重要但不紧急，有计划地去做。比如编写下个季度的工作计划、提升产品质量、创新产品等。这些事情虽然看起来不紧急，但如果不处理的话随时都会发展成为重要且紧急的事情。对于这类事情，也要制订一份时间计划表，持续推进，避免进入第一象限。可以尝试对第二象限的事务进行目标描述和任务分解，并明确任务完成的标准和完成期限。这样可以迫使我们将精力更多地花在第二象限中，有利于将一个项目做细，并做得有计划，时刻知道下一步该做什么，能按照计划控制进度，可以随时提醒自己此项任务的截止日期，这也是避免事情进入第一象限的关键。

3. 第三象限：尽量别去做

既不紧急又不重要，比如看无聊的电视节目、刷手机、参加无意义的聚会等。这个象限的事情可以用来当作其他三个象限的调剂，即通过做一些不重要且不紧急的事情来调整自己的心态和身体。但是当时间很紧张的情况下，这个象限的事情是应该最先被舍弃的。

4. 第四象限：交给别人去做

紧急但不重要，比如客户的电话、临时电话会议，这个部分的精力开销是不可避免的，但是不能认为紧急的就是重要的，需要评估这件事情相对于手头其他事情的重要程度再做决定。如果手头上第一象限和第二象限的事情较多，这类事情是可以交给别人去做的。

（二）四象限工作法的运用

在运用四象限工作法时，可以先把事项分类然后放入四象限中，针对不同象限中的事情各个击破，具体如下：

（1）根据自己的职业价值观判断事项的重要程度；

（2）根据事项的时间截止期限判断其紧急程度；

（3）将待办清单中所有事项归类放到四象限中；

（4）对四象限中不同象限的事项采取不同的处理原则和方式；

（5）应该将主要的时间精力放在解决第二象限的事项上，避免其进入第一象限，而我们通常所谓的工作计划和任务目标就是针对第二象限的事项，尽力按照工作计划在时间节点前完成。

任务书 7-1

一、任务背景

这天早上一进办公室，主任就交代王丽整理一份材料，明天下班之前交稿，说下个星期开会要用。王丽粗看了一下，有 20 多页，共 3 万多字。还没来得及坐下，周总来电话，说下午 2 点他要与财务总监、市场总监和销售总监一起商量工作，让王丽一一通知。刚放下电话，机要室又给王丽送来一份传真，是一个代理商发来的，说他们的一个副总过几天要来本地办事，要求接待。刚看完传真，办公室主任来了电话，说田副总原定下个月初到电视台为《一周财经观察》节目做嘉宾，现由于时间关系去不了了，让王丽打电话通知电视台。王丽才喘了一口气，人力资源部又来通知，让王丽填写参加存档新办法讲座的报名表，明天下班之前为报名的最后期限。刚上班就遇到这么多事，王丽的头都炸了。

王丽心想，时间是每个人的财富，它对每个人都是公平的，但是每个人能否有效地利用时间，则有很大的差别。相同的工作量，有的人花 4 个小时从容处理完毕，有的人花 8 个小时还感到紧张，这除了与个人工作能力的强弱有关，也与每个人是否善于合理利用时间是分不开的。王丽认为很有必要学会合理利用时间，分清工作的轻重缓急，提高工作效率。

二、任务训练

1. 知识储备

时间管理的一般原则有哪些？

2. 技能锻炼

请根据时间管理的四象限法，试着将王丽要做的事情进行分类。

3. 素养积淀

办公室管理人员每天要面对很多琐碎的事情，树立正确的时间管理观念、养成良好的时间管理习惯、合理利用工作时间，能有效地提高工作效率。想一想你有没有一些不良的时间消耗习惯，通过本次任务的学习，结合你平时的习惯，你会给自己提出哪些改善时间管理的建议呢？

任务二 制订工作计划

任务目标

＊知识目标

（1）理解工作计划的总体要求、类型；

（2）掌握制订工作计划的流程；

（3）掌握工作计划落实。

＊能力目标

（1）能熟练编制工作计划；

（2）能运用相关知识解决工作计划落实过程中发生的突发情况。

＊素养目标

养成制订工作计划的习惯，培养学生细致、认真的工作态度，发扬有条不紊的工作作风。

任务引入

长远有限公司定于 3 月 28 日召开销售工作会议，会期一天，全国各分公司参会代表预计 50 人，需要使用公司大会议室。会上要求给每人发放一套会议资料，包括产品介绍、价格表和宣传材料等，并要准备会议期间的小点心及饮品。公司总经理将做重要讲话，负责销售的副总经理将做上年度销售工作总结，布置本年度销售工作安排。两位领导的讲话稿都需要制作成 PPT……

行政部李经理要求王丽先制订一份从 3 月初开始的本次会议筹备工作计划表。王丽学习了时间管理的方法，在以前的学习、生活中也做过计划表，可是当她遇到经理交代的任务时，有点犯嘀咕了。这个会议筹备时间接近一个月，是将筹备工作细化到每一天吗？可是感觉不太可行，那该怎么办呢？王丽陷入了思考中……

任务分析

编制工作计划是办公室时间管理的重要内容，也是提高工作效率的一种重要手段。在办公室事务工作中，为了便于执行工作计划，人们往往习惯于将某一时间段内的工作安排编制成不同的工作计划表，也就是工作计划时间安排表，将这一时间段中已经明确的工作任务在表中清晰地记载和标明，提醒相关工作人员按照表中的进程行动。秘书人员或是办公室助理人员常常承担编制具体工作计划表的任务，这就要求必须掌握以下内容：

（1）制订工作计划的总体要求；

（2）工作计划表的常见类型；

（3）工作计划表的制订与落实。

一、制订工作计划的总体要求

制订工作计划特别是领导的工作计划要特别注意以下要求：

1. 统筹兼顾

制订一个时间段的工作计划，要从单位的全局出发，统一筹划，并兼顾领导的实际情况。

2. 分清轻重

制订工作计划一定要按轻重缓急决定工作的先后顺序，可以采用四象限时间管理法来排出优先等级。

3. 规范合理

根据单位领导的分工，明确规定哪一类工作由谁负责，哪一类活动由谁参加，避免随意性。

4. 张弛有度

时间计划表的活动安排要注意张弛相间，这样既可以使领导得到必要的休息，也可以为临时情况的出现留出调整余地。

5. 尊重领导

时间计划表是为领导服务的，因此要符合领导的习惯和要求。在制订之前要征询领导本人的意见，制订后要请领导把关，根据领导意见进行调整。

二、工作计划表的常见类型

（一）年度计划表

年度计划表体现了本单位或公司全年工作的整体安排，一般只列出有关全局的重大活动或主要业务，如职工代表大会、大型会议或会展活动等。编制年度计划表可以参阅上一年度的计划表和新一年的总体计划安排，要求设计制作简单明了，详细情况可在月计划表或周计划表中体现（如下表所示）。

某公司 2024 年度计划表

月份	内容	备注
1	5 日　董事会 10 日　全体总结大会	

（续上表）

月份	内容	备注
2	6 日　职工代表大会 22—25 日　新产品展销会	
……	……	

（二）月计划表

月计划表是在年度计划表的基础上，将领导当月的重要活动体现出来，包括会议、会谈、出差、访问等，以便领导的工作按计划从容进行（如下表所示）。

某公司 2024 年 4 月份工作计划表

日	星期	内容	备注
1	一	上午：到总公司开交流会	
2	二	上午：参加销售部会议 下午：会见 B 公司总经理	
⋮	⋮	⋮	
29	一	上午：参加某产品展销会开幕式	
30	二	上午：郑州出差	

（三）周计划表

周计划表要在月计划表的基础上制订，是将一周内的工作安排制成一览表，除了要记入领导的例行工作和重要活动外，涉及他人的已经约定的活动也要记入，内容要具体、详细。一般是在每周一的上午，由各个部门将本周的工作活动安排上报到行政办公室，再由行政办公室秘书人员填写在固定的时间表中，经由相关负责人审阅后下发（如下表所示）。

某公司经理第七周计划表

第七周（8—12 日）

星期	具体时间	工作内容	地点	备注
一（8 日）	9：00—10：00	公司例会	小会议室	
	10：30	与 M 公司经理会谈	公司会客室	
	14：00—15：00	查看生产流程	生产车间	

（续上表）

星期	具体时间	工作内容	地点	备注
二（9日）	9：30—11：00	与K公司经理洽谈销售业务	K公司	
	18：00	宴请北京考察人员	富迪大酒店	
⋮	⋮	⋮	⋮	
五（12日）	9：00	为北京考察人员送行	机场	

三、工作计划表的制订与落实

（一）制订工作计划表的流程

编制工作计划表可以遵循以下基本操作步骤。

1. 确定周期

根据需求确定编制工作计划表的时间周期。

2. 排列活动

按照时间顺序将周期内的任务排列清楚。

3. 绘制表格

绘制相应的表格，标明日期、时间和适合的行、列项目。

4. 填写信息

用简明的文字将信息清楚、准确地填入表格。

5. 审核下发

将编制好的计划表交给相关负责人，审核无误后下发或通过内部OA传递。

（二）工作计划表的落实

为保证领导活动顺利进行，必须在事前对计划表中各计划事项的准备工作加以落实。

（1）以电话来决定会见、会谈的预定计划时，应根据备忘录，尽早以文书形式落实。

（2）在会议和访问的前一天或两天，与会议主办方和访问对象联系一下，再次落实时间和地点。

（3）秘书和领导在周末应该核对下周的周计划表，或每天早晨核对当天的日程安排表，以免出错。

（4）在月末或周末，将下一月或下一周的工作计划交给领导，或每天早晨给领导送日程安排备忘录，重要的计划事项提醒领导不要忘记。

（5）当领导担任会议主持人时，最晚在开会前两三天就要落实好会议室，如果请上级领导参加，秘书或助理要用电话再落实一下。

（6）会议和会谈的资料，秘书或助理必须在会前一天准备完毕。有特别重要的会议时，一定要帮领导核对清楚。

（7）如果会议、会谈时间延长，迫近下一预定计划时，可将其要点写一便条，递给会议中的领导做请示，如："原定11点会见王部长，还让他在接待室等候吗？"

（8）领导要用单位车辆时，秘书应把领导外出一周的时间、地点写清楚，提前一周交给司机，使其有所准备。尤其是周末用车时，更要尽早与司机联络，以免耽误工作。

任务书 7－2

一、任务背景

长远有限公司总经理张总下周要陪同光良公司李总去市郊打网球。张总已经与李总联系好了，李总这段时间都有空，具体时间由张总定就行了。张总把这次活动所有的安排都交给了王丽去办，包括时间的确定。王丽根据外出应酬的一般原则定在周五去球场，李总也同意了。王丽很快就制订了出行计划并交给了张总。张总当时很忙，只粗略看了活动时间以及经费预算，就批了。因为准备时间只有 2 天，时间有点紧，王丽按计划预定了球场，然后订好中午宴请的酒店，并告诉了车队张总用车情况。可是，到了球场，球场工作人员说，目前球场积水较多，不宜打球。如果要打也要等段时间。张总与李总只好先在会所休息。可是这天来的人很多，会所包房早被别人订了。由于王丽没有预订，张总与李总只好在大堂等。到了 11 点，球场开放，张总与李总也开始打球了。在打球过程中，张总由于不小心，一脚踩在水坑中，鞋与裤脚全湿了。张总想换一双鞋，可是发现没有多带。这时，李总提议，球场不好，不打了，便直接去酒店吃饭。

这次的安排令张总非常不满，回来后严厉地批评了王丽，王丽也知道了做计划的重要性。下周，张总的工作非常多，包括：①4—5 日去广州参加广交会；②6 日 9：00 公司各部门工作汇报会；③3 日 15：00 在本公司会见太古集团副总裁大卫先生；④7 日上午，新员工入职仪式，总经理给新员工讲话，下午参加社区赞助活动。

王丽再也不敢怠慢了，马上动手开始制作张总下周的工作计划表。

二、任务训练

1. 知识储备

（1）制订工作计划表的流程步骤有哪些？

（2）请你分析案例中秘书王丽在上司外出日程表安排上存在哪些问题，应如何避免。

2. 技能锻炼

请你帮助秘书王丽为张总做一份下周的工作计划表，相关信息可自行补充。

3. 素养积淀

平时你在学习、生活中有做计划表的习惯吗？根据所学知识制订你下周在校的计划表，并按照该计划表实施你的计划，可将你制订和落实计划表遇到的问题与心得体会写下来。

任务三　制订工作日志

任务目标

＊知识目标

（1）了解工作日志的形式和内容；

（2）掌握工作日志的设计要求；

（3）掌握制订工作日程表的注意事项。

＊能力目标

能根据实际情况设计工作日志。

＊素养目标

养成制订工作日志的习惯，培养学生严谨的工作作风。

任务引入

周一上班，王丽需要完成以下工作。她迅速地开始工作，弄得手忙脚乱，临近下班时间，仍有部分工作没有完成。一天工作具体如下：

（1）给某客户打电话，与对方联系自己的上司下周四将与他会面的事宜；

（2）复印下午部门经理会议所要讨论的报告及会议日程表；

（3）向人力资源部门写报告，申请今年的休假日期；

（4）复印一份给某客户的答复信以备存，将原邮件邮寄给对方；

（5）拆封、分类和传递今天收到的邮件；

（6）布置下午要使用的会议室，准备茶水和咖啡；

（7）为上司预定周末去广州的机票；

（8）将财务部新发的办公经费报销规定复印一份备存，原件放置文件传阅夹中给部门同事传阅；

（9）接待三位访客、处理公司电话等事宜。

一天下来，王丽觉得精疲力竭，没有一刻闲的时候，但依然是被任务催着跑，每次都是最后时刻才完成任务。王丽很疑惑，要怎样工作才能提高效率，改变这种现状呢？

任务分析

王丽要提高工作效率，就需要学习如何使用工作日志。工作日志是日计划安排表，是以一天为计划单元周期，列出一天时间内的活动安排，即从开始上班到下班的时间内应该做什么事，特别是上司的活动。工作日志是秘书人员协助上司提高工作效率的一种重要工具，同时，掌握编制工作日志的技巧也有利于提高自己的工作效率，高效地安排和完成各项工作。妥善利用工作日志，需要掌握以下内容：

（1）工作日志的形式；

（2）工作日志的内容；

（3）工作日志的设计；

（4）制订上司工作日程表的注意事项。

一、工作日志的形式

工作日志分为纸质工作日志和电子工作日志两种形式。

（一）纸质工作日志

纸质工作日志即手写的工作日志，通常需要准备两本，一本为上司使用，一本为秘书自己使用。纸质工作日志填写方便，更改及时，可随时随地携带，不受其他条件限制。

（二）电子工作日志

电子工作日志一般通过程序建立，上面有今日的时间、本月和下月日历，只需要输入工作任务即可。输入的方法和内容与手写的日志基本相同，用起来方便，并可以迅速修改和更新内容，不留痕迹，而且还可以有一些附加功能，如音乐提醒等。

二、工作日志的内容

工作日志一般有两本，包括上司的和秘书的，因此，工作日志内容的确定通常着眼于这两个方面。

（一）上司的工作日志内容

（1）上司参加的相关活动。如参加内外部会议，接待来访者的时间、地点、内容等。

（2）上司的个人安排。如前往医院或其他事项，应当在工作日志的安排上留出相应的时间，即不在这段时间为上司安排其他事项。

（二）秘书的工作日志内容

秘书自己的工作日志内容，除了包含上司的日志内容外，还包括上司的各项活动需要协助准备的事宜，如为上司准备发言稿、布置会场等；上司交代自己的其他工作，如联系、公关、接待等准备工作；秘书职责中的常规工作，如值班、收发及处理邮件、撰写工作总结等。

秘书在为自己及上司安排工作日志时，需注意先安排领导的工作日志，即根据领导的工作日志来安排自己的工作日志。一旦领导的工作日志做出调整，秘书自己的工作日志也要随之调整。

三、工作日志的设计

（一）填写工作日志的步骤和要求

填写工作日志应当遵照以下的步骤和要求：

（1）根据工作计划，在前一天上午了解上司的工作和活动计划，并填入日志。

（2）填入日志先用铅笔填写，待上司批准后，再用钢笔填写。如果公司使用了 OA 办公系统，可以直接发电子版给上司，让上司在上面直接修改。

（3）在当日早上再次与上司确认，如有新添加或变动事项，再变更上司与自己的工作日志。

（4）秘书日志与上司日志最好采用对照表形式进行。

（二）工作日志的设计

设计工作日志时应包含时间、工作内容、备注等项目，上司和自己的工作日志应分别设计（如下表所示）。先设计上司的工作日志，再根据上司的工作内容来安排自己的工作日志。

某经理工作日志

2023 年 10 月 16 日星期一

时间	工作内容	备注
9：00	部门负责人例会	小会议室
10：00	接待光大厂负责人高经理，协商工程进度方面问题	经理办公室
12：00	与王先生共进午餐	锦江饭店，司机小王
14：30	审阅项目投标书	
15：00	为即将参加的经销商招聘会做准备	
16：00	去机场，飞郑州	司机小王

某经理秘书工作日志

2023 年 10 月 16 日星期一

时间	工作内容	地点	备注
8：00	检查部门负责人例会材料，并准备与光大厂高经理会谈的相关事宜	办公室	
9：00	部门负责人例会，做会议记录	小会议室	准备会议文件
10：20	打电话到锦江饭店，确认订房	办公室	联系电话：××××××××××××

（续上表）

时间	工作内容	地点	备注
11：00	电话提醒司机小王等候，并嘱咐下午去机场事宜	办公室	
11：20	提醒经理准备出发与王先生共进午餐	办公室	
12：00	陪同经理与王先生共进午餐	锦江饭店	
14：00	向经理提供项目投标书的相关资料	办公室	
15：00	为经理出差去郑州做准备，检查所带资料及文件	办公室	提醒经理携带机票、身份证等
16：00	送经理去机场	机场	

（三）调整工作日志

案 例

为了保证总经理集中精力处理公司重大事情，卓越公司规定每周二、周四上午9：30—10：00为财务报销时间。昨天王总要秘书小张下周安排一次与越秀公司陈经理的会面，会面内容为商谈有关产品代理的事。小张很快将此事记到了下周的日程表上，并打电话给陈经理："陈经理，我是小张。我们王总想和您谈一下我们公司产品代理的事。"陈经理说："好呀，什么时候呀？"小张查了一下日志，王总周一要接待集团总部的领导，周三要出差，于是说："下周二上午9：30吧。"陈经理说："好的。"于是，小张在王总下周的工作日志上记下：周二上午9：30，约见越秀公司陈经理，在阳光酒店黄山接待室。

第二天，陈经理的助理小李打来电话，说下周二的会面要改期。小张说："不是说好了吗？改就改吧，那陈经理什么时候方便？"小李说："除了下周二，哪天都行。"小张想了想，周一不行，周三出差，周五上午才回来。于是小张说："周五下午2：30吧。"

第二周周二，王总特意将财务报销改为副总审核，自己一上班就到了阳光酒店黄山接待室。可是到了9：40陈经理还没来，王总很生气。

案例分析

为上司编写工作日志是作为秘书或助理的工作职责之一。案例中的小张能将上司安排的任务及时地记录在自己的工作日志上，并马上落实，而且将排定的工作及时记录在上司的工作日志上，这种做法很正确。但小张在接到越秀公司更改会面时间的电话时，没有及时更改上司的工作日志，导致上司浪费了工作时间，这就犯了很大的错误。同时，在调整会面时间时，小张并没有考虑到上司出差刚回来，比较疲惫，可能有很多公司内部事务需要处理，此时安排重要的活动是不太恰当的。从案例中可以看出，考虑周全地安排上司的时间，在发生变化时能及时调整工作安排并非易事。

有时会因为预想不到的事情或对方的原因而必须改变计划安排，这种改变往往会造成一系列的变化，因此，秘书应尽量把计划变更限制在最小的范围内。如需调整工作日志，此时要注意：

（1）安排的活动之间要留有适当的间隔或空隙，以备活动时间的拖延或添加临时的、紧急的情况。

（2）进行时间调整、变更，遵循先重急后轻缓的原则，并将变更的情况报告上司，慎重处理。

（3）确定变更后，应当立即做好有关善后工作，如通知对方、说明理由、防止误解等。

（4）再次检查工作日志是否将变更后的信息记录上，避免漏记和不做修改，并且同步更新自己的工作日志。

（四）编制工作日志的要求

秘书在编制上司和自己的工作日志时要做到：

（1）信息要清楚。工作日志的编制一定要做到方便阅读，一目了然。

（2）信息要完整。各项活动的时间、地点、人员、联系方式等要全面。

（3）信息要准确。当出现情况变化时，应当立即更新日志，并告知上司。

四、制订上司工作日程表的注意事项

（一）恰当安排时间

上司外出，制订工作日程表要充分考虑时间问题。很多秘书都有这样的误区，在制订工作日程表的时候，为了提高工作效率，把时间安排得很紧凑。如上司刚开完董事会，就安排会谈；会谈完之后，马上安排车间参展。显然，这样只能使上司身心疲惫，并不能提高工作效率。因此，在制订工作日程表的时候，首先要恰当安排时间。上司的每项活动需要多长时间，应该进行测算。此外，还要为上司留有充分的休息时间，这样上司才能更好地工作。在给上司安排日程时，最好在每项工作原定的时间之后，再加上 10～15 分钟的机动时间。

（二）注重效率

上司每天的工作很多，不少事情还重叠在一起，在安排时要灵活根据实际情况综合考虑。如上司要考察几家同行企业，是先到光明公司还是茂昌公司？是由光明公司到茂昌公司还是由茂昌公司到光明公司？对于这些问题，秘书要事先综合考虑，注重工作效率。如要考虑交通情况，哪条路的车比较少，尽量避开下班高峰期，顺行和逆行的情况不一样，周末和平时不一样。只有对这些情况做到心中有数，才能提高工作效率。

（三）尊重上司的工作习惯

由于上司的资历不同、个性不同，他们的工作作风和工作习惯也有所不同，对工作日程的安排可能会有各自不同的要求。如有的上司早上精力旺盛，喜欢将重要的事情安排在上午；有的上司习惯于上午在公司处理内部事务，下午才出去会谈；有的上司喜欢加班，利用周末出差也无所谓；但有的上司认为下班和周末都是私人时间，不能再安排任何工作。作为秘书，在协同上司安排日程时，既要积极主动发挥参谋助手的作用，也要充分尊重上司本人的意见，任何日程都必须获得上司本人同意，在不影响大局的情况下，尽量按照上司的意愿安排工作。另外，还要牢记，除非上司已有明确指示或授权，否则秘书或助理不得在未经请示上司的情况下接受或拒绝预约。

（四）突出重点

上司有很多事情要做，但这些事情当中有一个中心工作。因此，在安排上司日程表时要尽量突出重点。重要的活动、对中心工作有直接影响的事情，要优先安排，以便上司集中精力办大事，防止上司疲于奔命，被事情拖着走。

（五）注意保守机密

上司的很多日程是带有一定的机密性的，例如某些讨论机密事项的会议的时间、地点，某些涉及商务秘密的谈判等。高级领导人的活动日程还关系安全问题。因此，对上司活动日程应该注意保密。上司工作日程表不宜贴在外人可以看到的地方，不能过多地复印散发，因为散发越多越容易泄密。有的秘书图省事，将上司工作日程表复印许多份，分发给各职能部门和司机，这是很不利于保守机密的。实际上各职能部门只需要了解本部门需要参加或配合的活动安排就可以了，而司机则只需要知道领导在什么时间要用车就可以了。秘书可以提前将相关内容分别通知有关部门和司机，让他们做必要的准备。

任务书 7-3

一、任务背景

一天离下班还有一个半小时，长远有限公司张总告诉王丽："明天我的活动较多，你快给我制作一份详细的时间安排表，并通知有关人员。"

张总打算明天清晨去机场送一位重要客人，航班起飞时间是8：00（去机场需要35分钟）；回来后去长城酒店看望昨天抵达的另一位重要客人及随行的两人，然后一边喝咖啡一边聊聊业务合作事宜；11：00召开总经理办公会，讨论总经理办公室郭主任起草的公司今年工作总结及明年工作要点；下午2：00和公司丁副总、肖总工程师一起，与昨天抵达的客人正式商谈合作事宜；下午4：00去市里参加经济工作会议的总结大会并聆听市主要领导讲话；下午6：30去公司新大楼工地检查安全生产措施的落实情况；晚上陪同合作方客人一行三人乘车游览城市夜景和观看灯展。

王丽按照要求，制作了领导时间安排表，按时间顺序将领导要完成的工作内容填写到表格中，她想了一下，很多工作是需要自己来配合领导完成的，所以，她马上也给自己做了一份明天的工作日志。

二、任务训练

1. 知识储备

（1）制订上司工作日志要注意的事项有哪些？

（2）制订秘书或助理工作日志包括哪些内容？

2. 技能锻炼

请帮助王丽完成张总和她自己的工作日志。

3. 素养积淀

随着移动互联网技术的普及，电子工作日志逐渐受到大家的青睐，有哪些程序可以帮助你记录电子工作日志呢？接下来的一周里，请尝试使用两个或两个以上的小程序制订电子工作日志，比较这些小程序的差别，分析其优缺点，将你的使用感受写下来。

模块三
办公室专项事务处理

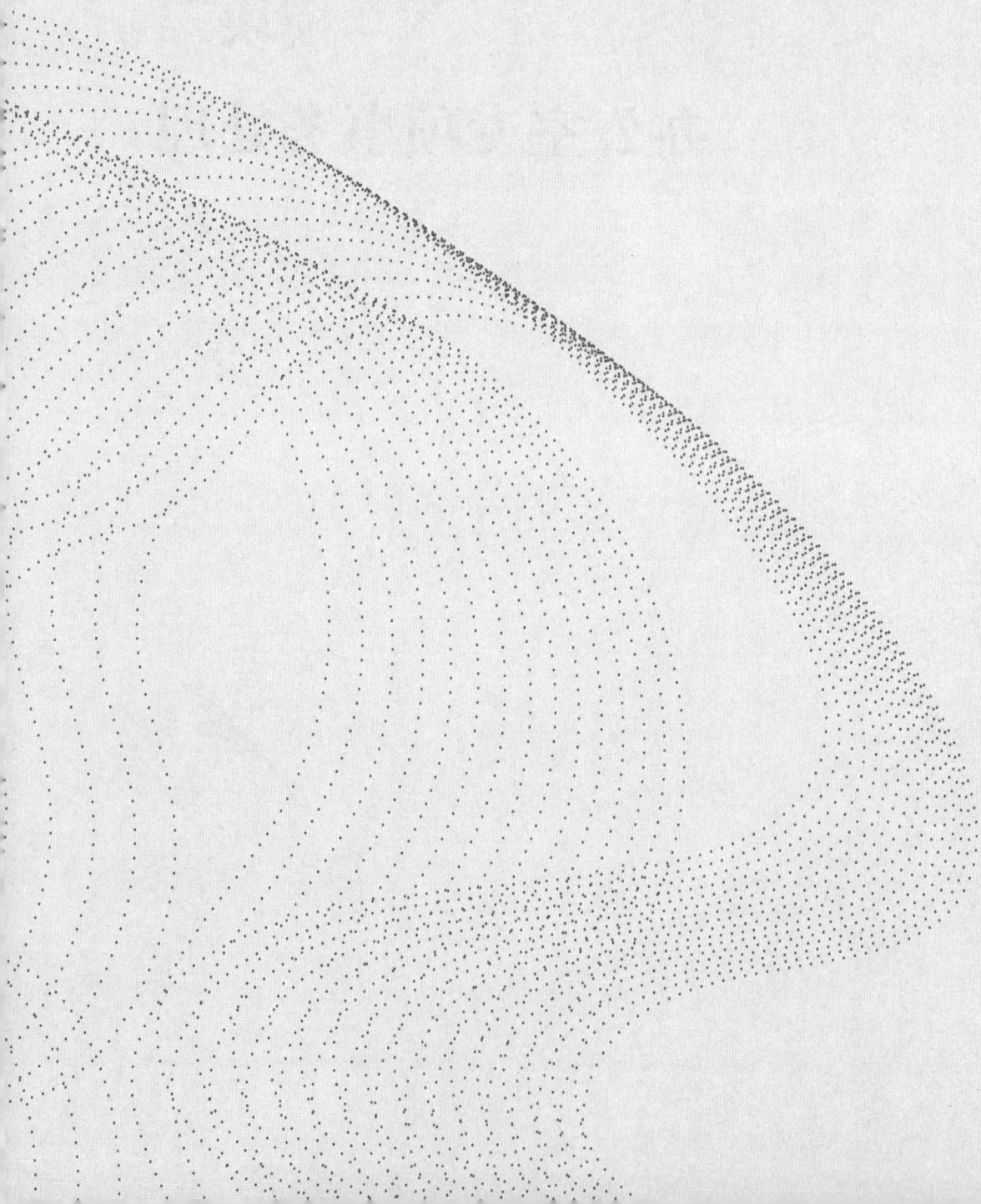

项目八
差旅管理

导论

上司为了洽谈业务、参观访问、出席会议、签订合同、实地考察等，经常需要到外地出差。作为秘书或助理，在上司出差前要提前做好一系列的工作，编制好上司的旅行计划乃至具体的日程表，还要为上司订票、订房、预支差旅费用、准备出差文件资料等，保证上司能顺利完成商务任务。

任务一 拟订差旅计划

任务目标

＊知识目标

（1）掌握差旅计划中包含的内容；

（2）掌握编制差旅计划的方法。

＊能力目标

能为上司公务出差拟订计划。

＊素养目标

培养学生的计划、统筹能力。

任务引入

这天，总经理助理张云对王丽说："总经理将于4月3—5日到深圳出差，出席全体分公司经理会议及全体销售部经理会议。期间会单独会见公司几位重要客户，还将赴珠海开分公司会议。你为总经理制定一份差旅日程表吧。""好的。"王丽虽然痛快地答应下来，但究竟要怎么为领导做一份差旅计划呢？王丽心里还是没有底。

任务分析

制订差旅计划是为了上司在外出行的安排更科学、更合理，也方便秘书人员对照计划为上司做好差旅的准备，使上司能顺利完成商务活动。在制订差旅计划时，一定要提前了解上司出行的商务目的、商务活动安排、目的地等相关情况，除此之外，还要和上司进行充分沟通，了解上司的工作及生活习惯，以更好地协助上司达成商务目的。因此，要完成以上工作任务，秘书需要掌握以下内容：

(1) 商务旅行计划制订的流程；

(2) 拟订商务旅行计划。

一、商务旅行计划制订的流程

商务旅行又称公干、出差，是商务人士以商务或者其他相关商务活动目的为导向的一系列活动的统称。商务旅行活动一般包括洽谈业务、参观访问、出席会议、实地考察、培训研修、拜访客户等内容。差旅管理是秘书或助理人员为上司或同事安排出差旅行的事务，包括交通、住宿、行程等内容，确保上司差旅顺利，达到商务目的。

(一) 了解上司的要求

1. 出差目的

上司出差一定是为了某个商务目的，或是为了洽谈业务、拜访客户，或是为了参观考察、学习培训，秘书在制订差旅计划时一定要围绕上司的商务目的，保证商务目的的达成。因此，在制订计划前，一定要先了解上司出差的目的及参加的主要商务活动，在安排具体日程时也要以商务目的为核心。

2. 出差地点

了解此次出差的路线，途经哪些地方，最终目的地在哪里。

3. 人员安排

与上司一同出差的人员名单、职位及在商务活动中承担的职责等。

4. 时间安排

出差的时间、启程及返程日期。

5. 上司关于差旅的个人喜好

上司喜欢的交通方式是哪种，飞机、高铁还是自驾？上司对于住宿有什么特别的要求？上司喜欢搭早班机还是晚班机？

(二) 确定上司在当地的行程

如果上司出差是洽谈业务、参观考察等，可以先与对方秘书联系，通过了解对方的接待日程，确定上司的当地行程；如果上司出差是参加会议或培训研修等，一般通知文件有日程安排，可以参照通知的日程安排来确定当地行程；如果是拜访客户等需自行安排行程的，则应与上司确认路线和行程。

(三) 熟悉公司的差旅管理规定

每个单位对差旅费用、交通、食宿等都有一定的等级标准规定，因此，在拟订差旅计划之前一定要先熟悉本单位的有关差旅规定，以便能准确为上司选择交通方式、食宿地点。

（四）收集差旅信息

要提前掌握多种预订机票、酒店的渠道，了解上司外出的目的地及当地的风土人情、气候情况、交通情况等。如果是出国旅行的话，国外的要求和风俗与国内有较大差异，需要秘书或助理提前了解并提醒上司需注意的事项。

（五）拟订商务旅行计划

旅行计划通常以表格的形式展现商务旅行的全过程。

二、拟订商务旅行计划

（一）旅行计划的编制方法

旅行计划是上司差旅全过程的一个计划，编制前要对单位的差旅费用、交通、食宿等级标准的有关规定及程序有清楚的了解。编制时按时间顺序编排，做到简单明了。旅行计划通常以表格形式表现，制订完成后要复印三份，一份给上司，一份存档，一份自己保留。

（二）旅行计划的基本内容

一份旅行计划至少应当包括：

（1）出差的时间、启程及返程日期、送站及接站的安排；

（2）出差的路线、终点及途经地点、食宿安排；

（3）会晤计划（人员、地点、日期和具体时间）；

（4）交通工具的选择：飞机、火车、大巴或轿车，要列明飞机客舱类别及停留地的交通安排；

（5）需要带的文件资料，如合同、样品、产品资料、单位宣传资料等；

（6）上司或接待方的特别要求；

（7）上司旅行区域的天气状况；

（8）行程安排、会议计划、会晤主题及相关人员名单；

（9）差旅费用：现金、兑换外币、办理旅行支票。

旅行计划制作完成后，要经过上司审批，依上司指示做具体旅程日程表。

📑 案　例

郑州新远有限公司总经理王强要去北京与博雅策划有限公司签订合同，总经理助理小张为王总拟订了一份旅行计划，交给王总审阅。计划书如下：

商务旅行计划书

一、商务旅行目的

1. 与北京博雅策划有限公司签订合同；

2. 宣传本公司；

3. 拜访北京的客户。

二、出差日期

12 月 17—19 日

三、出差地点

北京：

1. 签约公司：博雅策划有限公司

2. 拜访客户地点：朝阳进出口贸易有限公司

四、具体事项安排

1. 12 月 17 日下午乘郑州—北京的飞机，抵达北京；

2. 12 月 18 日上午 9 点，与博雅策划有限公司签订合同；

3. 12 月 19 日上午，拜访朝阳进出口贸易有限公司，下午乘坐北京—郑州的飞机返回郑州。

具体日程安排表见附件。

五、商务旅行需准备物品

1. 文件：合同草案、协议书、备忘录、公司宣传资料、对方公司相关资料。

2. 用品：名片、拜访客户的礼品。

六、经费预算

序号	项目	预算（元）	备注
1	交通费	机票：4400×2=8800 当地交通费：1000	订公务舱
2	住宿费	700×2=1400	酒店为四星级
3	餐费	500×2=1000	按公司的出差标准
4	其他	2000	
合计（元）		14200	

附：日程安排表

案例分析

为上司出行做差旅计划就是帮助上司提前做好时间安排、事项安排，确保商务旅行的目的达成，但也要与上司充分沟通，考虑他的出行习惯，所以做好商务旅行计划后要经过上司审阅再进行具体的筹备工作。就像案例中的助理小张，能提前帮王强总经理做好计划安排，并征求上司的意见，不仅提高了上司的工作效率，更能确保商务旅行的顺利完成。

（三）旅程日程表的编制方法

商务旅行计划中应包含旅程日程表，按时间顺序详细列出上司每一天的事项安排。一般情况下，旅程日程表的内容比旅行计划更详尽。

旅程日程表一般由秘书或助理来制定，如果上司出差是参加会议或论坛，则可根据主办方的会议日程来安排上司的具体日程表；如果上司出差是受邀参观或出访其他单位，则可与接待方的负责人进行商议后，由接待方拟定日程安排表；如果上司是自行处理商务，则秘书需要与上司共同商议确定具体行程后，再制定日程安排表。

安排日程时，在时间上要留有余地，一般以表格形式体现。日程表也应当一式三份，一份给上司，一份存档，一份自己留存。

（四）旅程日程表的基本内容

旅程日程表实际上就是差旅计划的具体实施表。它包括了差旅计划中的主要项目，但内容一般比差旅计划更详细。一份周密的旅程日程表主要包括：

（1）日期。指某月、某日、星期几。

（2）具体时间。出发及返回的时间，包括目的地的抵离时间和中转时间，开展各项活动的时间，就餐、休息的时间等。

（3）交通工具。出发、返回时使用的交通工具，停留地的交通安排等。

（4）地点。上司本次出差的目的地（包括中转地点），旅行过程中开展各项活动的地点、住宿地点等。

（5）事项。商务活动，如访问、洽谈、会议、宴请、娱乐活动以及私人事务活动等。

（6）备注。记录提醒上司注意的事项，如当地的一些风俗习惯和礼仪等。

案　例

郑州新远有限公司总经理助理小张为王强总经理北京出差所做的日程安排表如下：

日程安排表

日期	具体时间	交通工具	地点	事项	备注
12.17（星期三）	16：00	公司车辆	公司	出发去机场	司机小吴送机
	17：45	飞机	机场	乘坐郑州飞往北京飞机	国航，航班号为 CA1914
	19：30	出租车	机场	出发去北京希尔顿酒店	已预订高级大床房

（续上表）

日期	具体时间	交通工具	地点	事项	备注
12. 18（星期四）	8：30	出租车	博雅策划有限公司	与博雅策划有限公司签约	合同已放入资料袋中
	12：00			与博雅策划有限公司总经理共进午餐	对方安排
	14：30			参观博雅策划有限公司展览厅	对方安排
12. 19（星期五）	10：00	出租车	朝阳进出口贸易有限公司	拜访朝阳进出口贸易有限公司总经理	已与对方秘书确认好时间，礼品在袋子里
	12：30	出租车		出发去机场	
	14：55	飞机	机场	乘坐北京飞往郑州飞机	国航，航班号为 CA1913
	16：45	公司车辆	机场	返回家中	

任务书 8-1

一、任务背景

这天，长远有限公司行政会议讨论研究了近期工作安排，其中包括两位领导外出的情况。一是黄总经理到北京出席 5 月 8 日至 9 日召开的全国低压电器行业发展论坛，5 月 12 日下午参加成都举行的企业家沙龙，5 月 14 日上午出席本公司的一个新产品推广会议。考虑到北京论坛与成都的沙龙尚有一定的空隙，黄总有意在北京期间拜会北京某低压电器公司的领导，并到公司驻北京办事处听听他们下半年的工作计划。二是由于黄总活动已排满，原定 5 月上旬到美国 P 公司的参观考察只能由主管技术的施副总前往，而施副总从未出过国门。令王丽犯难的是，会议决定让她负责两位领导商务旅行的一些准备工作，包括预订机票、联系住宿、准备资料、办理护照等。王丽足足想了一天，完成了一份计划书，交给了黄总。以下是计划书全文：

公司领导商务旅行计划书

根据公司行政会议的安排，黄总将于 5 月 8 日、12 日抵达北京、成都出席会议，施副总将于 5 月 9 日赴美国考察，具体安排如下：

1. 黄总计划

5 月 7 日，黄总乘飞机到北京，联系一家四星级酒店；5 月 8 日至 9 日，出席全国低压电器行业发展论坛；5 月 10 日至 11 日，拜会北京某低压电器公司领导，到公司驻北京办事处商议下半年工作安排；5 月 12 日，乘飞机到成都，联系一家四星级酒店，出席下午的企业家沙龙；5 月 13 日，乘飞机返回广州；5 月 14 日，出席公司新产品推广会议。

准备的物品有钢笔、笔记本、公司简介、名片、照相机。

2. 施副总计划

5 月 8 日，办理护照。

5 月 9 日，乘飞机赴美国华盛顿，安排三星级酒店；5 月 10 日至 11 日，考察美国 P 公司；5 月 12 日，乘飞机赴纽约观光；5 月 13 日，乘飞机返回广州；5 月 14 日上午，出席公司新产品推广会议。

准备的物品有钢笔、笔记本、公司简介、名片、照相机、美元等。

黄总看完计划书后，皱着眉头问："这叫计划书吗？这种计划我还用你来安排吗？哪有明天到美国今天办护照的？美国与中国的时差呢？"王丽的脸一阵阵红了起来，起码她已认识到，居然把时差给忘了，更别提她从未接触过的差旅计划了。

二、任务训练

1. 知识储备

针对背景材料，请帮王丽列举拟订差旅计划前应做好的准备。

2. 技能锻炼

以小组合作方式，帮王丽重新完成两位领导的差旅计划。

3. 素养积淀

"凡事预则立"是说明计划的重要性，要做好计划就必须有统筹能力、信息收集与利用能力，生活中要养成做事有计划、有统筹的良好习惯。

假设你的父母来你所在的城市看望你，并想顺便在这个城市进行一日游，请你为他们做一份详细的旅程计划吧。

任务二　做好差旅准备

任务目标

* **知识目标**

（1）了解上司外出活动安排的基本内容；

（2）掌握出国办理护照、签证的相关知识。

* **能力目标**

（1）能为上司外出准备携带物品；

（2）能根据上司要求预订酒店、安排交通；

（3）能为上司外出办理出国申请、护照、签证等。

* **素养目标**

培养学生信息收集与利用能力以及细心细致的工作态度。

任务引入

经过认真学习与虚心请教后，王丽终于完成了总经理的差旅计划，当她把计划拿给总经理审阅时，总经理看了一下，对这份计划比较满意，对王丽说："可以，你就按这个计划来做准备吧。对了，这次你和我一起去出差，你提前安排一下工作。"啊？和领导一起出差啊？王丽心里有些发怵，但还是马上答应下来。

但具体要做哪些准备呢？和上司一起出差要做哪些工作呢？王丽又犯了难……

任务分析

差旅计划得到上司批准后，接下来的工作就是为上司的出行做准备了。准备工作包括：帮助上司提前安排交通、预订住宿；与对方公司取得联系，确认好会见的时间、地点；准备好出差要用的资料和物品等。如果陪同上司一起出差，一定要做好助理的角色，妥善安排好出差过程中的一切工作和生活，协助上司更顺利地完成差旅计划，提高上司的工作效率，让上司差旅活动更便捷、更舒适。即便不陪同上司出差，在上司出差期间及出差结束后也要做好相关工作。做好差旅管理，需要掌握以下内容：

（1）出差前的准备工作；

（2）上司出差期间助理的工作；

（3）上司回来后助理的工作；

（4）陪同上司出差时助理的工作。

一、出差前的准备工作

商务旅行计划书得到上司批准后，秘书或助理就应该有条不紊地做好以下准备工作。

（一）预订机票或车票

常见的交通方式有乘飞机、开车、坐火车、坐汽车。有些旅行可能是几种方式的组合。商务活动中，出差路途较远的，一般乘飞机前往。路途较近的，比如一两个小时以内的车程，一般开车前往。

1. 影响交通方式选择的主要因素

（1）企业的出差政策。根据公司的规定，不同职级人员出差，可以采取的交通方式也不同。

（2）目的地的情况。主要考虑路途的远近、方便程度、时间的宽松程度等，例如国内高铁也较方便，有些城市可能没有直接抵达的飞机航班，但有高铁直接抵达，或乘高铁出行的时间与乘飞机相差不大，则选择高铁出行较为方便。

（3）个人喜好。在交通方式选择上也要充分考虑上司的个人喜好，有些人喜欢坐飞机，有些人喜欢坐火车，有些人更喜欢自驾，可以根据上司的喜好来决定交通方式。

2. 预订机票、车票的方式

在了解上司差旅目的地后，通常采用电话或网络渠道订票。以机票为例，预订时有如下方式：

（1）可在各航空公司及其售票代理点办理购票手续。

（2）可通过订票网站进行预订，要注意网站的可信度。

（3）通过旅游公司代为订购。

3. 预订机票、车票的注意事项

在为上司购买机票或车票时，要注意以下事项：

（1）预订机票时，选择航班要从起飞时间、是否需要转机、到达机场位置、航空公司的准点率、客舱类型等几个方面综合考虑，尽可能地为上司安排较舒适、便捷的旅行。

（2）如果通过网上预订，则只有电子客票，需提醒上司去柜台换取机票或要求航空公司邮递机票，以便报销时使用。

（3）网上预订机票或车票时，应选择有信誉的平台，以免上当受骗。

（4）预订成功后，要再次确认姓名、日期、航班（车次）、座位、到达地点等重要信息。

（5）有些城市不止一个机场，在选择航线时要考虑机场与商务活动目的地的距离和交通便捷性。

（6）预订机票时不能贪图便宜选择折扣特别低的机票，会影响改签以及行李的限额。

案　例

小林是长沙湘丰公司的秘书。公司方总下周一到上海出差，小林按通常惯例，到携程网给方总预订双程机票和 5 天酒店。携程网的工作人员很快就将机票送到公司，小林核查了姓名与身份证号码后，就把机票送到了方总办公室。周一，方总很顺利地到达上海，并入住了酒店。可是，就在方总出差期间，湘丰公司与常德业成公司发生了财务纠纷，此事需要方总出面解决。方总考虑到情况紧急，准备提前回长沙。方总匆忙赶到机场时，机场工作人员告诉他因为是特价票，不得改签，而且这几天回长沙的机票都已经满座，要改签也只有后天才有位，否则只能转机，还要补足与全额机票的差价。方总因考虑公司的情况，只好选择在南昌转机。本来只要 2 个小时的航程，这次方总花了 4 个小时，等他到达长沙时，已经是晚上 12 点了。方总后来告诉小林，为公司节约的做法是好的，但也要考虑特价票的各种限制。

（二）预订酒店

上司出差，安排住什么级别的酒店，要根据公司规定以及上司的习惯来决定，并要掌握预订酒店的基本程序和技巧。

1. 酒店类型

（1）国内或国际连锁酒店。连锁酒店一般有统一的服务标准，房间装修、服务品质等方面比较有保障，而且有些大型公司为了差旅方便，会与一些连锁酒店签订合作优惠协议，预订有合作协议的酒店可以节省成本。

（2）本地宾馆。需要在网站上查询位置、客房情况及好评率。一般预订这种宾馆会有一定的风险，因为网站的图片可能与实际有出入，所以在预订时要多搜集相关信息。

（3）会议场所客房。出差参加会议时，通常由会议主办方提供住宿安排。入住会议场所客房，更方便参加会议，节省交通时间与成本。

2. 预订酒店的流程

预订酒店的流程：获取相关信息—确定入住酒店和房型—提交订单—确认预订—预订成功。

（1）获取相关信息。预订酒店之前先要了解上司出差的目的地以及主要的商务活动所在区域，需要了解相关区域的地理位置、周边环境、交通情况等，掌握相关区域附近的酒店信息。

（2）在确定入住酒店时不仅需要考虑公司的出差制度和差旅预算，还要考察酒店的信誉、服务标准及酒店与商务活动区域的位置和交通便利情况，以及周边的餐饮及生活设施情况。

（3）可以通过旅行社、网络等途径进行预订。方式一：在线预订酒店，可通过网站或小程序，选择适合的酒店信息，点击预订链接；根据提示，填写预订要求及个人信息后，提交订单并确认。方式二：电话预订，可以通过电话进行酒店预订，但仍需要进行确认。根据大数据分析与云计算，最常用的酒店预订网站前十名分别是：美团、携程网、飞猪网、去哪儿网、同程旅行、Booking（缤客）、Agoda（安可达）、Expedia（亿客行）、途牛网、艺龙网，其中，Booking、Agoda、Expedia多用于预订国外的酒店。

（4）确认预订。在预订房间时应该提供的信息包括入住者的姓名、抵达时间及大概离开时间、房间的类型及特殊要求。一般预订信息提交后要查看酒店确认的邮件或信息，并再一次核对。

（5）收到酒店"预订成功"的确认信息后要打印出来，并将其附在上司携带的旅行计划后面。在上司到达目的地后，要提前再次和酒店进行确认，以免出现差错。

3. 预订酒店的注意事项

（1）预订酒店的标准应符合公司的差旅规定，要按照上司出差应该享受的待遇及报销标准选择酒店和房间的类型，如因特殊情况，确实要超出标准，一定要提前请示，向相关部门和领导说明情况，批准后才可以预订超出报销标准的酒店。

（2）要提前订好酒店，特别是在特殊时期，如遇到广交会、黄金周假期、重大社会活动等，房源较紧张的情况下，一定要提前订好。

（3）预订时要考虑上司的个人喜好和习惯，如上司对房型、楼层、房间朝向等的偏好，尽量为上司预订一个舒适的房间。

（4）要提前了解酒店的退房时间，并记录在上司的备忘录里。

（5）如要取消预订，应该提前通知酒店，避免因为没有提前通知而产生额外费用。

（6）平时注意收集订房及酒店的相关信息，可与信誉好、服务好、有全国连锁的酒店保持联系，方便今后预订酒店。

（7）上司入住后要询问酒店相关情况，如果上司对入住房间不满意，要立即协调酒店前台调换房间或重新预订酒店。

（三）预支差旅费用

出差之前如有必要，助理需要提前向财务部门预支差旅费。差旅费一般包括当地的交通费、住宿费、餐费及其他可能产生的活动经费。差旅费的携带方式可以是现金、信用卡或旅行支票。但为了安全，一般没必要带大量现金，可以使用手机支付或刷卡，更为安全方便。

在预支差旅费时首先应该填写经费申请表，经批准后再提取预支的费用。预支的费用应与差旅计划中的经费预算相吻合。

案 例

肖总要到国外出差一个星期，助理李强把整理好的具体行程安排打印后交给肖总。他自认为已经做得很好了，谁知肖总顺口问了一句："最近那里的天气怎么样啊？"李强一时哑口无言，赶紧回办公室上网查询，把当地未来一周的天气情况打印好交给肖总，他也暗暗松了口气。谁知肖总又问李强有没有英文名片，他需要带一盒完整的名片出去。李强暗暗叫苦，因为最近都用手机电子名片，本来肖总的名片就所剩无几了，而且也不是全英文的，他赶紧联系行政部加紧制作肖总的英文名片。当李强交给肖总印好的名片时，肖总又问："出国后怎么上网比较划算？"李强马上打电话给移动运营商，详细咨询了国际漫游的收费情况，了解到最划算的是购买7天的流量包，他马上帮肖总办理了相关业务。本来以为做好了一切准备的李强，没想到还是忙了一身汗。

案例分析

上司外出公务旅行，特别是出国公务旅行，助理要为上司考虑的事情很多，李强自认为只要安排好上司的具体行程即可，却不知作为助理，上司差旅中事无巨细，一切事务都要考虑到，如对方国家的特殊国情、节假日、气候、小费行情等一切能想到的都要想到，提前准备好出差必带的东西，如名片、拜访礼物等。而李强在安排上司的国外差旅事务时准备不足，所以才处处被动。

（四）准备出差用品

上司出差前，秘书或助理应该按照差旅计划表上的内容逐项落实出差前的准备工作，包括帮助领导准备必备的文件资料，并提醒领导提前准备随身携带的物品。上司出差前一般要准备的用品包括：

1. 商务活动文件资料

谈判提纲、合同草案、协议书、演讲稿、有关讨论问题的信件、备忘录、日程表、产品资料、公司简介、对方公司相关资料等。

2. 差旅相关资料

目的地交通图、旅行指南、请柬、介绍信、通讯录等。

3. 办公用品

笔记本电脑、U盘、照相机、摄像机、文件夹、笔、笔记本、公司信封及信纸、手机、名片、现金等。

4. 个人物品

护照、签证、身份证、信用卡、换洗衣物、洗漱用品、急救药品、旅行箱、车（机）票等。

二、上司出差期间助理的工作

上司在外出差，作为助理并不是无事可做，而是要与上司保持密切联系，协助上司处理其他事项，具体工作包括：

（一）检查上司有无遗漏的文件

上司如有遗漏的文件要尽快弥补，可通过传真或者特快专递的方式，以免耽误上司的商务活动。切记，合同文本不能以传真的方式发送。

（二）协助联络

上司启程之后，如果对方有迎接人员，可以通知对方接站班次和时间。

（三）处理办公室日常事务

上司出差时，助理要做好日常的办公事务管理工作，如接听电话、收发邮件。在上司出差期间，助理应准备好一个专用的文件夹，把上司出差期间的来信、留言条等予以保管，也可以用一个待阅文件夹，按日期顺序保管好上司出差期间收到的文件和信件。如果是一些紧急的信件，助理应用快递的方式给上司寄去，并电话告知上司。而在上司出差期间，凡是找上司的来电，助理都要做好电话记录，对已授权的事项可以向相关领导汇报，比较重要的事情要及时电话联系上司进行汇报，按上司的意见处理。

（四）完成上司交代的其他任务

上司出差期间，要按时完成上司布置的各项任务。

三、上司回来后助理的工作

上司出差回来以后，助理的工作主要包括：

（一）做好接站工作

提前确定上司的返程日期及时间，安排好车辆接站。如对方人员送站，则电话通知对方，上司已平安到达并表示感谢。

（二）及时汇报工作

将重要的事项列出提纲，如事情紧急或上司很关心，则在车上就可汇报，如上司需要休息，则上司回到公司以后再汇报。

（三）整理商务活动资料

将上司带回来的文件资料进行整理、归档。

（四）报销差旅费用

整理上司出差时的发票，按照公司的报销流程进行报销，最后要做此次旅行的经费结算。

四、陪同上司出差时助理的工作

如果助理需要与上司共同出差，完成商务活动，此时，助理的工作内容包括：

（一）安排好住宿与交通工具

到达机场或火车站后，助理应联系接送车，或引导出差人员到出租车乘车点。到达酒店后，助理需要办理酒店入住手续，并帮助上司把行李送到客房。上司出差期间的车辆和交通路线，助理也应尽早安排。

（二）安排访问、会谈、宴请等商务活动

如果出差期间上司有访问、会谈或宴请事项，助理要事先与对方约好时间和地点，并安排好交通，准备好相关材料。如果要宴请客人，助理需要根据公司的宴请标准与预算，提前订好酒店和菜式。

（三）收集和保管好差旅过程中产生的票据

收集出差过程中因住宿、交通、餐饮、购物和商务活动的花费而产生的各种票据，注意报销时一定要提供相关的发票。

（四）保持与本单位的联系

在陪同上司出差期间，助理每天至少与本公司联系一次，将公司发生的重要事项及时汇报给上司。

（五）结算各项费用

出差结束时，助理需要帮助上司整理差旅资料，并结算酒店住宿费与餐饮费，最后向出差目的地有关单位和个人告别，还需提前通知单位司机做好接站准备。

任务书 8-2

一、任务背景

长远有限公司刘总下星期一要到广州出差，他在广州的行程如下：星期一中午 12 点，刘总要与广州经销商李先生在白天鹅大酒店共进午餐，下午 3 点将在文具制造商高先生公司所在地越秀区浙江大厦四楼会见高先生。星期二上午 9 点，刘总要和星光电子有限公司的王总见面，商讨合作事宜，下午还要到公司驻广州办事处检查工作，公司驻广州办事处位于越秀区北京路附近，刘总预计于下午 5 点离开广州返回北京。刘总要在广州度过一个晚上，住在一家至少四星级的酒店。

二、任务训练

1. 知识储备

请列举预订机票及酒店的具体方式并做简要的对比。

2. 技能锻炼

以小组合作的方式，完成刘总差旅的准备工作，包括预订酒店和机票、行程安排、需准备的资料与用品等。

（1）简述预订机票的方式和航班号及理由。

（2）说明预订的酒店、预订方式，以及选择这家酒店的理由。

（3）需要提前准备的资料与物品有哪些？

3. 素养积淀

"周全的准备工作可以让上司旅程变短"，这句话说的是办公室助理如果准备工作做好了，上司出差就会很顺利，从而觉得旅程变短了一样。这就要求我们在日常生活中要养成细心细致、善于观察、善于积累的好习惯。

你是一个细心的人吗？请你列举一下学校周边的饮食情况，信息越全面越好。然后再实地走访验证，自我评价一下，看看有没有遗漏的信息。

任务三　差旅报销

任务目标

＊知识目标

（1）掌握报销票据的分类方法；

（2）掌握差旅报销的基本流程。

＊能力目标

能为上司和部门完成差旅报销手续。

＊素养目标

培养学生的法律意识、规则意识。

任务引入

总经理从深圳出差回来了，张云将一堆票据交给王丽，并嘱咐道："这是出差的票据，你整理一下去财务报销吧。""好的。"王丽连忙回答道。王丽仔细查看，发现这些票据中有餐饮票据，有住宿发票，还有超市的单据，这要怎么整理、报销呢？

任务分析

做好上司和部门的差旅报销是秘书或助理的日常工作职责之一。秘书需要提前了解公司的报销制度，掌握公司的报销流程，按照公司的报销规范进行票据的审核粘贴，整理好的票据交给上司签字，然后送交财务部门履行报销手续。在此案例中，王丽需要对票据进行分类并填写报销单据、粘贴发票，为上司完成报销流程。如公司采用了报销系统，王丽还需要掌握报销系统的使用流程。因此，如要顺利完成此项工作，王丽需要掌握以下内容：

（1）差旅报销的范围与原则；

（2）差旅报销的流程；

（3）数字化差旅报销系统的应用。

一、差旅报销的范围与原则

差旅费是指工作人员出差期间产生的住宿费、餐饮费、交通费等各项费用。一般根据出差人员职称的不同、出差地点消费水平的不同，各项费用的报销标准也有所差别。因此，秘书或助理在报销前应熟悉公司的差旅报销制度，按制度履行报销手续。

（一） 差旅费用的内容

差旅费用用于出差旅途中的费用支出，一般包括以下内容：

1. 交通费

包括购买车、船、火车、飞机的票费，城市间的交通费、出差地的市内交通费等。

2. 住宿费

根据公司的差旅报销标准，按照相应的职务级别标准实报实销。

3. 餐饮费

有的单位是以伙食补助的形式发放，有的单位是根据发票实报实销。一般情况下，如果单位有补助出差伙食费就不再报销外地餐费了，或者报销餐费就不再补助出差伙食费。

4. 会议费或培训费

如果外出是参加培训或是会议，应由主办方开具相应的发票，需注意的是，如果培训费或会议费中包含了食宿费，则不再报销食宿费用。

5. 其他费用

由于出差履行公务而产生的其他费用，如招待费、资料费、礼品费等，这些费用应该包含在出差计划的预算中，如果是临时产生的费用，则在花费前需先征得领导的同意才能顺利报销。

（二） 差旅报销的原则

（1） 员工出差必须事前提出书面申请，填写出差申请单，经其直属上级批准。凡未得事先批准的，一律不予报销。

（2） 差旅经费必须控制在差旅计划表的经费预算范围内，如超出预算要提前请示。

（3） 一般情况下，差旅报销凭证必须是正规的发票。发票是指一切单位和个人在购销商品、提供或接受服务以及从事其他经营活动时，所开具和收取的业务凭证。报销时所使用的发票必须符合《中华人民共和国发票管理办法》的规定，需要按照国家相关政策和规定操作，保证发票的合法性和有效性。

二、差旅报销的流程

差旅费一般先由出差人员或秘书填写差旅费报销单，然后附上发票、车票等各种原始票据，之后由直属上级、分管领导以及财务人员分别审核签字后，由出纳人员签字并付款，完成报销手续，即出差人员填制差旅费报销单—直属上级审查—分管领导审核—财务人员审核—出纳结算付款。在这个过程中，各级审核人员应对差旅报销的真实性、合理性负全面责任；财务人员、稽核人员、资金管理人员按规定对报销手续、预算额度、票据合法性和真实性、出差标准进行审核并对此负责。当然，各单位的具体要求不同，报销的流程和职责也不尽相同。

（一）差旅报销前

1. 了解差旅报销制度

秘书在做报销前应该先了解单位的公务报销制度，知道哪些项目在公司公务报销范围内，哪些不在此范围。同时，要熟悉不同级别的领导对应的不同标准，主要包括交通和住宿的标准。

2. 了解财务报销时间

有些单位会根据自己的情况设定统一的财务受理报销业务时间，秘书应该提前得知，以便及时报销。

（二）履行差旅报销手续

1. 整理票据

秘书应将所有在公务活动中产生的发票（如飞机票、火车票、住宿发票、伙食发票等）用回形针装订在一起。如果是公司代为订票的，应保留复印件作为审核依据。要在发票上注明经手人、证明人，保证发票干净整洁，字迹清晰易分辨，并妥善保管。如有确实无法证明的发票，可以由当事人写出详细情况，领导签字后正常报销。

2. 粘贴发票

在报销时，需要将发票粘贴在原始票据粘贴单上，供财务人员审核。粘贴发票应遵循"发票分类，错开粘贴，超出折叠"的原则。

（1）分类粘贴。先将票据分类，例如分成资料类、车票类、食宿类、办公用品类等，将同类的票据先从大到小排序再进行粘贴。

（2）粘贴时，按先小张后大张的顺序，将胶水涂抹在票据左侧背面，将票据正面朝上，按照从右至左、先小后大的顺序，粘贴到原始票据粘贴单上，粘贴后的票据呈翻书状。

（3）粘贴的票据与粘贴单上下、左右对齐，不可超过粘贴单上下及左右边界，每张票据错开 1 厘米左右的距离，呈鱼鳞状分布（如下图所示）。

发票粘贴图

（4）当发票面积较大，超过粘贴单上下限或左右限时，则在可见发票内容明细的情况下以粘贴单的上边、右边为基准，将超出部分折叠，但不能将发票中涉及款项、用途等重要内容折叠。

（5）电子发票需打印后再粘贴。

3. 填写费用报销单

在粘贴好发票后，要在封面粘贴一张差旅费报销单，根据出差的具体情况，在报销单上填写姓名、部门、日期，以及要报销的项目、金额等，报销金额（大小写）必须和提供发票的金额相等，附单据张数应仔细确认后再填写，报销单用黑色中性笔填写，要求书面整洁，字迹清晰可辨，不能有涂改、乱划或其他痕迹。差旅报销一般"一事一报"，也就是同一项出差公务活动产生的费用尽量一起报销。秘书还应注意发票的有效期，报销要及时，过期发票不能报销。

4. 送呈领导审批与报销

秘书在差旅费报销单填写完成、票据填写完毕以后，将差旅费报销单和发票提交给相关领导签批。签批之后，到财务部门按照相关流程报销。

三、数字化差旅报销系统的应用

在全球数字经济浪潮下，加快数字化转型已成为企业关注和发展的重点，而在财务管理方面，也迎来了数字化的变革，基于互联网、人工智能、大数据等新技术而开发的报销管理系统在很多企业中得到广泛应用。以博纳德集团开发的薪起程报销系统为例，阐述数字化差旅报销系统的应用。

（一）薪起程报销系统的功能介绍

薪起程报销系统针对企业数字化报销流程，分为普通员工、管理人员、部门领导、财务人员等不同身份，登录时系统展示与身份相适应的功能模块。系统支持电脑端和手机App 两种登录模式，可以完成出差申请、借支申请、智能识票、发起报销等功能，借助数字化技术完成无纸化借款与报销的全流程。

（二）薪起程报销系统的使用流程

使用薪起程报销系统进行差旅报销时的工作流程如下图所示。

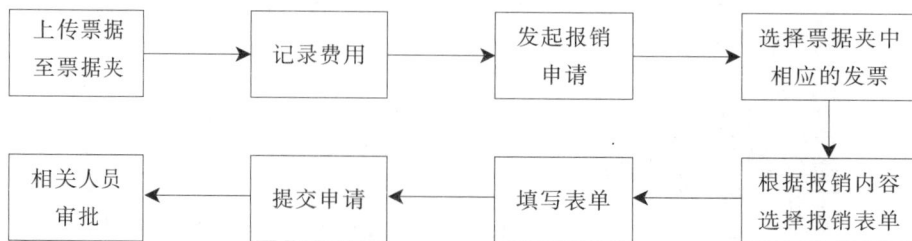

上传票据至票据夹 → 记录费用 → 发起报销申请 → 选择票据夹中相应的发票

选择票据夹中相应的发票 → 根据报销内容选择报销表单 → 填写表单 → 提交申请 → 相关人员审批

薪起程差旅报销流程图

1. 报销前记录票据与花费

登录系统，点击"智能识票"，将票据上传至"薪票夹"中，上传形式是启用 OCR 识别与验真，可用文件格式为 PNG、JPG、PDF 三种，点击"记费用"功能，可选择费用类型、费用金额、费用明细、费用日期、费用分摊情况。

2. 报销流程

（1）使用手机 App 进行报销时，先点击"薪票夹"，选择订单并关联对应发票。

（2）点击"发起报销"，选择对应的表单。

（3）准确填写表单内容，添加费用明细，可选择"现金、转账、冲账"三种支付类型，选择支付类型后点击"确认提交"。

3. 报销情况查看

点击"我提交的"，可随时查看提交的报销申请审批情况，掌握报销的进度。

（三）薪起程报销系统的优势

（1）提高差旅及费用管理效率。

告别纸质票据时代，员工通过手机拍摄单据，随时随地管理费用报告并进行报销。这样不仅能减少 54% 的票据丢失情况，还为员工处理费用报销节省了 47% 的时间。

（2）随时随地快速处理。

审批人员可通过移动设备审核、批准或拒绝费用的报销，节省报销的时间，员工可快速获得报销费用，提升员工满意度。

（3）流程简单，仅需数次点击即可完成申请和审批，节省粘贴发票的时间。

（4）嵌入企业差旅政策，自动标注不合规的申请，使支出更符合企业差旅费报销制度。

任务书 8-3

一、任务背景

小张是长远有限公司销售部新聘用的秘书，最近遇到了困难向王丽求助。由于销售部门业务特别繁忙，销售人员几乎每天都在外面跑业务，每次回来后就把票据交给小张，让她去帮忙报销。两周下来，小张的抽屉里已经积攒了非常多的票据，这天小张特意抽出半天的时间来到财务部门报销。当小张把所有票据都拿出来交给财务时，财务负责审核的小李立刻发火了："发票都没有粘贴，你让我怎么报啊？再说，这些发票是一个人的还是几个人的？怎么又有去北京的机票，又有去上海的机票呢？这乱成一团的发票要我怎么审核？你到底有没有学过我们公司的报销制度啊？你回去搞清楚了流程再来报销吧！"

小张只好垂头丧气地拿着票据回到了办公桌前，开始凭借记忆一点一点地整理，这时她才发现，票据中还夹杂着几张收据，但这几张收据是谁拿过来的，她真的是一点印象也没有了，这可怎么办啊？小张立刻向王丽求助。

二、任务训练

1. 知识储备

请根据背景案例的描述，简述小张在处理差旅报销时违反了哪些原则。

2. 技能锻炼

请帮助小张完成差旅报销的流程。

（1）简述完成差旅报销的步骤。

（2）利用老师提供的发票、单据等，粘贴好发票并填写报销单，上交报销材料。

（3）总结粘贴发票的要求。

3. 素养积淀

我们要有明辨是非的能力，更要有坚守规则的信念。你是一个坚守规则的人吗？你是否也为曾经坚守的规则而感到骄傲呢？请你列举一个坚守规则的事例，并试着总结几条能坚守规则的心得。

项目九
会议管理

导 论

　　会议就是各方为了协商事宜而聚集在一起，交流信息、沟通情感，最终达成共识的活动，是人类社会自古已有的社会行为。在原始社会，氏族议事会决定劳动成果如何分配；在古代，君臣上朝议政，商讨国策；到了现代社会，会议的数量、规模、形式更是出现了诸多的变化。无论是国际组织、政府机关，还是企事业单位、社团机构，都需要通过定期或不定期的会议来实现各种决策。办会是行政管理人员的专业核心能力，做好会议管理，可以更高效地进行工作沟通，有助于促进各项任务的顺利开展和有效落实，从而圆满达成会议的目标。

任务一　线下会议管理

任务目标

＊知识目标

　　（1）理解会议的功能和类别；

　　（2）熟悉会议策划的流程；

　　（3）理解会议经费的构成；

　　（4）熟悉会议记录的内容和方法；

　　（5）理解会议评估的关键指标。

＊能力目标

　　（1）掌握会议的基本要素；

　　（2）能撰写会议策划方案；

　　（3）掌握会前的物料筹备及会场布置工作；

　　（4）能提供会中的各项支持和保障服务；

　　（5）掌握会后的跟踪和检查工作。

＊**素养目标**

（1）树立会务人员所需的专心、细心、耐心的工作态度；

（2）培养学生严谨认真和高度负责的作风。

任务引入

在长远有限公司行政部的例会上，部门经理宣布这个月的重点工作就是筹办年会。今年是公司成立 20 周年，总经理有意借此次年会进一步宣传公司，在行业内扩大影响力，所以这次年会的策划就显示非常重要。部门经理对王丽说："你先负责拟订个初步方案吧，下周一之前交给我。"

例会后，王丽既紧张又兴奋，一方面感觉到年会的重担压到身上，千头万绪不知从何厘清；另一方面，感觉自己施展才能的机会到了，可以亮相大舞台。现在的王丽已经成熟许多，碰到难题也不会着急忙慌了，她先是认真回想起过去几场重要会议的关键工作，像新项目可行性论证会、商务洽谈会等，接着对年会的流程做了梳理并绘制了流程图，然后拟订了年会策划方案的提纲，接着去向师父——总经理助理张云请教了。

张云看到策划案的提纲后，脸上露出赞许的神情，微笑着对王丽说："小丽呀，你成长得挺快的，现在考虑问题周密很多了，基本架构挺完整的，但有些细节还是要注意一下。比如，这次年会我粗略估算了一下，都接近 150 人了，规模很大，而且是 20 周年的庆典，在活动设置上更需要一些新意。"王丽听了张云的表扬后，高兴地说："感谢师父的肯定，还是多亏了您手把手地指导我，我才迅速掌握了岗位的要领，今后还得继续向您学习，有劳您具体讲讲我的方案还有哪些不足吧。"张云给王丽详细地介绍了之前年会筹办过程的经验以及最后的成果，又指出了王丽策划方案中的细节问题。经过师父的一番点拨，王丽更是豁然开朗了，打算针对年会中的关键环节修改策划方案，力争办一场精彩的年会。

任务分析

会议是企事业单位常见的活动，例会、专题会议、培训会议、年会等各种类型、各种规模的会议数不胜数，作为秘书或行政助理，必须具备策划和组织会议的能力。正如案例中所述，王丽要做好年会的策划方案，并按照方案开展会议的筹备和组织工作，才能确保年会的成功举办。为此，王丽需要掌握以下内容：

（1）认识会议；

（2）筹备会议；

（3）会中服务；

（4）会后反馈。

一、认识会议

（一）会议的功能

1. 计划和决策功能

会议是组织制定和实施决策的主要场所。会议可以讨论和解决组织内的问题，编制计划和方针，并确定行动方案和目标。通过会议，可以对组织的发展方向、业务战略、部门计划等进行讨论和决策。会议的决策具有约束力，决策的正确与否直接影响组织的发展和运营。实现这项功能的会议类型有以下几种：

（1）董事会会议：在公司中，董事会会议是一个关键性的会议类型，通常由公司董事、CEO 参与。

（2）部长会议：政府机构中的部长会议也是重要的决策性会议，通过协商，达成决策并与公众分享。

（3）集体决策会议：这种会议通常是由项目组、工作小组或其他分支机构定期召开的，旨在对所负责的具体任务进行决策。

2. 沟通和协调功能

通过会议可以及时共享信息，使员工了解公司发展的战略、目标、业务进展等，从而更好地为公司的发展做出贡献。会议还可以帮助组织内不同部门和团队之间加强协调和合作，有助于促进团队协作、建立联系和提高沟通效率。通过会议，组织内外部的相关人员也可以沟通和交流观点和信息，并协调行动计划。实现这项功能的会议类型有以下几种：

（1）例会：每周或每月例会是很多组织内部的常规会议，旨在提高成员间的沟通和团队协作水平，及时解决问题和交流最新信息。

（2）员工大会：员工大会通常由公司高层管理人员召开，旨在向员工通报公司的发展战略以及特定的政策或业务。同时，也为员工提供了一个反馈和分享想法的平台。

（3）座谈会：由训练有素的主持人以非结构化的方式对一小群调查对象进行的访谈。

（4）聚餐会：通常在特定的假期、特别活动或庆祝活动中举行，以宴请的方式招待客人、商谈工作或发表演说，如欢迎会、商务晚宴、年会等。

3. 培训和指导功能

通过会议组织内部的业务专家可以提供技能和知识领域的培训，为员工的职业生涯发展提供帮助。会议可以吸纳组织内部和外部人员的意见和建议，进而改进组织的工作流程和管理方式，同时为组织的发展进程提供指导性的信息。

4. 监督和评估功能

会议可以对组织内部的业务活动进行监督和评估。通过会议，可以评估工作绩效、发现问题并确定解决方案。会议还可以检查业务目标、任务和计划的实施情况，以确保组织内部工作的顺利进行。

（二）会议的基本要素

1. 主题和议题

主题是中心思想，是会议目标的转化，是议题的集中体现，也是会议主要内容和实质问题的高度概括。

议题是围绕会议主题而设立的一个个拟讨论的问题，是主题的具体化，并具有明确的针对性和可讨论性。因此，光有主题没有具体的议题，会议也无法展开讨论。一场会议一般只有一个会议主题，而会议议题可以有若干个。

2. 主办方与承办方

主办方是发起会议的单位或个人，承办方是具体实施会议的单位或个人。例如创办于1957年4月25日的中国进出口商品交易会（简称：广交会），由商务部和广东省人民政府联合主办，中国对外贸易中心承办。

一般组织内部的中小型会议和部分学术组织、社团的学术报告会等由组织自己承办，此时主办方与承办方是一致的。

3. 会议的地点

选择会议的地点是非常重要的，因为它直接影响着参会人员的出席率和会议效果。但在选择会议地点时要考虑以下因素：

（1）考虑人数和场地大小：选择场地时务必考虑参加人数和场地大小是否适合，场地要能够容纳所有参会人员，并保证有足够的空间供人们交流和活动。

（2）考虑地理位置：会场的地理位置是否方便参会人员前往。对于国际会议通常会选择大城市，会场靠近机场和火车站。随着科技的进步，会议地点可以不用局限于某一处，利用先进的通信设备，可以跨越空间限制。

（3）考虑会场设施和服务：优质的设施和服务能够给参会人员留下好的印象，包括投影设备、无线网络、电源插座、饮食等。

（4）考虑预算：优秀的会议场地价格可能会比较高，因此在选择会场时务必考虑会议的预算。

（5）考虑安全性：会议期间参会人员的安全必须得到保障，因此在选择会议场地时，应评估该地的安全状况。

4. 会议的时间

会议时间包括会议的起止时间和时间跨度这两层含义。

会议起止时间是指会议开始和结束的时间，会议在时间上有长短、缓急、定期与不定期之分，而会议具体时间的确定则与会议规模、会议的复杂程度以及议题的实效相关。

会议的时间跨度指会议从开始到结束所需的时间段，通常被称为会期。会期可短可长，少则十多分钟、几小时，多则几天、十几天。

5. 会议的相关人员

会议人员包括会议主持人、会议秘书人员、会议服务人员和参会人员。

（1）会议主持人：主持会议的进行，引导会议议程的讨论和决策，并维持会议纪律和秩序。

（2）会议秘书人员：负责会议记录，包括制定会议议程、记录会议讨论内容和决策结果，并及时向参会人员提供相关材料和信息。

（3）会议服务人员：负责会场的布置和装备设施的维护，包括提供会议用具和技术设备，提供茶水服务，以及保障会议的安全和秩序。

（4）参会人员：按照会议安排参加会议并积极参与讨论和决策，向主持人和秘书反馈意见和建议，并遵守会议纪律和礼仪。

6. 会议的方式

选择适合企业需求的会议方式对于提高会议效果和效率至关重要。在选择会议方式时，应考虑参会人员的数量、地理位置、议程的紧急程度、预算等因素。此外，还应确保所有参会人员能够轻松地参与会议并充分理解讨论的内容。

（1）报告式：较为传统的"一人讲，大家听"模式，适用于严肃会议，如各类法定会议、全体会议等。

（2）研讨式：研讨会是一种针对特定主题进行深入探讨的会议形式。参会人员通常为专业人士或专家，会议氛围较为严肃。研讨会的议程通常包括主题演讲、分组讨论、研究成果展示等环节。在研讨会期间，参会人员可以分享自己的研究成果和实践经验，共同探讨和解决相关问题。

（3）座谈式：座谈会是每位发言人轮流就议题发表自己的见解，发言者之间可以交流，与听众之间也可以交流，是一种较为灵活、便于互动的会议，它适用于上下级、部门间或者行业间的沟通交流。

（4）现场式：现场办公，现场处理，它适用于高层领导下基层或突发事件的处理。

（5）联谊式：联谊式的特点为互动互补，多部门、多人群联合召开，形式活泼，一般机关、企事业单位常用这种形式。召开联谊会的单位或人群通常有互补性，如城乡联谊、军民联谊等。

（6）庆典式：庆典式是指庆祝性或商务性活动会，适用于特殊时间（如节日等）或具有商务、公关目的的会议。

（7）论坛式：论坛式也可以称为沙龙，模式较为灵活，通常由有共同兴趣爱好的人聚集在一起进行；也可以有许多的听众参与，并可由专门小组成员与听众就问题的各方面发表意见和看法，听众与发言人之间、发言人与发言人之间都可以自由交流，主持人主持讨论会并总结双方观点，允许听众提问。

二、筹备会议

（一）拟订会议策划方案

会议策划方案是会议目标、意图和实施细则的书面形式，是会议承办方根据主办方意图和指示制订的详细书面计划。它是会议筹备工作的基础，是会议筹备工作有序进行的保障，会议策划方案是否可行是评价会议策划方案质量的重要依据。

会议策划方案通常包括会议概述、会议议题、会议议程与日程、会议住宿和餐饮、会议筹备人员分工表、会议预算及会议的预期效果等内容。

1. 会议概述

会议概述包括会议正式名称或主题、目的；会议时间和地点；参会人员和身份；预计出席人数；会议持续时间。

2. 会议议题

会议议题是指会议要讨论的问题、要达到的目的，不管什么类型的会议都应有明确的目标和任务。

3. 会议议程与日程

会议议程是对会议所要通过的文件、所要讨论的问题的大致安排，并冠以序号将其清楚地表达出来，会议主持人要根据会议议程主持会议。拟定会议议程是秘书人员的任务，通常由秘书初步拟定会议议程，交上司批准后，在会前复印分发给所有参会人员。

会议日程是把一天中会议议程规定的各项活动按单位时间具体落实安排，它不仅细化围绕会议议题的全部活动，还包括会议过程中其他的辅助活动，如餐饮、茶歇、参观、考察等。日程可表明会议发展的进程，同时也是对完成各项议程需要时间的预测和必要的限制，以提高会议的效率。

确定会议议程与日程时，应注意以下事项：

（1）要把握会议目的，即了解会议召开的原因。先确定关键人物的时间，要保证重要人物能够出席会议。再根据多数人意见安排日程，保证尽可能多的人员都有时间参加会议。

（2）如有多个议题，应按其重要程度排列，最重要的排列在最前面。尽量保证在最佳时间开会，在人们精力最旺盛、思维能力及记忆力最佳的时候讨论重要问题，所以一般将全体会议安排在上午，分组讨论可以安排在下午。

（3）议程是提醒参会人员做好准备，应提前送发与议程相关的材料，可以与会议通知、日程安排一起送发，以减少会议讨论时间。

（4）例会原则上要定时召开，且时间不宜过长，通常应控制在一个半小时左右。

4. 会议住宿和餐饮

如果会议有住宿的需求，要提前安排好住宿的酒店，一般是会场所在酒店或是相邻位置。此外，还要提前预订会务组的房间，一般会务组的房间会安排在楼层首间或是便于查找的地方。要根据参会人员的情况提前预订餐饮，在经费允许的范围内尽量照顾到大多数参会人员的口味。如会议时间较长，还需提前准备茶歇。

5. 会议筹备人员分工表

会议筹备人员分工表包括会议主办方职责、承办方职责及供应商职责，要提前确定会议筹备小组的成员及人员的具体分工，将会务组织工作具体细化，落实到具体负责人并明确每项任务完成的时间，以保证会议的顺利召开。

6. 会议预算

会议预算遵照"节约、高效"的原则，经费主要包括以下项目：文件资料费、会议场地及设备租赁费、住宿费、餐饮费、交通费、劳务费等，通常以表格的形式列出。

7. 风险管理

风险管理包括会议期间可能发生的突发状况及应急预案，发生突发状况的紧急联系人及联系方式等。

（二）制发会议通知

会议通知是向参会人员传递召开会议信息的载体，是会议组织者同参会人员会前沟通的重要渠道。以下是常见的会议通知的种类与方式：

1. 按通知的形式可分为口头通知和书面通知

口头通知，如当面通知、电话通知，具有方便、快捷、即时的优点，但容易遗忘；书面通知尽管需要打印、分发或者邮寄，手续较多，时间较慢，但显得严肃、庄重，而且具有备忘的作用。重要会议应当使用书面通知。

2. 按通知的性质可分成预备性通知和正式通知

预备性通知先于正式通知发出，其作用主要是请参会人员事先做好参加会议的准备。凡需要事先征求参会人员的意见，或者需要参会人员事先提交论文、报告、答辩和汇报材料，或者先报名然后确定与会资格的会议，应当先发预备性通知；待议程、时间、地点以及与会资格正式确定后，再发正式通知。

3. 按通知的名称可分为会议通知、邀请信（函、书）、请柬、海报、公告

会议通知用于研究工作、进行决策的会议，发送对象是会议的当然成员和法定成员、本机关或本单位内部的工作人员、下级机关或所属单位、受本机关或本单位职权所制约的单位。

邀请函一般用于横向性会议，具有礼节性，发送对象是不受本机关职权所制约的单位以及个人，如召开学术性会议或者技术鉴定会，以发邀请函为宜。目前除了制发纸质邀请函以外，还可以利用一些软件来制作电子邀请函，更加生动，利于传播。

请柬主要用于举行仪式类活动，如开幕式、竣工仪式、签字仪式等。发送对象一般是上级领导、社会人士、兄弟单位等，多使用书面语，语言恭敬儒雅。有时，举行一次会议需要根据不同对象分别使用会议通知、邀请函和请柬。

海报是一种公开性的会议通知形式，通常采用招贴的方式，主要用于可以自由参加的学术性报告会。

公告是一种专门用于股份公司召开股东大会时，通过登报发出的会议通知。

为了确保会议的顺利进行，会议组织者通常会采取多种通知方式来告知参会人员会的相关信息，无论哪种方式，会议的基本要素都是不可或缺的，包括会议主题、主办方、会议时间、会议地点、会议议程等信息，同时还需要简明扼要地说明注意事项、参会方式等内容。

（三）会议物料筹备

1. 会议文件资料

会议文件资料主要包括：领导发言稿，如开幕词、闭幕词或讲话稿等；会议报告、决议草案；会议的演讲 PPT 等。秘书需要先草拟会议所需要的文件目录，向领导确认后，再开始准备。需要提前发给参会人员的资料，如会议通知、会议议程、演讲 PPT、参考资料等，要按照参会人员名单，每人准备一个文件袋，并在文件袋上注明"会议文件"等字样，在参会人员报到时做好会议资料的分发。

2. 会议场地材料

会议场地材料包括会议的背景板、条幅、桌布、易拉宝、座签等，需要提前设计和制作，所有物料形成一个统一整体，颜色、字体、版式和谐统一，要与企业的整体风格和会议主题相匹配，以达到良好的视觉效果和企业品牌形象的展示。

会议座签的样式也有多种不同的选择，以下是几种常见的样式：

（1）直立式座签：这种座签是一个短小的立柱，上面贴有写着参会人员姓名的标签，通常用于大型会议或展览等场合。

（2）平放式座签：这种座签是一张卡片或纸片，上面写着参会人员姓名，通常放在桌面上的特定位置，用于正式的商务会议或论坛等场合。

（3）粘贴式座签：这种座签是一张带有不干胶的标签，上面写着参会人员姓名，可以直接粘贴在桌面上或椅子靠背上，常用于小型会议或团队内部会议等场合。

3. 印刷品

例如会议手册、不同人员的会议证件、签到表、礼包等。这些印刷品需要提前制作好并在数量上略备盈余。

会议证件可以快速区别参会人员身份，这种证件通常是一张卡片，上面印有会议名称、参会人员姓名、职务、照片、通行区域等信息。这种证件样式常用于大型会议、展览等场合。例如 2023 年广交会内宾证件分为工作证、参展商证、临时代表证、国内采购商证、筹展证、撤展证、大会搬运证及车证八大类。

4. 音频和视频设备

要根据会议的需要提前准备好会议的设备，包括麦克风、投影仪、大屏幕、音响设备等，需要提前测试，如是租用的会议场地，要提前与租借方确认并检查相关设备情况。

会议物料筹备需要提前安排和制作，以确保会议现场流程顺畅，参会人员可以得到充分的支持和服务。同时，不少物料需要专业机构完成，建议由定点的服务供应商来设计及制作。

（四）会场布局

1. 相对式

相对式是指主席台与代表席上下面对的形式，突出主席台的地位。适合召开大中型的报告会、总结会、工作会、代表大会等，又可以细分为剧院式、课桌式等（如下图所示）。

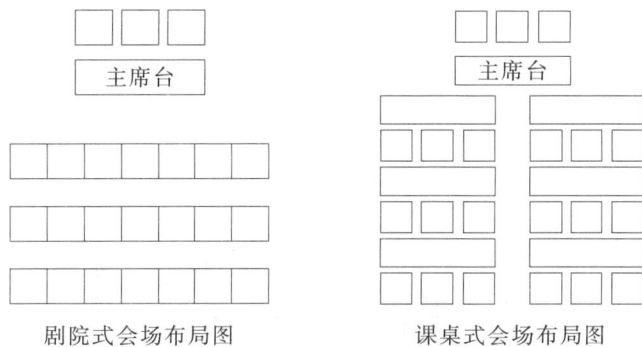

剧院式会场布局图　　　　　课桌式会场布局图

相对式会场布局

2. 全围式

全围式的主要特征是不设主席台，参加会议的领导和主持人同其他参会人员围坐在一起，容易形成融洽和谐的氛围，体现平等互助的精神，适用于召开小型、座谈会、协商会等，可以细分为圆桌形、回字形等（如下图所示）。

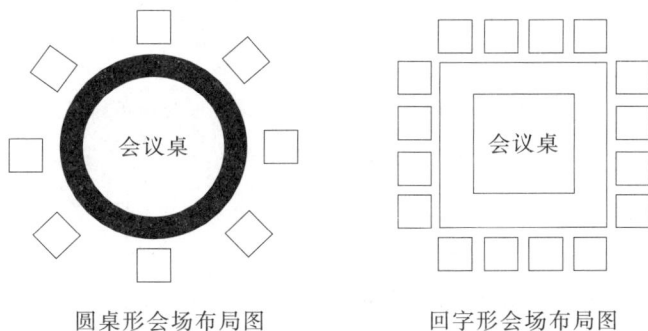

圆桌形会场布局图　　　　　回字形会场布局图

全围式会场布局

3. 半围式

半围式的主要特征是在主席台的正面和两侧安排代表席，呈半包围，突出了主席台的地位，又增加了融洽的气氛，适用于中型的工作会议、座谈会、研讨会等，可以细分为 U 字形、T 字形等（如下图所示）。

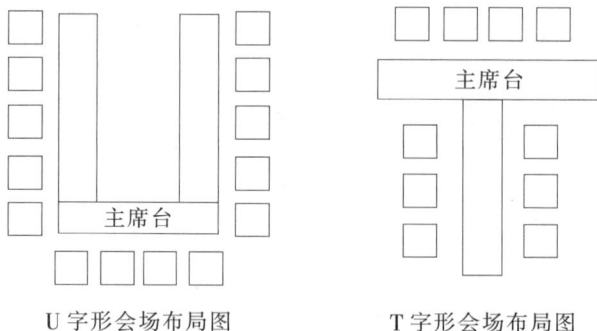

U 字形会场布局图　　　　T 字形会场布局图

半围式会场布局

4. 分散式

分散式即将会场座位分散为由若干个会议桌组成的格局，每一个会议桌形成一个谈话交流中心，参会人员根据一定的规则安排就座，其中领导人和会议主席就座的桌席为"主桌"，一方面可以用于召开规模较大的联欢会、茶话会；另一方面这种布局适合于互动性较强的中小型培训，既能以分组的形式充分讨论，还能方便地聆听主讲人的发言。可细分为岛屿形、鱼骨形等（如下图所示）。

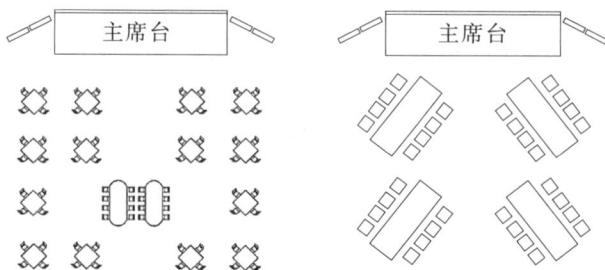

岛屿形会场布局图　　　　鱼骨形会场布局图

分散式会场布局

（五）会场布置

不同的会议，有不同的环境要求。党的代表大会会场要求朴素大方，人民代表大会会场要求庄严稳重，庆祝大会会场要求喜庆热烈，座谈会会场要求和谐融洽，纪念性会议会场要求隆重典雅，日常工作会议会场要求简单实用。

1. 主席台的装饰

主席台是整个会场的中心，是会场布置的重点。一般应在主席台上方悬挂会标（或是制作电子会标），主席台背景可制作背景板，主席台上要铺设红色桌布，主席台上方和下方可摆放花卉。

2. 会场背景的装饰

除了主席台的装饰之外，在会场四周和会场门口也可悬挂横幅标语，放置背景板、宣传易拉宝、鲜花等，增添会场的氛围。但要注意会场的装饰一定要与会议的主题和基调保持一致。

三、会中服务

（一）会议报到

1. 签到

会议签到是为了及时了解参会人员是否都已到会，并准确地统计出到会的实际人数，有些庆典仪式、纪念性会议活动的签到是为了留作纪念，而有些会议为了具备法律效力，则需要用签到的形式来作为凭据。根据不同的目的，签到的形式也有所不同。

（1）手工签到：参会人员在到达会议现场后，在指定的报到处填写个人信息并签到。

（2）电子签到：使用电子设备（如平板电脑、手机等）扫描个人二维码或输入个人信息进行签到。

（3）自助签到：在会议现场设置自助签到机，参会人员使用自助签到机进行签到。

2. 人员引导

为了方便参会人员快速找到报到处，应在会场周围设置标志、标牌等指示物，引导参会人员顺利到达报到处。

3. 人员登记

对到场的参会人员进行登记，核对身份、单位、职务等信息。登记完成后，应发放参会证、会议资料等相关物品。会议如召开一天以上，有可能涉及住宿问题，可以采用两种办理方式：一是会议住宿由会务组统一安排。这种方式会务组工作量比较大，要考虑参会人员的身份和要求、收费以及房间安排、与宾馆结算等问题。二是会议住宿由会务组与宾馆事先约定，由个人在会议所在宾馆自行登记，会务组不介入个人住宿，只需宾馆协助登记参会人员的房间号，便于会议期间联系。

4. 问题解答

解答参会人员的问题，协助他们尽快进入会场。如果遇到紧急情况，应尽快向会议组委会汇报，并按照应急预案处理。

5. 意见收集

会议报到处也可以是收集参会人员意见的重要场所。会议组委会可以通过报到处搜集参会人员对会议的看法、意见和建议等，以帮助改进会议质量。

（二）会议记录

会议记录是会议过程中记录会议讨论内容、决策和行动项等信息的文件。会议记录对于会议的有效性和成功至关重要。

1. 会议记录的作用

会议记录的作用主要体现在：记录会议讨论的主题和结果，以便参会人员可以在以后回顾和了解讨论的内容；提供有关决策过程的证据，以应对有关决策的争议；提供会议行动项的清单，以便参会人员知道自己需要完成的任务；为缺席的人提供一个机会来了解会议内容。

2. 会议记录的内容

会议记录的内容包括：会议的日期、时间和地点；参会人员的姓名和职位；讨论的主题和议程；讨论的细节和结论；决策和行动方案。

（三）会议拍摄

会议拍摄工作要求摄影师具备专业的技术和设备，能够捕捉到会议的重要时刻和氛围，为会议的宣传提供有力支持。以下是具体要求：

1. 准备充足

摄影师应该提前了解会议议程和场地布置情况，以便做好拍摄准备。

2. 设备齐全

摄影师应该携带足够的设备，如相机、镜头、闪光灯等，并保证设备有充足的电量和存储容量。

3. 技术熟练

摄影师应该具备高超的拍摄技术，熟练掌握曝光、光圈、快门等基本知识，以及拍摄角度和构图技巧等。

4. 捕捉重要时刻

摄影师应该捕捉到会议的重要时刻，如主持人发言、领导讲话、合同签署等，以便记录下会议的关键内容。

5. 注意保密

摄影师应该注意保密，不得将会议内容泄露给外界。

6. 后期处理

摄影师应该及时对拍摄的照片进行后期处理，如裁剪、调色等，以使照片更加清晰、美观，并根据客户需要决定是否制作会议回顾的短视频。

📚 案 例

长远有限公司举办了盛大的 20 周年庆典活动，邀请了媒体、供应商、客户、员工等近 300 人参加，为了更好地宣传此次活动，负责统筹的办公室秘书王丽专门聘请了专业的摄像公司进行拍摄。此次活动采用照片直播的形式，摄影师拍摄照片后通过直播设备实时传输到后台，修图师经过处理将照片上传至云端，现场的参会人员通过扫码即可实时看到照片。而且还支持人脸识别功能，在上千张照片中快速筛选出自己的照片，能够让参会人员、媒体、公司内部自主选择，下载照片后进行即时宣发，大大提高了活动的宣传效率，得到了参会人员的一致好评。

案例分析

直播技术已广泛运用于大型会议中，如图文直播、照片直播、视频直播等，不仅能打通线上线下的壁垒，还能使会议的宣传更加整体、高效。

（四）会议餐饮

1. 会议茶歇

会议茶歇一般要求提供饮料和小吃，以便参会人员休息、聊天和补充能量。通常提供高品质的茶歇，尽可能满足不同人的口味需求，茶歇摆饰尽量不要太复杂，简单、大气即可。此外，还要安排合理的茶歇时间和地点，避免在重要议程进行时干扰参会人员的注意力。如果是全天的会议，上下午各一次茶歇，且需要及时补给小吃和饮料，使用时间20～30分钟。上午茶歇安排时间：10：00—10：30，下午茶歇安排时间：15：30—16：00。

2. 会议用餐

会议用餐的要求因会议的规模、时间、地点、预算等因素而有所不同。可制作用餐凭证，在参会人员会议报到时一起发放。要根据参会人员的文化背景、口味需求、宗教信仰等因素，合理安排餐食品类，尽量满足各方需求。同时，要确保餐食的卫生、安全、营养和口味，尽可能提供高品质的餐食。

四、会后反馈

（一）会场的善后工作

会议结束后，要做好结算、清理会场、归还会议所借物品、计算会议开支、报销会议费用等工作。如果是内部会议，会场的善后工作就简单多了，只需要清理会场即可。如果是外借会场，则需与租借方结算会议开支费用，归还会议所借物品。

（二）会议资料归档

会议资料归档是会议结束后必不可少的工作，主要包括以下具体内容：

1. 整理分发会议资料

根据会议主题、议题及会议记录，形成大会决议（简报、纪要），按组织规定，发送有关人员，并保存分发记录。

2. 归档会议资料

对会前、会中、会后产生的所有资料进行分类、整理和归档，如会议议程、参会人员名单、发言稿、PPT、会议纪要等，为下一次会议提供便利。

（三）开展会议评估

会议评估是会议结束后的重要环节，可以评估会议的成功程度和改进方向，以下是会议评估的具体工作要求：

1. 收集反馈

通过问卷、讨论和个别反馈等方式收集参会人员的反馈,了解参会人员对会议内容、组织、流程和服务等方面的评价和建议。

2. 分析反馈

对收集到的反馈进行分析和整理,找出会议的优点和不足之处,分析原因和影响,并提出改进建议。

3. 撰写报告

根据分析结果,撰写会议评估报告,详细记录会议的整体评价、参与人数、主要议题、活动计划、预算花费等情况,并总结会议的成功经验和改进方向。

4. 提出建议

根据会议评估报告,提出具体的改进建议,包括会议内容、组织、流程和服务等方面的改进措施和建议,为下次会议的策划和实施提供参考。

5. 评估效果

对改进措施和建议进行监测和评估,确保改进措施的有效性和实施效果,有利于不断提高会议的质量和效果。

任务书9-1

一、任务背景

长远有限公司要举行20周年年会，总经理提出了具体的办会要求：

（1）年会的基调是感恩与希望：感谢一直以来风雨同舟的员工、客户和供应商，希望继续携手开拓更美好的未来；

（2）年会的形式要新颖，氛围要隆重，整体预算控制在10万元以内；

（3）年会要有一定的影响力，要对公司的品牌传播有一定的促进作用；

（4）行政部负责年会的筹办工作，请其他部门予以配合、协助。

行政秘书王丽在接到任务后，立即拟订了年会的策划方案，交由总经理审批。总经理在看过方案后，认为年会方案比较完整可行，但对于会议的主题总经理还不是太满意，认为王丽拟定的主题过于传统，没有新意，也没有很好地体现会议的目标，他让王丽再斟酌一下会议的主题，就可以按照策划方案着手筹备会议了。

什么样的会议主题才算有新意呢？会议的具体筹备工作繁重而琐碎，要从哪里入手呢？王丽顿时觉得压力巨大。

二、任务训练

1. 知识储备

（1）请简述会议策划方案包括哪些内容。

（2）根据总经理的要求，请你协助王丽，分析出本次年会的目标，并且构思一个合适的主题。

2. 技能锻炼

（1）请你协助王丽绘制出年会筹办工作的思维导图。

（2）请用H5制作本次年会的电子邀请函，必要信息可以自行补充。

3. 素养积淀

做好会中服务不仅需要细心、耐心，更要求会务人员有服务意识，能站在参会人员的角度，尽可能提供细致的会务服务。服务意识要从生活点滴中培养，比如主动关心他人、处处为他人着想。

你在生活中是一个细腻而温暖的人吗？请举一个主动关心他人的事例，与同学们分享一下。

任务二　远程会议管理

任务目标

* **知识目标**

（1）理解远程会议的应用场景；

（2）了解常用的远程会议平台的功能；

（3）熟悉远程会议的筹备流程。

* **能力目标**

（1）能制作远程会议的技术指引；

（2）能使用会议软件组织并管理远程会议。

* **素养目标**

（1）提升信息工具的运用水平，培养信息的伦理道德意识；

（2）培养学生勇于创新的精神和敢于探究的能力。

任务引入

广交会是中国历史最长、层次最高、规模最大、商品种类最全、到会采购商最多且分布国别地区最广、成交效果最好的综合性国际贸易盛会，被誉为"中国第一展"。

长远有限公司作为一家外贸型企业，广交会是公司极为重视的发展平台，通过这个平台，公司不仅可以展示自己的实力，还可以及时获取商机，成功地开拓国外市场。因此，公司一直以来对广交会都非常重视。这不，又快到今年的春交会了，公司的国外客户知道长远有限公司有多年的广交会经验，想借着新产品推出之际参加此次广交会，所以希望长远有限公司能够协助他们进行布展、参展等一系列工作。为了协助客户做好参展准备，行政经理要求王丽组织一次远程会议，让国外客户与长远有限公司的相关部门进行在线沟通和交流，共同商讨广交会的参展事宜。

王丽接到任务后想，这还不容易吗？她立刻在腾讯会议软件中预订了一个会议室，想着将时间和会议号告诉对方就万事大吉了。这时，师父张云提醒她，国外的客户是否用过腾讯会议软件？有没有考虑时差？会议需要的文件资料如何呈现？会议议程需要多人交流，公司是用一台设备接入还是全部线上参会？

这时，王丽才意识到组织一次远程会议远没有想象的那么简单。

任务分析

远程会议是指利用现代化的通信手段，将不同地域的参会人员联系在一起，实现相互交流的会议模式。它是一种方便、高效、灵活的会议方式，可以省去参会人员的时间和差旅费用等开支，提高会议效率，降低企业成本。在远程会议中，参会人员可以通过电话、网络、视频等多种方式进行交流，分享经验和创意，促进协同工作。长远有限公司的客户和供应商遍布全球，作为行政秘书，王丽更应掌握远程会议的技术和流程，促进企业内部外部的高效沟通与及时协调，具体需要掌握以下内容：

(1) 远程会议的基本认知；

(2) 远程会议的准备工作；

(3) 远程会议的组织管理；

(4) 远程会议需注意的问题。

一、远程会议的基本认知

(一) 远程会议的应用场景

以下是远程会议的一些应用场景：

1. 遍布全国或全球的跨地区项目会议

跨越多个时区的参会人员可以在不必出差的情况下集中在一起讨论项目细节、解决问题和进行决策。

2. 招聘、述职会议

面试者能在异地与总部 HR 实时沟通，减少不必要的差旅。总部高层可以通过任意设备参与异地员工面试，提升招聘准确度。述职者有重要商务拜访无法赶回参加公司述职，或领导在外地也不影响参加骨干员工述职，能因地制宜通过手头设备进入述职现场。

3. 紧急情况下的协商会议

在自然灾害、疾病暴发等紧急情况下，可以迅速组织远程会议，协商采取紧急措施。

4. 远程培训会议

公司可以用远程会议来培训新员工或为现有员工提供持续的培训机会。通过远程会议，可以实现地点独立、时间灵活和多媒体教学等优势。异地员工、代理、经销商产品和业务培训既有高清视频图像呈现讲师表情、状态，又有高清文档分享呈现培训内容，支持录播功能，便于分享、重温培训内容。

5. 远程医学会议

在医学领域，远程会议可以帮助专家们交流医学知识和技术，提高医学诊断和治疗的质量和效率。而且，医生们只需要在自己的办公室或家里就可以参加这些会议，从而提高了效率和便利程度。远程视频会议可以帮助医疗机构进行基础医疗的普及，利用视频会议业务实现中心医院与基层医院就疑难病症进行会诊、指导治疗与护理，对基层医务人员进行医学培训等，使医生、护士在不同地方同时协同工作成为可能。远程医疗对于一些中小医院有着重要的意义，它们可以得到大医院医学专家的支持。

(二) 远程会议技术要素

远程会议和传统线下会议相比，需要更多的技术支持，它主要通过利用互联网、音视频传输和数据交换等技术实现。需要的技术要素主要包括：

1. 互联网

远程会议技术离不开互联网，通过互联网可以实现全球范围内的实时数据传输和交换。

2. 音视频传输技术

它是远程会议的重要组成部分，可以将参会人员的声音和图像在网络上传输，并保证实时性、稳定性和高清晰度。

3. 数据交换技术

远程会议还需要进行信息和数据交换，如 PPT、文档、图片等，都需要使用数据交换技术来实现。

4. 硬件设备

在实现远程会议中，也需要一些硬件设备的支持，如摄像头、麦克风、扬声器、显示屏、投影仪等。

二、远程会议的准备工作

（一）选择远程会议平台的考虑因素

选择适合的远程会议平台是确保远程会议顺利开展的重要一环，目前，可选择的远程会议平台有很多，在选择时需要考虑以下因素：

1. 功能

首先需要确定此次远程会议需要哪些功能，不同于直播与录播的单向互动，远程会议更加注重多方音视频实时交互，以及在稳定性、延迟度、兼容性（多端同步）、清晰度等方面的表现。在会议辅助功能上，如同步字幕、背景、美颜、录制、回放、存储、共享、翻译等，需要根据远程会议的实际需求做出选择。

2. 安全性

确保远程会议平台的安全性，包括加密保护、数据隐私保护、防止未经授权的访问等，特别要注意确保选择的会议平台满足所在行业领域的相关法规和准则。

3. 费用

需要考虑平台的价格，以及付费计划能否满足需求，要确保在预算内选择一个合适的平台。

4. 便捷性

要选择一个简单易用、用户友好的平台，以便所有参会人员能够顺畅地加入和使用会议。

5. 技术支持

要选择一个有良好技术支持的平台，以确保所有问题在会议期间能够得到及时、有效解决。

6. 参与人数限制

要考虑平台最多可支持的参与人数，并确保该平台可以容纳所有参会人员。

（二）目前使用群体较大的远程会议平台

1. 腾讯会议

腾讯会议是一站式云视频会议解决方案，用户可以使用腾讯会议进行远程音视频会议、在线文档协作、屏幕共享等，支持多人会议、预订会议、小程序入会、主持人控制、在线文档、屏幕共享等便捷操作管理功能。

2022年6月，腾讯会议宣布上线应用市场，面向企业和开发者开放亿级流量入口，通过应用入驻和账号互通，为用户在会前、会中和会后提供多样化的音视频互动协作体验。目前，已有超20款应用首批入驻腾讯会议应用市场，包括销售易、腾讯电子签、印象笔记、面呗、腾讯问卷等。以企业洽谈为例，会议中，与会双方可直接在应用市场拉起电子签实现在线签约，加盖电子公章，在会议中即可签署一份具备法律效力的合同。而签署后的合同会自动存档，用户可在后台进行管理。而这些应用的使用也非常便捷，用户只需要在会前从外部应用"一键预约"或发起腾讯会议，会中就可以像使用小程序一样打开应用进行编辑、共享，会后还可将会议成果同步到原应用。此外，腾讯会议还与多个会议硬件设备提供商合作开发了认证的腾讯会议硬件，为企业提供各种会议室解决方案。

腾讯会议从刚开始的工具软件，迭代成为"会议能力"，并通过开放平台，让这种"会议能力"搭载到CRM、签约、面试等各类商务应用之上，进入商务办公的各类场景中，满足教育、金融、医疗、法院等多个行业所需。

2. 钉钉

钉钉是阿里巴巴集团打造的企业级智能移动办公平台，是数字经济时代的企业组织协同办公和应用开发平台，可以使用钉钉视频会议进行远程音视频会议、共享屏幕和文件、管控会议等，满足智能沟通协作需求。①一键参会，方式多样：参会人员可通过链接、短信、入会口令、会议卡片等多种方式，快速定位指定会议室一键参会。②会议安全可控有保障：可以根据需求使用组织内部会议、全员强制静音、锁定会议等丰富的安全管理功能，确保会议全程安全可控，有序进行。③在线互动功能丰富有趣：使用全员看TA、参会人员置顶、会议白板、美颜、会议录制等丰富的在线互动功能，确保会议高效沟通。④屏幕和文件轻松共享：参会人员可共享屏幕和文件，共享时还可以播放本地音视频文件；发起人可控制屏幕共享权限，避免参会人员随意共享。⑤日程自动创建与同步：召集者可以预约会议时间，并将日程同步给所有参会人员，届时自动提醒并支持一键发起视频会议，让团队内部沟通变得简单便捷。⑥企业培训实时显示参会人员画面，如同面对面沟通，打破时间、空间的限制，提升工作效率。

3. 飞书

飞书探索出了基于飞书文档的高效开会模式"飞阅会"，会前高效预约会议时间、会中默读共享文档并实时评论协同、会后音视频内容智能转写为会议笔记，支持 1000 人稳定接入，便捷共享屏幕和文档。不仅能流畅开会，更能自动生成会议纪要，大大提升会议效率。

4. Zoom

Zoom 是一款多人手机云视频会议软件，为用户提供兼备高清视频会议与移动网络会议功能的免费云视频通话服务。用户可通过手机、平板电脑、PC 与工作伙伴进行多人视频及语音通话、屏幕共享、会议预约管理等商务沟通。支持最多 1000 名视频参会者或 10000 名观看者，是目前领先的移动视频会议工具。

5. 华为云 WeLink

华为云 WeLink 是企业数字化转型的连接器，支持 iOS、Android、Windows、macOS 四大平台，融合即时通信、企业邮箱、视频会议、音视频通话、直播、云笔记、云空间、企业 OA、考勤打卡、待办审批等服务，打造新一代智能工作平台、远程办公平台、移动办公平台、协同办公软件，高效连接企业的团队、业务、知识、设备。

6. 企业微信

企业微信是一款专为企业打造的聊天沟通类移动应用，通过微信企业版 App 可随时随地查看办公资讯，沟通聊天简单方便，而且还可以拨打免费电话。在企业微信 4.0 版本中，增加了企业微信会议功能，它延续了腾讯会议高清、稳定、流畅的开会体验，使异地办公协作更高效。

7. 思科 WebEx Meeting

WebEx 是思科子公司，提供各种企业服务，其在线会议服务 WebEx Meeting 目前已成为全球最大的网络会议供应商。用户通过网页或者其他终端设备，可以加入 WebEx Meeting 的远程会议中。WebEx Meeting 定位于全球市场，在国内的客户以外企为主。国内经常需要和外企召开跨地区和跨国家会议的企业，可以考虑 WebEx Meeting。

（三）远程会议前的筹备

与传统会议相比，远程会议不需要提前做会议现场布置，它的会前工作主要集中在会议技术的准备方面。

1. 制作远程会议的技术指引

远程会议与现场会议不同，需要使用技术工具，虽然参会人员大概能理解，但可能有人对于细致的操作不太熟练或不清楚，为了保证不因为技术影响会议效率，在参加会议之前应该准备好技术指引，和邀请函一并提前发给参会人员。

一般技术指引应考虑以下功能的操作方法：会议平台的下载或登录方法；修改入会昵称；使用虚拟背景或背景消除功能；会议签到方式；举手、投票等应用；麦克风、视频镜头开关功能；发送和阅读聊天消息；分享文件或者屏面共享方法；提前准备一些常见问题的解决方案，例如音视频卡顿、杂音或回声等问题。

2. 提前预订远程会议室

根据会议的需求选择好远程会议平台，并提前创建会议的名称与保密等级，提前设计远程会议室的背景。

3. 检查远程会议设备

提前进行设备测试。在测试设备时，建议使用不同的设备、操作系统和浏览器进行测试，以确保所有参会人员都能够正常参与远程会议。同时，也可以考虑使用多个设备进行备份和切换，以确保会议的顺利进行。

（1）测试摄像头：确保摄像头能够清晰地传输图像，包括颜色、对比度、亮度等。测试方法包括打开摄像头进行自我测试，或通过远程会议软件与其他参会人员视频进行测试。

（2）测试麦克风：确保麦克风能够清晰地传输声音，包括语音、音乐和其他声音。测试方法包括打开麦克风进行自我测试，或通过远程会议软件与其他参会人员语音进行测试。

（3）测试扬声器：确保扬声器能够清晰地播放声音，包括语音、音乐和其他声音。测试方法包括连接耳机或其他外部扬声器进行测试。

（4）测试网络连接：确保网络连接稳定，避免因网络波动导致会议中断。测试方法包括使用网络测试工具进行速度和稳定性测试。

4. 做好预演

与主持人及少数参会人员约定时间演练，将使用的各项功能进行操作演示，及时在预演中发现问题并做调整。

（1）操作远程会议软件：确保远程会议软件能够正常打开、加入会议，并测试音视频功能是否正常。测试方法包括使用不同设备、不同操作系统和不同浏览器进行测试。

（2）演示互动环节：如果需要在会议中展示 PPT、播放视频或其他文件，应确保远程会议软件支持这些功能，并进行测试。同时，也要测试文字聊天功能和其他互动环节的功能是否正常。

（3）测试会议记录功能：如果需要记录会议内容，应确保远程会议软件支持录音、录像或其他记录功能，并进行测试。同时，也要测试会议记录的准确性和完整性。

（4）制定设备故障应对策略：在设备测试过程中，难免会出现一些突发情况，如设备故障、网络中断等，建议制定相应的应对策略，包括备用设备、网络连接切换等，以确保远程会议能够顺利进行。

三、远程会议的组织管理

与传统会议相比，远程会议由于受时空、技术等因素的限制，在组织协调方面的工作难度更大，需要注意以下几个方面：

1. 远程会议的候场和签到

要根据具体的情境选择签到的方式，在会议正式开始之前，需要提醒参会人员实名制入会，方便签到，并要及时统计参会人数，特别是重要的领导、发言的嘉宾等，一定要确保重要的参会人员入会且设备正常后，才能正式开始远程会议。

2. 议题的说明

远程会议依然要控制好会议的时长，受空间限制不能在会议现场发放资料，建议在会议前三天将相关会议资料的电子版发给参会人员，并说明讨论的事项或会中反馈的要求，提前把控好每项议题的时间。

3. 维持远程会议的秩序和纪律

在远程会议进行过程中，有可能出现参会人员忘记关闭麦克风或打开摄像头等误操作，作为会议主持人要及时提醒，必要时可打电话通知对方或指导对方正确操作，确保会议顺利进行。会议期间，主持人还应确保会议按照议程有序进行，并要求发言者严格控制时间，把控好会议进度。

4. 注重会议信息的传递效果

在线会议的一个重大挑战是缺乏视觉反馈。现场会议可以根据非语言信息来帮助主办方评估参会人员的理解并决定如何组织发言，但在线会议很难做到这点，主持人很难判断参会人员是否理解会议精神，因此可以采取以下几项措施进行总结确认：

（1）重复关键点和决定。在重复重要内容时，可使用明确的信号："大家请注意，这就是我们刚刚达成的共识……"

（2）参会人员确认。在重复关键点和决定的时候，可以增加一句："请大家确认，是否收到？如果收到，请在讨论区里回复收到。"

（3）让参会人员用自己的语言阐述。在共享大量信息时，这种方法更加有效。主持人可以这样问："谁想总结一下我们刚刚听到的内容？"

（4）如果需要记录会议内容或进行会议纪要，可以设立一名记录员或秘书，负责记录会议要点和讨论结果。同时，也可以使用远程会议软件的录音、录像功能进行资料备份。

5. 确保参会人员参与和互动

参会人员之间的交流和互动非常重要，可以通过在线投票、互动白板、问答环节等来促进交流和沟通，也可以通过轮流发言、随机提问等方式督促参会人员集中注意力，减少参会人员开小差的时间。

6. 处理远程会议中的突发状况

常见问题的排查和解决可以请参会人员直接按照已经下发的技术指引文件操作，而若是突发状况，就得启用备用的设备和会议平台，尽量减少损耗的时间，尽快推进各项议题。

7. 远程会议的会后反馈

远程会议结束后，负责人应将整理后的会议纪要及时发送给参会人员，跟进要点，可以通过微信群通知、电子邮件等方式重述决策或行动计划，有助于加强决定和明确信息。跟进的另一个重要部分是询问参会人员的参会体验，以及是否有意见反馈，让未来的远程会议更高效。

案 例

长远有限公司行政秘书王丽准备主持公司的一场远程会议，参会人员来自不同的城市，还有2位国外的客户和1位正在国外出差的同事，需要通过远程会议平台进行连线。会议前，王丽检查了所有的设备和网络连接，确认一切正常。然而，当她开始主持会议时，出现了一个突发状况：正在国外出差的同事，发言突然中断了，好不容易连上网络后又一直断断续续，导致他的声音和画面都十分模糊，其他人几乎听不清他在说什么。王丽尝试用不同的方法解决这个问题，但都无济于事。这位参会人员也尝试了多种方式，包括重新连接网络和调整耳机、麦克风等设备，但都没有效果。时间一分一秒地过去，其他参会人员开始感到不耐烦和失望。

幸好在这次会议召开前一天，王丽已经把所有发言者的PPT和文档收集完整，在这个紧急情况下，她马上拨通国外同事的手机，将会议麦克风对准电话的听筒，让他在电话里发言，同时由王丽来替同事开启屏幕共享，同步进行PPT的展示。经过王丽的协助，最终成功解决了问题，确保了远程会议各项议题的顺利进行。王丽的果断和专业行为得到了参会人员的高度赞赏和感激。

案例分析

在组织远程会议时，不仅要做充分的准备，还要有应对突发状况的能力和经验。正如案例中的王丽那样，能提前收集发言者的资料，为突发的网络问题做了预案，确保了会议的顺利进行。

四、远程会议需注意的问题

（一）远程会议的法律与安全问题

1. 数据隐私和保护

在远程会议中，保密性和安全性是重要的问题之一。为了保证远程会议的保密性和安全性，可以采取一些措施，如使用专业的加密通信协议、禁止录音和录像、提供身份验证和授权等。另外，远程会议通常需要使用网络连接和共享文件，因此需要考虑如何保护参会人员的隐私和敏感信息，比如合法的隐私政策和使用条款等。

2. 知识产权

参会人员可能会分享一些自己的知识产权信息，比如专利、商标、版权等，在远程会议中需要遵守《中华人民共和国著作权法》《中华人民共和国商标法》和《中华人民共和国专利法》等知识产权的法律法规。

3. 电文通知

虽然《中华人民共和国公司法》并未明确规定数据电文通知的效力，但《中华人民共和国电子签名法》第四条明确规定："能够有形地表现所载内容，并可以随时调取查用的数据电文，视为符合法律、法规要求的书面形式。"据此，以符合要求的数据电文作为远程会议的通知方式，同样可以达到书面通知的效果。数据电文方式的通知可以有不同的载体，如电子邮箱、OA 系统以及微信等即时通信工具。

4. 电子化签署

远程会议可能需要签署协议和合同，需要了解不同地区的法律要求和规定。《中华人民共和国电子签名法》第二条规定："本法所称电子签名，是指数据电文中以电子形式所含、所附用于识别签名人身份并表明签名人认可其中内容的数据。本法所称数据电文，是指以电子、光学、磁或者类似手段生成、发送、接收或者储存的信息。"同时第十四条规定："可靠的电子签名与手写签名或者盖章具有同等的法律效力。"

5. 会议记录

远程会议的会议记录，一般情况下采用电子化记录的方式进行，同时由于在线进行，一般还会辅以音视频的方式进行辅助性的记录保存。《中华人民共和国民事诉讼法》及《最高人民法院关于民事诉讼证据的若干规定》都将以数字化形式存储、处理、传输的能够证明案件事实的信息、音视频文件和电子文档的电子数据作为可以使用的证据。可见，安全有效且未经篡改的电子化记录的效力应当等同于现场的书面记录。

总之，充分重视法律问题，保护参会人员的权利、利益和隐私，可以有效避免法律纠纷并成功召开远程会议。

（二）远程会议的礼仪问题

1. 设置专业的背景

选择一个整洁、简洁的背景，避免背景杂乱或不雅的元素出现，这有助于给参会人员留下专业、正式的印象。

2. 准时参加会议

参会人员应在会议开始前登录远程会议软件，并准时参加会议。如由于特殊原因不能参加，应提前告知会议组织者。

3. 熟练操作设备

要熟悉会议平台的操作方法，进入会议室时要按要求实名制，进入会议室后要关闭麦克风。在发言时，要先确认自己的设备、效果是否良好，要掌握共享屏幕等常用的功能。

4. 保持专注和尊重

在远程会议中，参会人员需要保持专注和尊重，避免进行与会议无关的操作，如浏览网页、看视频等。同时，应尊重其他参会人员的发言权，不随意打断或插话，如确实有不明白或需要请教的问题可以在评论区敲出问题或与主持人私聊反馈。

5. 积极参与讨论

参会人员应积极参与讨论，分享自己的观点和经验，同时认真倾听其他参会人员的发言。如有疑问或需要补充，可以适时提出。

6. 注意语言文明

在远程会议中，参会人员需要注意语言文明，避免使用不当或冒犯性的言辞。同时，应保持礼貌和谦逊的态度，以促进良好的讨论氛围。

7. 感谢参会人员

在会议结束后，会议组织者可以向其他参会人员表示感谢，认可他们在会议中的贡献和付出。

任务书 9–2

一、任务背景

长远有限公司的行政秘书王丽接到了要组织一次远程会议的任务，通过远程会议与国外的经销商和客户沟通参加广交会布展的具体细节。在经过师父张云的提醒后，王丽意识到组织这次远程会议并不像自己原来想的那样简单。所以在远程会议召开前，王丽认真思考起来了：

今年的广交会规模又扩大了，对于参展要求的最新资料有哪些？有没有英文版本？

另外，得去请教市场部、销售部和设计部的同事们，看看有哪些事项需要与国外客户逐一确认。

然后还得与国外客户沟通，了解他们的基本情况和需求，对于展位有什么想法。还有，展品的运输、报关等工作需要我们协助吗？

哪个会议室比较适合进行远程会议？设备和网络环境如何？

不同国家和地区有时差，哪个时段大家相对比较方便？

…………

二、任务训练

1. 知识储备

选择远程会议平台需要考虑哪些因素？请结合案例帮王丽选择一个合适的会议平台，并阐述理由。

2. 技能锻炼

（1）请以小组为单位，针对你们选择的会议平台制作一份"远程会议的技术指引"发给参会人员。

（2）请以小组为单位，模拟远程会议的过程，必要的信息可以虚构，远程会议平台同步录屏，情景模拟结束后，请提交 15 分钟以内的关键片段。

3. 素养积淀

在组织远程会议的过程中我们需要与时俱进地掌握很多数字化、信息化技术手段，需要具备良好的信息化素养。例如，利用 H5 制作邀请函，利用 AI 同步撰写会议纪要等，那么，你是一个技术小能手吗？能否分享一个你最近学会的新技术或新软件？

项目十
行政人事管理

导　论

　　在行政部门和人事部门没有分开的企业中，行政管理人员负担着部分的人事工作。人事工作的运行质量关系着企业在用人方面的成本和风险。企业中常见的人事工作包括入职管理、在职管理、离职管理。企业做好员工入职管理，不仅能保证员工入职阶段基本的手续办理、合同的签订、试用转正等流程的标准化、规范化，降低企业的风险，更能让新员工感受到企业的办事效率，并快速融入企业文化、进入工作角色；员工入职后，企业应该做好人事档案接收保管等工作；当员工需要开具各类证明材料时，可以参照模板帮助员工办理；员工在职期间要做好员工的维稳工作，做好劳动争议防控，避免发生劳动争议；员工离职分为主动离职和被动离职，对企业来说，不管是主动离职还是被动离职，都需要按照相关规定办好离职手续。

任务一　员工入职管理

任务目标

* 知识目标

　　（1）了解员工入职管理的流程；

　　（2）熟悉劳动合同的内容；

　　（3）掌握试用期管理的内容；

　　（4）掌握新员工入职培训的内容。

* 能力目标

　　（1）能为新员工办理入职手续；

　　（2）能根据企业的实际情况组织新员工入职培训。

* 素养目标

　　建立正确的法治观念，引导学生按法规办事的工作态度，增强学生的制度自信。

任务引入

小王刚毕业就加入长远有限公司。小王入职的第一周像只无头苍蝇，糊里糊涂找不到北。虽然经过入职培训，可小王在面对客户时仍不知道从何下手。小王与团队中的同事接触很少，常常独来独往。慢慢地，同事们都刻意疏远小王，他感觉自己被孤立了。于是，小王找到了给自己办理入职的行政秘书王丽，向她诉苦说自己快干不下去了。王丽听了小王的倾诉，感觉到小王对于公司的适应出现了问题，但新员工入职管理工作应该怎么做才能让他们更好地适应呢？王丽在回顾公司的入职管理工作时陷入了思考……

任务分析

作为公司的行政秘书，不仅要负责办理员工的入职手续、签订劳动合同等具体业务，还应该帮助新员工尽快熟悉工作环境，适应公司文化。因此，王丽需要掌握以下内容：

（1）员工入职流程；

（2）签订劳动合同；

（3）员工试用期管理；

（4）员工入职培训；

（5）入职风险防控。

一、员工入职流程

员工面试合格后，企业为其发放录用通知书，员工一旦接受并确认，下一步就是办理入职手续。

员工入职的基本流程及关键控制点如下：

（一）入职前的准备

在新员工报到前，企业需要做好充分的准备工作，主要包括：

（1）确定好新员工的入职时间，提前做好入职手续办理的各项准备工作。

（2）虽然录用通知书中已包含入职需要携带的相关资料信息，但是为防止新员工入职时遗漏，企业最好提前打电话提醒。

（3）若需要新员工做入职体检，需要安排好体检相关事宜。

（4）协同相关部门为新员工安排好工位，并提前准备好相关的办公物品、工作服、工作牌、餐卡及入职需要的各类资料和表单等。

（5）提前与用人部门对接，通知用人部门领导提前为新员工准备好帮带老师或入职对接人。

（二）办理入职手续

办理入职手续的过程就是收集资料、核对信息、整理归档的过程，主要包括：

（1）收取面试时使用的入职登记表。

（2）收取新员工的相关资料。

（3）核对入职登记表上的相关信息与入职后个人准备的信息是否一致。

（4）与新员工签订劳动合同。

（5）告知新员工入职培训的时间和地点。

（三）入职前的培训

入职前的培训，也就是新员工培训，需要着重讲解企业各类规章制度、员工手册，一定要有培训前的签到和培训后的考试。培训结束后，应让所有新员工对学习内容签字确认。

企业可以组织新员工参观企业或相关的岗位。参观前，需要与各部门做好沟通，以免影响各部门正常工作。参观过程中需要专业、细心地讲解，耐心、全面地解答新员工的问题。

（四）用人部门接待

用人部门在新员工入职过程中的作用比行政管理部门更重要，它直接影响着新员工的感受，决定了新员工未来是否愿意留在企业、是否能够融入企业并长期稳定工作。用人部门在新员工入职中的工作主要包括：

（1）部门安排帮带老师或专人负责引导新员工并为其进行相应的人员介绍。

（2）为新员工做本部门规章制度和岗位职责要求的必要介绍。

（3）在部门例会上向同事介绍新员工。

二、签订劳动合同

劳动合同能够确定企业和员工之间的劳动关系，但不代表不签劳动合同，企业和员工之间就不存在劳动关系。确认劳动关系，要看有没有用工事实。有了事实，即使不签订劳动合同，企业和员工之间依然存在劳动关系。也就是说，实际上企业自实际用工之日起，就已经和员工建立了劳动关系。根据《中华人民共和国劳动合同法》规定，自用工之日起，企业应当与劳动者订立书面的劳动合同。

（一）劳动合同的内容

劳动合同中应包括以下内容：

（1）企业的名称、地址和法定代表人或主要负责人信息。

（2）员工的姓名、住址和居民身份证或者其他有效身份证件。

（3）劳动合同期限。

（4）工作内容和工作地点。

（5）工作时间和休息休假。

（6）劳动报酬。

（7）社会保险。

（8）劳动保护、劳动条件和职业危害防护。

（9）法律、法规规定应当纳入劳动合同的其他事项。

劳动合同除上述规定的必备条款外，企业与员工还可以约定试用期、培训、保守秘密、补充保险和福利待遇等其他事项。

（二）签订劳动合同时应注意的问题

（1）不能超期签署劳动合同。未在试用期一个月内与员工签署劳动合同，或劳动合同期限届满时未与员工及时续签劳动合同，违反了《中华人民共和国劳动合同法》，需要按规定给予员工赔偿。

（2）不能与非劳动关系人员签署劳动合同，在签署劳动合同前要谨慎判断是否属于劳动关系。

（3）员工没有当面签署劳动合同。没有让员工当面签署劳动合同，而是允许员工将劳动合同带回去签完字后再交给用人单位，如果这样做，不能保证劳动合同是否被员工篡改，且没有当面签字的情况下，较难保证劳动合同上的签字为员工本人签署。

（4）劳动合同内容不能随意手动涂改。发现劳动合同中有内容出现错误时，没有重新打印合同，而是直接在错误处手动涂改，并且涂改没有加盖印章及指模，可能被认定为涂改无效。

（5）要妥善保管好合同。与员工签署劳动合同后，因保管不善而丢失，或被一些员工恶意取走或损毁，导致用人单位无法提供劳动合同的，很可能被认定未与员工签署劳动合同，需要向员工支付未签订劳动合同的双倍工资。

三、员工试用期管理

（一）员工试用期的意义

一般企业都会有试用期，《中华人民共和国劳动合同法》规定，劳动合同期限三个月以上不满一年的，试用期不得超过一个月；三个月以下的劳动合同不得约定试用期；同一用人单位与同一劳动者只能约定一次试用期。试用期可以帮助双方更好地了解彼此，对于员工的职业发展、企业的用人决策都有重要意义。

（1）能够加强企业与新员工之间的相互了解，实现信息双向互通，改善企业与新员工的合作方式。

（2）能够使新员工尽快适应环境并接受企业文化和价值观，起到稳定员工队伍的作用。

（3）对企业起到良好的宣传作用。即使员工没有通过试用期的考核或者员工觉得不适合企业的工作环境，但试用期中良好的工作氛围也会给员工留下好的印象，在无形中也是对企业的一种宣传。

（二）试用期员工心态管理

1. 员工入职常见心理

新员工入职后进入了一个既新鲜又陌生的环境，他们充满希望和憧憬，同时也会感到忐忑不安。组织文化所营造的工作氛围，制度和管理者的行为都将影响他们在工作中的态度、行为、绩效、人际关系等。针对这种情况，准确把握新员工的入职心理，对做好试用期管理将会起到非常重要的作用。新员工一般会担心哪些问题呢？主要有以下几个方面：是否会被群体接纳；工作环境是否友好；企业当初的承诺是否会兑现；等等。

2. 加强新员工的心态管理

要做好新员工的入职心态管理，企业首先要树立"以人为本"的管理理念，管理者要重视员工入职的适应期，了解新生代员工的心理特征，开展丰富的入职引导活动，使员工感受到企业对人才的重视。重视管理者与员工的沟通，加强新老员工的交流，建立和员工的心理契约，引导员工不断提升自我，做好职业生涯规划，帮助新员工度过适应期。

在开篇案例中，当小王将遇到的问题向行政秘书王丽寻求帮助时，王丽应该重视小王的心理感受，一方面向小王所在的部门经理汇报他的情况，希望部门能配合做好业务中的指导与帮助；另一方面也可以鼓励小王多参与企业的活动，在企业团建中特别关注小王的表现，多设计一些能让他表现的项目，使他能逐步适应企业文化，融入公司集体中，帮助他树立自信心。

四、员工入职培训

入职培训，是指企业通过多种方式为新员工开展培训，使员工逐步熟悉企业环境，了解并接受企业核心价值理念，熟悉企业规章，认同企业文化，明确自己岗位的工作职责、工作程序，掌握工作需要的基本技能，开发员工潜能，帮助新员工尽快进入岗位角色的一项系统性工作。

（一）新员工培训的流程

1. 前期准备工作

制订培训计划、申请培训费用、与培训讲师沟通协调，准备培训资料及培训场地和设备，后勤准备，下发培训通知。

2. 中期督导工作

培训过程中，做好观察、记录、监督、检验。通过督导检查，确保培训的顺利实施。

3. 后期评估工作

对培训效果进行评估，有利于总结经验，不断改进培训工作的组织和培训方案。培训效果的评估一般采用柯氏四级培训评估模式，从四个层次对培训效果进行评估，从低到高分别是：反应评估，评估被培训者的满意程度；学习评估，测定被培训者的学习获得程度；行为评估，考察被培训者的知识运用程度；成果评估，计算培训创造的经济效益。

（二）新员工培训的内容

1. 企业概况介绍

向新员工介绍企业的经营历史、宗旨、使命、战略和发展前景，激励员工积极工作，为企业的繁荣做贡献。

2. 组织结构介绍

向新员工介绍企业内部的组织结构、各部门之间的职责分工及业务流程，有关部门的处理反馈机制，让新员工熟悉在企业中进行信息沟通、提交建议的渠道，使新员工了解和熟悉各个部门的职能，以便在今后工作中能准确地与各个有关部门进行联系，并随时能够就工作中的问题提出建议或申诉。

3. 规则制度介绍

向新员工介绍公司的规章制度和岗位职责，包括工资、奖金、津贴、保险、休假、医疗、福利方案、晋升与调动、申诉等人事规定；工作描述、职务说明、劳动条件、作业规范、绩效标准、工作考评机制、劳动纪律等工作要求。

4. 安全生产培训

向新员工介绍企业的安全管理制度和安全措施，让员工了解安全工作包括的内容和工作规定，了解如何发现和处理安全工作中发生的一般问题，提高新员工的安全意识。

5. 企业文化培训

向新员工传达企业的文化、价值观和目标，让新员工知道企业追求什么、倡导什么、反对什么。

6. 行为举止培训

向新员工介绍员工行为和举止的规范，诸如职业道德、环境秩序、作息制度、接洽和服务用语、仪表仪容、精神面貌、谈吐、着装等要求。

7. 业务及技术培训

向新员工介绍工作中的主要岗位职责、工作方法、工作流程以及需要的基本技能，使新员工熟悉并掌握各自本职工作所需的主要技能和相关信息，从而迅速胜任工作。

五、入职风险防控

行政管理部门在办理新员工入职手续时，需要特别注意以下事项：

（一）入职前的准备环节

规范、明确、合理、经得起推敲的人才录用条件和合法、合规、有效的规章制度对企业的用工意义重大，是企业规避用工风险、防止用工欺诈的有效手段。其中，录用条件包括岗位职责条件、身体健康条件、兼职条件、档案存放情况、社会保险缴纳条件、绩效考核条件等。

规章制度要合法有效，不能与法律冲突。规章制度通过的程序也要合法合规，需要经过职工代表大会同意，并在人社部门备案。规章制度通过后，要通过企业网站、邮件、公示栏等方式向员工公示和告知。

企业在劳动合同或劳动合同的附件中明确说明企业的规章制度属于劳动合同条款，员工入职前必须参与学习、培训、考试并签字确认。为方便员工快速学习了解所有的规章制度，比较好的方式是制作并发放员工手册。

（二）岗位职责明确环节

新员工入职前，企业需要对用人单位的岗位职责有清晰明确的认识，一是为了评估该岗位究竟需要招聘何种类型的人才；二是为新进人才入职后能够快速理解岗位工作内容、快速进入工作状态提供保障；三是为了能够有效评估新员工上岗后工作职责的履行情况。

明确岗位职责需要罗列出各岗位所有的基础性工作活动，分析涉及的相关工作任务，并据此明确列举出必须执行的任务及每项任务背后的目的和需要达成的目标，从而根据任务和目标的要求，明确列出该岗位要求具备的各项能力。

（三）入职前的体检环节

入职前的体检是确认候选人身体健康状况的依据，行政管理部门应注意核查，有效甄别出个别员工体检作假的情况。同时注意不要有疾病歧视，要根据劳动者的健康状况合理分配岗位。

案 例

数字化入职管理

王嘉是博纳德集团的一名行政管理人员，这天她要为新入职的员工办理入职手续。博纳德集团拥有自主研发的薪企服 HRM 管理系统，能实现自助入职管理，办理入职手续快捷便利。

王嘉打开浏览器，输入系统网址，进入薪企服管理界面，点击界面上的【管理员登录】按钮，输入账号信息，登录企业端。如果需要修改入职表中要收集的信息字段，只需点击【入职管理】—【自助入职配置】，在新入职登记表页面，通过拖拽的方式配置入职登记表所需字段即可。王嘉在入职登记表中增加了"现住址"的字段后，点击确定，系统生成【入职二维码】。

接下来，王嘉只需要将【入职二维码】发给新员工，通知新员工扫码登记相应信息，办理入职手续即可。

王嘉通过点击新增待入职员工的【查看入职二维码】，查看新员工信息录入情况，确认信息填写无误后，点击【合同签发】，通过"薪未来"App/短信两种通知方式发送通知给待入职员工，同时，系统内劳动合同状态变更为【待签署】。合同签发完毕后，员工到"薪未来"App/短信通知进行合同签署。

员工收到"薪未来"App/短信通知后，进行合同签署。员工签署完毕后，合同状态变更为【待盖章】。

王嘉进入系统，点击【盖章】，自动生成电子章，盖章成功。合同盖章完毕后，合同完成，待入职员工信息自动转到【人员信息】，入职手续也就办理成功了。

案例分析

利用薪企服 HRM 管理系统办理入职手续，不仅减轻了王嘉的工作压力，也提升了行政管理效率，登记信息—录入系统—签订劳动合同，一站式自助解决，既体现了公司的智能化管理能力，也能更准确地统计员工信息，便于做好员工人事管理工作。因此，智能化管理系统的广泛应用是未来企业行政管理的趋势。

任务书 10 – 1

一、任务背景

李阳是一名大学本科应届毕业生，被长远有限公司录用，即将到该公司网络中心报到上班。

第一天：李阳首先来到人事部，人事部确认李阳已经来到公司，就打电话给网络中心的张经理。过了好久，张经理派自己的助手小陈过来，小陈客气地伸出手，说："欢迎你加入我们公司！张经理有急事不能来，我会安排你的入职。"进入网络中心，李阳被带到一张堆满报纸和办公用品的桌子前，小陈说："这位刚辞职走了，我们还没有来得及收拾桌子，你先整理一下吧，以后你就在这里办公。"说完，小陈去忙自己的工作了。到了中午，小陈来带李阳去餐厅用餐，告诉他下午需要李阳自己去相关部门办一些手续，领一些办公用品。

第二天：张经理见到李阳，把他带到自己的办公室开始分派任务。当张经理说完之后，李阳刚想就自己的一些想法同张经理谈一谈，一个电话打来，李阳只好回到自己的电脑前开始构思他的工作。他的工作是网络数据维护，他需要同不少人打交道，但他还不知道谁是谁，只好自己打开局面了。

第三天：张经理让李阳送一份材料到楼上的财务部，李阳送去之后，就又继续做自己的工作了。过了一会儿，张经理走了过来，问他："交给财务部了吗？是谁接过去的？"李阳回答："交去了，是一位女士接的，她告诉我放那儿就好了。"张经理一脸不悦地说："交给你工作，你一定要向我汇报结果，知道吗？"李阳心里有些不满，但当张经理问他有什么意见时，李阳掩饰说："张经理教导得很对，希望您以后多多指导！"

第四天、第五天：李阳结识了两个同事，对自己还算热情。李阳问他们两人："难道公司总是这样接待新员工？"一个同事对他说："公司就是这种风格，让员工自己慢慢适应，逐步融入公司。""公司的创始人是几个工程专业的博士，他们认为过多的花样没多大用处，适应的就留下来，不适应的就走人。不少人留下来是因为公司的薪水还不错！"另一个同事说。

周末，李阳约了同学出来吃饭，谈起自己第一周的工作。李阳望着窗外明媚的阳光、川流不息的车辆，茫然地说："糟糕极了！"

二、任务训练

1. 知识储备

（1）新员工通常具有什么样的心理特点？

（2）长远有限公司新员工入职引导出现了什么问题？

2. 技能锻炼

如果你是这家公司的行政助理，你会如何改进新员工的入职管理工作？

3. 素养积淀

当进入新的环境中，人们难免会有不适应的地方，为了更快地熟悉新的环境，我们会想一些办法或途径快速融入。与周围的同学、朋友讨论一下，通过什么途径可以更快地适应新环境，将你们讨论的结果写下来。

任务二　员工在职管理

任务目标

＊知识目标

（1）熟悉员工考勤管理的流程；

（2）掌握转正管理的工作内容；

（3）了解处理员工投诉的注意事项。

＊能力目标

（1）能为员工办理请假手续；

（2）能为员工办理人事档案转入手续；

（3）能为员工开具相关证明材料。

＊素养目标

树立正确的规则意识，增强学生诚信的职业道德水平。

任务引入

王丽负责考勤工作半年来，公司上下一团和气，没有一人迟到、早退或旷工，时间一长，王丽也就疏于记录了。可是这一个月来却遇到麻烦了，有一位员工迟到、旷工、偷懒样样不落，办公室主任看不下去了，建议公司给予解除劳动合同处理。经理找办公室要证据和事实，王丽说平时都没有记录。大家面面相觑，无可奈何。经理非常气愤，要求王丽立即完善公司的考勤制度，全面做好员工的在职管理工作。公司应该如何制定考勤制度呢？考勤不应该是各部门自己要完成的工作吗？王丽不禁陷入了沉思。

任务分析

在一些规模较小的企业中，员工的考勤、转正、员工关系管理等事务都归行政部负责，如案例中的公司，在没有专门的人力资源部门的前提下，这些业务可能都归属于行政部或综合办公室，所以王丽有责任和义务做好员工的在职管理。为此，王丽应该掌握以下内容：

（1）考勤管理；

（2）员工转正管理；

（3）人事档案接收；

（4）开具证明材料。

一、考勤管理

考勤管理是任何组织进行管理的重要基础，是企业员工精神面貌的具体体现，是计发奖金等福利待遇的重要依据。为维护正常的工作秩序，加强劳动纪律，提高工作效率，各单位都会根据实际情况制定一定的考勤制度。考勤工作通常由人事部门执行，有的单位也由秘书或助理人员执行或配合，一些较小的单位常常由秘书部门兼管考勤。

（一）考勤的流程

一般情况下，进行考勤的基本流程如下：

（1）确定考勤方式。

（2）员工到岗。

（3）通过单位规定的考勤方式标明本人已到岗。

（4）秘书部门统计考勤情况，如果发现异常，要及时向分管领导汇报。

（5）月末对考勤统计结果进行通报，奖优罚劣。

（二）考勤的方式

随着数字化技术的广泛应用，各单位考勤方法也多种多样，主要有以下几种：

1. 签到考勤

即员工到岗后，在规定上班时间前在签到本上签注姓名的考勤方式。这是一种相对比较传统的考勤方式。

2. 看板考勤

即在办公室门口墙壁上悬挂看板考勤记录表，看板考勤记录表反映员工日常出勤记录。如果员工次日临时有事请假或是出差在外，必须提前一天告知行政部门，做好相关手续，经上级领导批准后，手续交由行政部门备案。

3. 打卡考勤

运用打卡考勤机刷卡，表示员工到岗的一种考勤方式。打卡考勤目前运用得较广。

4. 指纹考勤

运用指纹考勤，根据员工指纹识别判断员工是否到岗的一种考勤方式。指纹考勤能够有效杜绝代签、早签、补签的情况，现在运用也较广。

5. 人脸识别考勤

这是近几年门禁考勤系统的新发展，即运用人脸识别考勤机，根据员工长相识别判断员工是否到岗的一种考勤方式。

（三）办理请假流程

员工因故无法上班应当事前请假。请假应当履行审批手续，经批准并到行政管理部门备案登记后，方可休假。员工请假未获批准擅自休假或未按照规定履行请假手续的，一般按旷工处理。

一般情况下，办理请假的基本流程如下：

（1）确定请假种类。

（2）员工填写请假申请单，随附相关证明，如病假需附医生开具的病假条。

（3）分管领导签批。

（4）准假后按申请期限享受假期，没有准假的继续上班。请假申请单在秘书部门备案。

（5）请假期满，员工及时销假，回到岗位。

因急病或急事未能事先请假者，应于当日及时通知本部门，并于上班第一天补办请假手续。急病要有急诊病假证明，急事要写明充分的理由。

常见的假期主要包括事假、病假、工伤假、婚假、丧假、产假、计划生育假、探亲假、年休假。

（四）做好考勤管理的注意事项

（1）各部门区别对待。根据岗位的实际情况，针对岗位部门的不同，制定相应的考勤评价标准，分门别类，区别对待。例如经常出差的销售岗位和经常坐办公室的行政岗位的考勤标准就要根据岗位的实际需要来制定。

（2）制定规范标准，建立全面的考核体系和专门的考勤工作人员。制度必须靠人来执行，也要靠人来监督。专门安排员工进行考勤工作的规范管理。

（3）贯彻执行，一视同仁，不搞特殊化。考勤制度建立起来，不能变成墙上制度，空挂在文件里，必须根据考勤的标准，严格执行，贯彻落实到每一个部门和每一个岗位。

（4）利用先进技术手段。可以利用数字化技术手段来考勤，如指纹机、人脸识别等，既能避免公司以外的人进入本公司，又能免去人工查岗的低效率。通过先进的技术手段，提高考勤管理的效率。

（5）不断调整、总结、改进。制度要随着工作实际的变化而变化，也要综合考勤管理的实际情况而进行调整。制度规范合理，确保既能通过考勤增强公司运转效率，又能提高工作的积极性。

二、员工转正管理

（一）员工试用期间的摸查工作

员工在试用到转正期间，行政管理部门不能对其放任不管，需要做及时的摸底和跟进。具体工作如下：

1. 面谈

一般企业在员工入职的一周之内、一个月之内和转正之前需要做三轮面谈，每轮面谈的对象分别是员工本人、员工的帮带老师和周围的同事等。面谈的内容主要是员工对工作氛围和工作内容的感受、员工是否得到了来自部门内部应有的关心和帮助、员工的帮带老师或同事对该员工的评价、员工遇到的问题及需要的帮助等。面谈的结果对于员工是否能按期转正有一定的参考价值。

2. 反馈

行政管理部门应根据员工试用期间的三轮面谈情况，提炼出有建设性的、有价值的、有意义的信息反馈给新员工的直属上级或部门负责人。如果发现新员工的直属上级或部门负责人没有很好地帮助新员工融入，行政管理部门需要及时指出，了解实际情况并及时修正，根据情况给出指导和建议。

3. 总结

针对新员工在试用期间遇到的不同问题，根据新员工和部门之间的面谈结果，行政管理部门要总结招聘、面试、入职、试用过程中存在的问题，例如人才的招聘标准是否有问题、面试的方法和判断是否有问题、入职培训是否全面、入职和试用期间的管理能否优化等。

（二）转正的流程

1. 提交转正申请

试用期满后，新员工可以按照企业的转正流程提交转正申请。员工转正申请表的格式模板如下所示。

员工转正申请表

编号：			日期：		
申请人		所属部门		岗位名称	
入职时间				试用期间 缺勤天数	
试用部门					
试用期间 自我评价					
帮带老师意见	□同意转正　　□延期转正（建议延期至　　） □转岗（建议岗位：　　）　　□终止试用，辞退 　　　　　　　　　　　　　　　　　　　　签字：				
部门负责人 意见	□同意转正　　□延期转正（建议延期至　　） □转岗（建议岗位：　　）　　□终止试用，辞退 　　　　　　　　　　　　　　　　　　　　签字：				
行政管理 部门意见	□同意转正　　□延期转正（建议延期至　　） □转岗（建议岗位：　　）　　□终止试用，辞退 　　　　　　　　　　　　　　　　　　　　签字：				
总经理意见	□同意转正　　□延期转正（建议延期至　　） □转岗（建议岗位：　　）　　□终止试用，辞退 　　　　　　　　　　　　　　　　　　　　签字：				

2. 综合评估

员工提交转正申请后，行政管理部门需要对员工进行评估。对员工的工作进行评估不仅是为了使单个员工转正，也是企业优化人事管理的重要工作。员工转正前的评估，可以根据必要性设置四个维度：知识层面的评估、能力层面的评估、行为和态度层面的评估以及绩效层面的评估。

知识层面的评估是评估新员工对该岗位应知应会相关知识的掌握程度。测评的方式可以是笔试或口试。需要注意的是，进行知识层面的评估需要提前准备试题和标准答案，问题需要和新员工的工作具有较强的相关性。

能力层面的评估是评估新员工是否已经掌握了岗位必备的各项基本能力。测评的方式可以有实测操作模拟、工作成果评估、专家意见评价、直属上级评价、团队成员评议、关联方打分等。

行为和态度层面的评估是评估新员工日常工作过程中的行为和态度是否符合企业的要求和期望，是否存在消极怠工、违规操作等不好的态度和行为。测评的方式可以是民主评议或直属上级打分。

绩效层面的评估是评估新员工的工作成果是否达到了岗位的基本要求。测评的方式是岗位绩效评价。需要注意的是，由于新员工入职的时间较短，对新员工的要求不应过于严苛，一般是达到该岗位绩效的最低要求即可。

3. 审批

行政部门根据新员工的自评、帮带老师意见、部门领导评价意见综合做出是否转正的决策。如能正常转正的员工，需要继续为其办理相关的转正手续，如无法达到转正的用人标准，不能按期转正，则一定要与员工进行面谈，并提供充分的无法达到岗位要求的证据，做好员工的心理安抚，避免产生劳务纠纷。

三、人事档案接收

人事档案管理是人事工作中基础而重要的部分，也是企业档案管理工作的重要组成部分。人事档案是员工在工作中形成的有关个人经历、业务水平、工作表现及工作变动等情况的材料，是人事管理的重要依据，也是反映个人成长情况的凭证和依据。作为行政助理，要管理好公司员工的人事档案。

（一）人事档案内容

通常，一份完整的人事档案通常包括以下内容：

（1）身份证复印件，正反面应复印在同一张 A4 纸上，原件应审验。

（2）证书复印件，包括职称证、学位证、毕业证、职业资格证等，原件应审验。

（3）管理及技术岗位的员工，应有其原工作单位出具的解除或终止劳动关系的证明。

（4）近期免冠 1 寸彩照两张。

（5）入职登记表（包括附带的个人简历）。

（6）聘用岗位有要求的，应有岗位要求规定的县区级以上医院的体检报告。

（7）法规规定的特殊岗位，应有职业资格或从业资格证书复印件，原件应审验。

（8）劳动合同正本一份。

（9）保密或竞业禁止协议正本。

（二）管理人事档案的注意事项

企业接收员工的人事档案时，需要走档案接收流程，由相关部门领导和行政管理部门审批后方可接收员工档案。在员工人事档案管理方面，要注意以下内容：

（1）规范档案编号。每份档案都应有唯一的编号，编号规则应清晰明确，方便查阅管理。可以采用"年份＋部门代码＋员工编号"的方式进行编号。

（2）及时记录。对于员工的任何变动，如入职、转正、晋升、奖惩、离职等情况，都应及时记录在档案中。

（3）定期更新。定期更新档案信息，确保档案内容的真实性和完整性。

（4）核实真实性。对于员工提供的证明文件，如学历证书、工作证明、职业资格证书等，应核对真实性，并在档案中记录核实结果。

（5）安全保密。人事档案包含员工的隐私信息，需要严格保密。应设立专门的档案室，对于重要的人事档案还需设置保险柜。

（6）分级管理。人事档案应实行分级管理，根据档案的重要性和保密级别，确定档案的查阅权限和管理层级。

四、开具证明材料

（一）在职证明

当员工参加各类职业资格考试时，可能需要企业开具在职证明。在开具在职证明前，企业要问清楚员工具体的用途。为了降低相关风险，在职证明只需包含员工的基本信息、入职时间和所在岗位情况，不需包含其他额外信息。在职证明的格式模板如下：

在职证明

兹证明_____，性别_____，身份证号码_____，于_____年____月____日起在我公司工作，现任职岗位为_____部门_____岗位_____职务。

特此证明

_____年____月____日

公司名称：（公章）

公司地址：

公司电话：

（二）收入证明

当员工需要办理签证、信用卡或银行贷款时，需要企业协助开具收入证明。开具收入证明的目的是证明员工的经济收入，它具备一定的法律效力，所以企业在开具之前要特别注意，不能为了帮员工的忙而开具虚假的收入证明。

收入证明的重点信息是在企业的收入状况，一般包括月收入和年收入两部分。收入证明的格式模板如下：

收入证明

兹证明＿＿＿＿＿＿，性别＿＿＿＿＿＿，身份证号码＿＿＿＿＿＿＿＿＿＿＿＿，系我公司正式工作人员，现从事岗位/职务为＿＿＿＿＿＿＿＿＿＿＿＿，月收入为＿＿＿＿＿＿元人民币（每月扣除社保、公积金个人部分的税后收入，已包含所有的固定工资、津贴、福利和奖金），年收入约为＿＿＿＿＿＿元人民币（即月收入加年终奖的税收收入，因年终奖根据公司业绩和个人绩效水平得出，每年会有所浮动，本数据采用的是去年的年终奖，所以为约数，仅供参考）。

特此证明

备注：本证明仅用于证明我公司员工的工作及在我公司的工资收入，不作为我公司对该员工任何形式的担保文件。

＿＿＿＿＿＿年＿＿＿月＿＿＿日

公司名称：（公章）

公司地址：

公司电话：

任务书 10-2

一、任务背景

上海某软件开发有限公司是一家成立两年有余的公司，考勤一直是个老大难问题，一家高学历、高智慧人才云集的软件开发公司，居然也被考勤问题弄得束手无策。大部分员工都是具有本科或本科以上学历的年轻人，头脑敏锐、思维活跃，工作热情很高，项目紧张的时候加班加点也满不在乎。可不紧张的时候却非常散漫，作息时间不规律，晚上睡得很晚，上班经常迟到，频繁加班和工作辛苦也成了许多年轻的软件工程师迟到的借口。

公司原来实行的考勤制度，是直接抄自网上流传的范本，尽管很全面，而且行政人事部门还有专人负责考勤，可效果总是不尽如人意。考勤员被戏谑为"扣钱的"，被迫与花样百出的年轻工程师们玩起了"猫捉老鼠"的游戏：早上上班，员工们一会儿来个电话，说有事要晚来一会儿；一会儿让同事打个招呼，说车堵在路上了；即使打考勤卡，有时也会故意刁难考勤员，谎称忘了带卡。到了下月初，该算工资奖金了，老板又来打招呼：这个骨干少扣点，那个经理不要扣。为此，行政人事部的考勤员和领导一筹莫展。

二、任务训练

1. 知识储备

（1）考勤包括哪些流程步骤？

（2）如何做好考勤管理？

2. 技能锻炼

如果你是该公司行政人事部的工作人员，对于任务背景中如同"猫捉老鼠"的虚假考勤，你会如何处理？

3. 素养积淀

你认为学校目前的考勤制度有没有需要改进的地方？如果有，请给出改进的建议。

任务三　员工离职管理

任务目标

∗知识目标

（1）熟悉员工离职管理的流程；

（2）了解员工主动离职与被动离职的区别；

（3）熟悉不同离职情形的处理方法。

∗能力目标

能根据实际情况为员工办理离职手续。

∗素养目标

树立诚信意识，提高学生对于企业社会责任感的认识。

任务引入

下面是长远有限公司经理收到的一份员工提交的辞职申请：

尊敬的高经理：

您好！

真诚感谢您及贵公司五年来对我的厚爱和帮助，让我在公司度过了愉快的工作和学习时光。由于个人职业规划和一些现实因素，经过慎重考虑之后，特此提出离职申请，敬请批准。

在过去的时间里，我有幸得到了各位领导及同事的倾心指导及热情帮助，尤其感谢组长对我的信任、支持和帮助，感谢所有给予过我帮助的同事们，忠心地祝愿公司蒸蒸日上，各位领导同事工作愉快、身体健康！

吴××

2023 年 11 月 15 日

公司经理经过慎重考虑后同意了小吴的辞职请求，并让行政秘书王丽为小吴办理离职手续。王丽还是第一次为员工办理离职手续，究竟要做些什么呢，她有点摸不着头脑。

任务分析

在现代企业中，员工离职是经常发生的事。可能由于组织外部诱因，如更好的工作机会；也可能是由于组织内部原因，如缺乏升迁发展机会、企业文化适应不良等；还可能由于员工个人因素，如寻求个人的自我突破、个人身体健康问题等。员工离职管理是企业管理中一项重要的内容，正如前面说到的，在许多中小企业里，限于人力等因素，秘书人员往往兼顾人事工作，所以，秘书人员也应该熟悉管理员工离职的相关程序与要求。具体而言，王丽应该掌握以下技能：

（1）员工主动离职的管理流程；

（2）员工被动离职的管理流程；

（3）如何解除或终止劳动合同。

一、员工主动离职的管理流程

（一）员工辞职

《中华人民共和国劳动合同法》中的相关规定如下：

第三十六条　用人单位与劳动者协商一致，可以解除劳动合同。

第三十七条　劳动者提前三十日以书面形式通知用人单位，可以解除劳动合同。劳动者在试用期内提前三日通知用人单位，可以解除劳动合同。

主动提出辞职的员工，应按照《中华人民共和国劳动合同法》规定的时间提出并填写离职申请表，经所在部门的直属上级、部门负责人和行政管理部门审批后，办理离职手续。

办理员工离职手续的流程如下：

1. 签署劳动合同解除协议书

如果属于解除劳动合同的情况，经用人单位领导审批后，工作人员与员工就离职事宜进行协商，双方达成一致后签署书面的劳动合同解除协议书一式两份，签字盖章后生效。如果属于终止劳动合同的情况，用人单位向员工发出书面的终止劳动合同通知书，告知办理相关事宜。

2. 发放员工离职移交清单

在员工正式离职前，向其发放离职移交清单，请其按照清单到各归属部门逐项办理单位物资的移交和归还手续并签章，最后再根据签完章的离职移交清单为其结算工资，出具工资清算单。

3. 出具解除或终止劳动合同证明

在与员工解除或终止劳动合同后，出具书面的解除劳动合同证明书或终止劳动合同证明书一式三份，加盖公章，用人单位和劳动者各持一份，另一份存入职工档案。

4. 办理相关事项转移手续

主要是为员工办理社会保险转出手续、住房公积金转出手续、档案转出手续等，一般在15日以内办理。最后，将已经解除或终止的劳动合同文本存档，至少保存两年备查。

当企业与员工之间解除或终止劳动合同时，为了保障员工的合法权益，避免产生劳动纠纷，企业应当为员工出具解除或终止劳动合同的证明，即离职证明。不论员工是主动离职还是被动离职，企业都需要开具离职证明。

开具离职证明时需注意，应当写明员工的基本身份信息、劳动合同的起止日期、工作岗位等。离职证明的格式模板如下：

离职证明

兹有＿＿＿＿＿＿，于＿＿＿＿年＿＿＿月＿＿＿日至＿＿＿＿年＿＿＿月＿＿＿日期间，在我司担任＿＿＿＿＿职务。现已申请离职，并正式办理离职等相关手续。

特此证明

×× 有限公司（公章）

年　　月　　日

离职员工在正式离职之前应填写离职交接表，按照离职交接表中的内容逐项执行交接手续，保证完成交接工作。

离职交接的过程中需注意，由于员工离职后的工作任务、文件资料、办公用品等不一定全部交接给同一人，所以交接的过程需要逐项核对，并由接收人逐项签字。如果交接过程中发现有物品或资料遗失或损毁，给企业造成损失的，应按照企业的相关规定折价赔偿。

（二）劳动合同到期

劳动合同的解除可以分为协商解除和法定解除两种。协商解除指的是劳动合同双方出于某种原因，在完全自愿的情况下，互相协商，在彼此达成一致的基础上提前终止劳动合同。法定解除是指根据国家法律法规或合同规定，在达到可以解除劳动合同的情况时，不需要双方当事人一致同意，合同效力可以自然或单方提前终止。

员工的劳动合同到期之后，如果企业不想与员工续签，那么要根据员工的工作年限，给员工经济补偿。

如果企业想与员工续签，但想给员工向下调整薪酬或岗位，如果员工本人同意，则没问题；如果员工本人不同意，这类因为企业降低劳动条件导致员工不续签劳动合同的情况，企业同样要支付员工经济补偿。

只有在一种情况下，员工的劳动合同到期后，企业不需要提供经济补偿，那就是企业维持或提高员工原来的工作条件，但员工本人不愿意和企业续签。这种情况相当于员工自愿提出离职。

（三）员工退休

根据各地人社部门规定的不同，退休办理的流程也不尽相同，当员工达到法定退休年龄后，正常退休的办理流程一般包括以下步骤：

（1）员工先填写申请表。企业每月在当地人社部门规定的时间内，向人社部门提交退休人员的退休申请表、身份证原件及复印件、医保卡复印件、员工档案。

（2）人社部门审核退休人员的出生年月、参加工作时间、历年调资表、社保缴费年限等，审核后开具公示单。

（3）企业公示无异议后，加盖企业公章。当月缴纳完社保后，企业对退休人员进行减员，同时向人社部门提交退休申请表、退休申报表、退休公示表。

如果是特殊工种或因病等需要提前办理退休的人员，办理流程比正常的退休流程多一步提前审核的过程，企业可以根据当地人社部门的具体要求提交相关审核材料。

二、员工被动离职的管理流程

（一）辞退员工

辞退，指的是因员工违反企业的规章制度、劳动纪律或犯有重大错误，但还没有达到双方自动解除劳动关系的条件，经过合法合规的处罚、调岗、培训后仍然无效，企业内部研讨后，经过一定的程序主动与该员工解除劳动关系的行为。

企业辞退员工时，可以按照辞退通知书向员工发出正式的文件。

需要特别注意的是，即使员工确实严重违反了企业的规章制度，但不到万不得已，都不要采取辞退的方式。一是企业存在法律风险；二是影响企业声誉。在辞退员工前，企业可以先实施劝退。为了成功劝退员工，企业同样应当支付员工应得的经济补偿。

（二）经济性裁员

经济性裁员指的是企业的生产经营遇到困难，为了保证企业能够正常存续，通过一次性主动辞退部分员工的方式来缓解经营状况的做法。

当企业满足经济性裁员的条件后，企业应当提前 30 天向工会或全体员工说明情况、告知理由，听取工会或全体员工的意见，与员工谈话，并按照相关法律法规向劳动行政部门报告。

对于企业违反法律、行政法规规定或者劳动合同约定的，工会有权要求企业纠正。企业应当重视工会的意见，并将工会要求的工作处理结果或工会要求提供的相关资料以书面形式通知工会。

（三）员工非正常离职

个别员工有时因为存在负面情绪或为了节省离职的时间，可能会选择不办理离职手续或以旷工的方式来直接与企业解除劳动关系。从法律层面上讲，员工不履行正常的离职手续就擅自离岗的，需要承担相应的违约责任；如果对原用人单位造成经济损失的，还应当承担相应的赔偿责任。但实际操作中，这种员工的行为往往会让企业陷入被动。

应对这种状况，企业可以在公司的规章制度中规定：员工持续旷工 7 天或一年之内累计旷工 20 天，属于严重违反公司规章制度和劳动纪律的行为，将视为员工主动离职，单位可以和员工解除劳动关系并且不需要支付经济补偿。

三、解除或终止劳动合同

（一）解除劳动合同的基本程序

劳动合同解除是指劳动合同生效以后履行完毕之前，由于某种原因导致劳动合同一方或双方当事人提前中断劳动关系的法律行为。如果是双方当事人同意解除劳动合同，需要依法签订书面的解除劳动合同协议书，对合同解除的日期和法律后果做出明确规定。如果是单方解除劳动合同，一般情况下，当事人一方向另一方提前发出书面的劳动合同解除通知书（或申请书），对解除合同的原因、日期和法律后果做出具体的说明。解除劳动合同时，依据法律规定，符合经济补偿条件的，应当向对方支付经济补偿。用人单位出具终止劳动合同的书面证明，并在 15 日内为劳动者办理档案和社会保险关系等转移手续。

（二）终止劳动合同的基本程序

劳动合同终止是指劳动合同期满或当事人双方约定的劳动合同终止条件出现，劳动合同即停止履行。劳动合同终止前，用人单位可以向劳动者发出书面的终止劳动合同通知书，告知劳动者可以在通知的日期前办理劳动合同终止手续。如果用人单位有意向与劳动者续订劳动合同，可向其发出书面的续订劳动合同意向书，或邀请有意续订合同的劳动者于通知的日期前来协商办理续订劳动合同事宜。终止劳动合同时，依据法律规定，符合经济补偿条件的，用人单位应向劳动者支付经济补偿。用人单位出具终止劳动合同的书面证明，并在 15 日内为劳动者办理档案和社会保险关系等转移手续。

任务书 10 – 3

一、任务背景

这一天，长远有限公司人力资源部收到了销售部秘书小肖提交的辞职申请，她将于一个月后离职。人力资源部经理立即让助理小赵约小肖面谈，了解具体情况并试图挽留。经面谈后，小肖仍然决定辞职。小赵报经理同意后，按照公司有关规定为小肖办理了离职手续。

小肖离职两周后，她所在部门的经理发现她带走了部门的笔记本电脑，而且里面还有很多部门业务资料，当部门经理向小肖索要时，才发现她已经换了号码，现在人也联系不上了。部门经理立刻向小赵反映了此事，小赵立即查询之前的员工档案记录，发现除了电话号码之外，小肖没有留下任何其他的联系方式，现在真成了大海捞针了，小赵也不知如何是好了。

二、任务训练

1. 知识储备

（1）请你根据所学知识列出小赵为小肖办理离职手续的流程。

（2）请你分析一下，案例中小赵在工作中存在哪些失误？

2. 技能锻炼

根据任务背景中的内容，分组分配角色模拟演练助理小赵为小肖办理离职手续的过程，必要内容可以合理虚拟补充。

3. 素养积淀

员工离职有多种情形，无论如何处理都要符合我国劳动合同法的相关规定，请阅读劳动合同法的相关条款，与同学们交流阅读心得，将你的体会、感受记录下来。

项目十一
信息管理

导　论

　　信息可以定义为从一个源头传递到接收者的数据，其可以是数字、文字、图像或声音等形式。信息管理在行政管理中扮演着至关重要的角色。行政管理人员需要在日常工作中处理各种信息，例如员工信息、财务数据、客户反馈、营销策略等。信息管理可以帮助行政管理人员更好地掌握和管理这些信息，从而有助于指导和决策组织的日常运营和长期发展。良好的信息管理可以帮助行政管理人员及时了解组织的运营情况和市场动态，全面地分析问题和解决问题。通过科学采集、整理和分析信息，行政管理人员可以更加准确地判断组织内部和外部的情况，及时发现问题和隐患，并做出更加科学的决策。

任务一　信息工作

任务目标

* 知识目标

　　（1）理解信息的种类和要求；

　　（2）理解信息的传递类型。

* 能力目标

　　（1）掌握信息的搜集方法；

　　（2）掌握信息的整理方法。

* 素养目标

　　（1）培养敏锐的信息意识；

　　（2）养成良好的信息伦理道德。

任务引入

　　一天，长远有限公司收到了一封来自欧洲的询盘邮件，内容是希望购买公司的一款高端医疗设备，询问价格和交货时间等信息，总经理决定亲自负责这个项目，并安排王丽为他的助手。王丽开始着手搜集相关信息，包括设备的技术参数、生产成本、运输时间等。她首先联系了公司的供应商，但由于供应商没有提供充分的信息，她无法做出明确的回答。接着，她联系了公司的物流部门，但物流部门也没能马上提供确认的物流信息，而欧洲的客户又一直在催。王丽知道总经理非常重视这个项目，情急之下，她翻查到以往一份类似的项目底单，根据上面的信息直接回复了询盘。

客户得到王丽的回复后，觉得条件太苛刻了，没法接受，第二天马上与另一家公司签合同了。后来，总经理知道这个消息时，非常失望和沮丧，批评了王丽。其实客户当时已经在货比三家了，王丽翻查到的以往的项目，当时长远有限公司在这个领域还具备较大的优势，所以哪怕条件有些高，客户也只能接受，但是现在的业态已经不一样了，竞争愈演愈烈，有些时候为了能开拓新的市场，适当的让步也是有必要的。王丽意识到了自己的疏忽，信息收集不够充分，也没有认真地对初步甄别的信息做进一步校验核实，以至于错失商机。但究竟要怎么收集和利用信息呢？这对王丽来说是一个全新的课题。

任务分析

在数字化时代背景下，信息的收集与传递尤为重要，作为行政助理或秘书，更要与时俱进地掌握各种先进的信息技术收集方法与利用途径，才能辅助领导做出正确决策，因此，王丽需要掌握的技能包括：

（1）认识信息；

（2）信息的收集；

（3）信息的整理；

（4）信息的传递。

一、认识信息

（一）信息的种类

信息根据内容、用途等可以分为以下几类：

（1）动态性信息：即反映经营管理动态方面的信息。例如竞争对手的信息，包括市场份额、产品定价、促销活动等；供应商和客户的信息，包括联系人、合同、订单、付款等。

（2）政策性信息：即与公司经营业务有关的国家、省、市、行业的政策性法规信息。

（3）反馈性信息：即执行公司以上领导指示和决定的信息。

（4）调研性信息：即在调查研究基础上，经挖掘提炼后，有分析、有探讨、有建议的深层次信息，例如行业趋势信息，包括市场分析、消费者趋势等。

（5）参考性信息：即为领导了解情况、开阔思路、实施决策而提供的具有参考性质、咨询价值和顾问作用的信息。

（6）问题性信息：即反映工作中存在的问题或由于政策等原因出现的问题，以及有关政策实施过程中遇到的新问题的信息。

（7）重大、突发性信息：即反映重大或突发事件的信息。

（8）员工档案信息：包括员工个人信息、工资记录、评估记录、培训记录等。

（二）信息的要求

1. 准确

信息的内容要准确无误，真实可靠。准确是信息的生命，是信息的全部意义所在。办公室工作人员收集到的原始信息要可靠、真实，处理信息要坚持主观倾向性与客观真实性相统一。如实反映情况，才能保证各级领导机关及决策者依据真实的、准确的信息做出恰当判断和科学决策。如果信息不准确，必然会使领导工作失误。

2. 及时

即信息的收集、处理、传递、反馈要及时迅速，讲究时效。现代信息社会对信息工作的时效性提出了更高的要求，不仅传递要快，而且收集、加工、检索、输出都要高速度。信息处理不及时，就会失去信息的价值，甚至造成严重的损失。

3. 全面

即信息的收集和处理要注意广泛性，真实地反映事物各个方面的情况。只有全面地反映情况，才能使各级领导根据各方面的信息，权衡利弊，择善而从，做出正确的判断和决策。

4. 适用

（1）要服务于中心工作。要弄清本地区本部门本单位的工作进展情况和急需解决的问题；要及时摸清领导的思想脉搏，做到心中有数；要突出重点，帮助领导集中主要精力考虑重点问题，同时兼顾一般，以免发生不应有的疏漏。

（2）要根据不同领导机关和领导的不同要求提供信息。除一些需要共同重视的信息以外，本级领导机关所需要的信息，并不一定都是上级或下级领导所需要的信息；别的部门所需要的信息，不一定为本部门领导所需要。一条有价值的信息对于不同层次不同部门的领导而言，其参考价值并不相同。工作人员必须注意研究不同层次的领导和服务对象的不同要求，在信息的投向上做到有针对性，区别对待，注意适用对路。

（3）要特别注意，只要是新发生的带有重要动向的信息，如具有导向性、苗头性、政策性、突发性的问题，就应该及时采报。

二、信息的收集

（一）信息的收集渠道

信息的收集渠道可以分为以下几种：

1. 官方渠道

从政府机关、公共机构、学术机构等正规渠道获取信息，例如政府发布的公告、学术研究报告等。

2. 媒体渠道

从各种新闻媒体、网络媒体、社交媒体等渠道获取信息，例如新闻报道、社交媒体的帖子、博客文章等。

3. 关系渠道

在业务往来、从属关系等人际交往过程中获取信息，例如海关、银行、工商、税务等部门，同时也多参加各种贸易交流活动，在展销会、洽谈会、交易会也可获得集中的信息。在走访客户、考察供应商、观察竞争对手时也可以获取信息。供应商可提供的有产品目录、广告材料、特定服务信息；客户可提供的有市场调查、服务反馈和竞争对手信息。

4. 内部渠道

通过内部员工、系统、文件等渠道获取信息，例如内部数据报告、员工反馈等。

以上渠道可以单独使用，也可以结合使用，根据信息的特点和需求选择合适的渠道进行收集。

（二）信息的收集方法

1. 调查研究法

通过问卷调查、焦点小组等方式，了解市场需求、客户需求和员工需求，问卷的问题和小组探讨的主题都要有较强的针对性和有效性，以便更好地收集数据和信息。同时，对收集到的数据和信息需要进行深入分析和解读，以充分发挥其价值，帮助企业更好地进行决策和改进。问卷调查和焦点小组都是常用的调研方法，它们各自有着独特的优点和局限性。因此，将两者结合使用可以弥补彼此的不足，提高分析结果的准确性和可靠性。

2. 实地考察法

通过直接观察和采访相关对象，深度了解特定领域或者事件的详细情况，收集实际可靠的信息。

3. 文献资料法

通过查阅书籍、期刊、报纸、统计年鉴等资料，获取历史数据、实际案例、研究报告等信息。

4. 网络调查法

通过搜索引擎、网站、社交平台等方式，在线获取相关信息。

5. 专家访谈法

通过与相关领域的专家、权威人士进行交流，获取特定主题的专业性见解和建议。

6. 视频调查法

通过视频采集设备，对特定场景、活动进行记录和观察，收集相关信息。

三、信息的整理

信息整理是将收集的信息进行分类、筛选、校核和整合等过程，以便更好地管理和利用这些信息。

（一）分类

将信息按照相似性质或特征分成不同的类别，以下是常用的分类依据。

1. 按用途分类

例如"文件"主要包括以下几种：

（1）行政文件：包括公司成立文件、公告、规章制度、会议记录等，这些文件记录了公司的组织结构、管理体制、决策过程以及公司文化的形成与发展。

（2）财务文件：包括财务报表、预算、审计报告、税务文件等，这些文件记录了公司的财务状况、资金流动以及资产和负债情况。

（3）人力资源文件：包括员工招聘、培训、奖惩、绩效评估等管理文件，这些文件记录了公司的人力资源管理政策、员工的个人信息以及员工之间的关系状况。

（4）客户文件：包括客户合同、订单、投诉、反馈等，这些文件记录了公司的客户关系管理信息、客户需求以及市场反馈。

（5）项目管理文件：包括项目计划、进度、质量控制等，这些文件记录了公司的项目管理过程、项目进度以及项目成果。

（6）知识产权文件：包括专利、商标、版权等知识产权相关文件，这些文件记录了公司的知识产权拥有情况以及知识产权的保护和管理。

（7）法律文件：包括合同、侵权纠纷解决等法律相关文件，这些文件记录了公司的法律义务和责任以及法律关系。

（8）企业文化文件：包括公司历史、使命、价值观等文化相关文件，这些文件记录了公司的文化形成、品牌形象以及公司与社会的关系。

2. 按时间分类

按照信息产生或记录的时间进行分类。例如，王丽可以将公司的会议纪要按照会议召开时间分类，方便管理和查询。按通常的读取习惯来说，以年、季度、月自然顺序进行排列。

3. 按地点分类

按照信息产生的地点或所属部门进行分类。例如，王丽可以将销售数据按目的地进行分类，分为华南市场数据、华中市场数据、华东市场数据，便于掌握物流的动态。

4. 按重要性分类

将信息按照紧急、重要、一般等级分类。

5. 按处理状态分类

将文件、邮件、备忘录等按照处理状态分类。例如按照待处理、已处理、待审核等状态分类。

（二）筛选

根据信息的可靠性、有效性和实用性等因素，筛选出有用的信息并将其保留。具体步骤如下：

1. 看来源

不同来源的信息，重要性不尽相同。上级形成的信息带有全局性、综合性和权威性，而同级和下级形成的信息主要起参考作用。秘书人员要从多种信息来源中把握重点单位、部门和人员的信息。

2. 看标题

信息的标题一般可以反映信息的内容和价值，秘书人员要认真分析标题，把握信息的主题，根据信息的标题确定信息价值的大小。

3. 看正文

先浏览正文，了解其主要内容，初步确定是全部选用还是部分选用，甚至是不用。处理经过筛选的信息：对选中的信息，分轻重缓急进行加工处理；对暂时不用但可以备查的信息，进行暂存；对不用的信息，按有关规定进行暂存、移交或销毁。

4. 决定取舍

决定取舍就是对信息进行严格的选择，从中挑选出能满足需求、对工作具有借鉴作用和参考作用的信息，舍去那些内容真实却无用的信息。

（三）校核

校核是对经过初步甄别的信息做进一步的校验核实，分析信息的可靠性和准确性，对信息的真实性进行认定。任何信息都包含着自身的价值，其价值的大小在于是否真实反映了客观事物发展变化的状况，即是否具有真实性。由于信息的来源不同，信息传播的渠道中难免有不客观的杂质和主观因素的干扰，所以要对信息中的事实、观点、数据、图表、符号以及时间、地点、人物等进行核实，对有关政策、法规、计划、数据、典型事例的信息核查出处，核实原件、地名、人名、时间、事实、数据等。

（四）整合

将不同来源、不同形式的信息进行整合，以便更好地管理和利用这些信息。

例如，将文本、图片、视频等多种形式的信息整合到一起，形成更全面和多样化的信息，这些工作可以通过电脑软件来完成。

在数据分析中，不同类型的图表达的含义有很大的区别。以下是几种常见图的类型及其含义：

（1）折线图：折线图用于显示随时间变化的数据趋势。它们通常用于显示季节性销售模式、股票价格走势等。

（2）柱状图：柱状图用于比较不同类别或部门的数据。它们通常用于显示销售额、市场份额或产品分类等。

（3）条形图：条形图用于比较不同类别的数据。它们通常用于显示不同产品或地区的市场份额、销售额等。

（4）饼状图：饼状图用于显示数据的比例和分布。它们通常用于显示不同产品或市场的销售额、利润等。

（5）散点图：散点图用于显示两个变量之间的关系。它们通常用于探索数据并进行相关性分析。

（6）热力图：热力图用于显示数据的密度和分布。它们通常用于显示人口分布、地理信息、网站访问量等。

（7）树状图：树状图用于显示层次结构和分类。它们通常用于显示公司组织结构、文件目录等。

四、信息的传递

（一）信息的传递形式

办公室信息传递是指在办公室内部或办公室与外部之间进行信息沟通和交流的过程。这是办公室日常工作中不可避免的部分，可以采用多种形式进行传递，如口头、书面、电子邮件、电话等。信息传递的目的是确保工作流程顺畅，各部门之间沟通和协作高效，并及时掌握工作进展和变化，以便做出及时、准确的决策。以下是常见的信息传递形式：

1. 信件

信件是正式的书面传递形式，既可用于外向传递（如给客户、供应商的信件），也可用于内向传递（如晋升或提高工资的信件），通常在一些数量有限和需要特殊信息的人之间传递。

信件具有凭证作用，便于阅读和参考，能发送至相应的地址，但邮寄花费时间，不便于交换看法。部分信息也可以通过电子邮件传递。

2. 备忘录

备忘录是企业内部进行信息交流的简短信件，通常用于在公司内部通知有关工作事项，尤其是在相互了解的人之间使用。

备忘录采用书面形式，文字不必像信件那样正式，使用方便，但信息量较少，沟通较慢，不便于交换看法。企业一般都有自己设计的具有本组织特色的备忘录格式，印制出来发到各部门供大家使用。

3. 报告

报告是供他人阅读的正式文件，包含了有关内容的详细信息，被用来正式陈述事实性的信息，通常针对特定的对象。

报告要内容正确，结构合理，重点突出，力求简洁，并得出确定的结论。当需要汇报自己参加的某项活动，或需要向特定对象汇报某一主题明确的事实、情况时，可以采用报告的形式。

4. 通知

通知是使用范围最广、使用频率最高的信息传递形式。通知的事项往往具有很强的时效性。因此，要求语言精练，表达清楚，传送及时、快速。

5. 指示

指示是领导机关向下级机关布置工作，阐明工作活动要点及要求、步骤和方法时所使用的一种信息传递形式。指示具有较强的指导性、政策性，可以对某项重要工作的顺利进行起决定性作用。指示应简明清晰，讲清应完成什么工作，以及完成这项工作的时间及方法。

6. 新闻稿

新闻稿是党政机关、企事业单位提供给公共媒体，以方便他们撰写关于本单位的新闻报道的一种信息传递形式。当一个社会组织需要公布一项重要决定或者对社会有较大影响的政策时，可采用发布新闻稿的方式。新闻稿要简明扼要，直入主题，客观反映事实，不作评论。

7. 企业内部刊物

内部刊物是指在本单位内部用于指导广大内部员工的工作和学习，以及内部信息交流的连续性内部出版物，是沟通上下、联系员工的桥梁，其内容一般包括公司内部信息、职务升迁信息、员工信息、员工嘉奖榜、业务往来信息等。

8. 新闻发布会

新闻发布会又称记者招待会，是一个社会组织为向新闻界直接发布有关组织信息、解释组织重大事件而举办的活动。公司展示最新产品、演示技术上的最新成果，都可在产品展览会之前或展览会期间举行新闻发布会。

举办新闻发布会之前，秘书人员要落实发布会的日期、地点、出席名单，准备展览用品、赠品，制作工作人员及展览会使用标牌，发请柬和资料，拟写及印发有关信息材料，布置会场等。

9. 声明

声明是一个社会组织或个人就有关事项或问题向社会表明自己立场、态度的一种信息传递形式。声明可以在报刊登载，也可以通过广播、电台播发，还可以进行张贴。

声明主要适用于两种情况：一种情况是当自己的某种合法权益受到侵害时，为维护自己的合法权益，引起公众关注，要求侵权方停止侵害行为；另一种情况是在自己遗失了支票、证件等重要凭据或证明文件时，为防止他人冒领冒用而告知公众某些文件失去效用。

随着数字化技术的发展，公司传递信息的渠道也在不断拓展，如官方微博、企业公众号、企业视频号、企业抖音号等，传递信息的渠道要根据受众的特点来进行选择，而不同的信息传递渠道也会影响信息的传播速度、传播效率及效果。比如，企业想宣传产品，就要分析产品受众的特点，如果是年轻群体，则可选择微博、小红书、抖音等新媒体平台，而且信息的形式和内容也应该更贴近年轻人的口味，这样才能达到有效的信息传递。

（二）信息的保密要求

在信息存储和传递过程中要注意信息的安全保密，确保敏感信息不被未经授权的人员所获取或泄露，并遵守相关法律法规、行业规范和合同约定。

案　例

微信传递涉密文件

2019年9月19日，某局办公室工作人员齐某到市委发文室领取一份涉密文件，回单位后按程序进行办理。该局负责同志做出批示，要求交给该市3个协会的办公室主任阅知。因上述协会驻外办公，齐某擅自用手机拍摄文件，通过微信发送给市私营企业协会办公室主任黄某、消费者协会办公室主任王某，电话通知个体劳动者协会办公室主任徐某到黄某处阅知此文件（齐某没有徐某的微信，他与黄某在同一地点办公）。9月20日，黄某为及时传达文件精神，按工作惯例直接将齐某发来的涉密文件图片，转发至其所在协会工作群，造成泄密。案件发生后，有关部门给予齐某、黄某党内警告处分，将齐某调离文书岗位。

案例分析

公文流转、通知传达是机关单位日常办公中最常接触的工作，很多时候会面临涉及人员多、范围广等问题，部分人员为便于工作，加之信息化时代下微信等综合社交平台方便快捷的传播特点，选择铤而走险，为泄密埋下隐患。齐某的行为并非个例，究其原因还是存在侥幸心理，没有意识到通过微信等互联网渠道传递国家秘密，涉密信息往往会急速扩散，危害十分严重。

1. 开展保密教育，强化保密思想防线

保密宣传教育不能仅仅局限在印发保密知识手册、签订保密承诺书等，很多涉密人员不能深刻认识到保密工作的重要性，尤其是对日常办公过程中众多习以为常、容易疏忽的隐患未能采取有针对性的保密措施，因此要加强对日常保密工作中的薄弱环节进行梳理，明确风险点和防控重点，通过鼓励同事之间相互提醒、制作日常办公常见失泄密隐患预防性制度等途径，加强对行政管理人员的保密教育，强化其保密意识，使其时刻绷紧保密弦。

2. 加强保密监管，强化日常保密管理

办公室要进一步加强日常办公保密管理，一方面，严把涉密文件流转程序，制定相关保密制度，严格把控涉密文件流转的各个环节，完善相应手续，对涉密文件进行全流程管理，使之始终处于有效控制范围之内。另一方面，强化保密监督检查力度，定期开展专项保密检查，深入排查日常办公过程中存在的问题和隐患。

3. 加大惩处力度，压实保密主体责任

日常办公过程中发生的失泄密案件，根源在于相关责任人员对保密工作重视程度不够，存在"通过微信小范围传递涉密信息不会造成危害""处理海量的涉密文件偶尔偷懒也无大碍""即使出错也不会有人发现"等思想。对此，必须进一步强调保密纪律"红线"，坚持原则，严格落实保密主体责任，对发生的失泄密案件严肃追责，以此推动各项保密规定和要求的落实。

任务书 11 – 1

一、任务背景

长远有限公司要开拓产品市场，要求行政秘书王丽收集商务信息，王丽深入市场，了解市场情况和产品需求，与消费者直接交谈，并阅读大量的报刊，发放问卷收集消费者对产品性能的反馈信息，通过网络检索收集更为广泛的信息，还与业务频繁的企业交换有关信息。丰富而全面的信息，为公司的业务开拓提供了有力的依据，王丽的工作获得了公司领导的肯定。

经过全体员工的共同努力，成功开拓了新的市场，使得长远有限公司的业绩取得很大突破。到了年底，总经理打算根据各部门的整体表现来调整绩效奖金的分配，他将行政总监草拟的《绩效奖金分配方案（讨论稿）》交给王丽，让王丽在中层领导中征求意见，并特意叮嘱王丽：这是讨论稿，而且奖金关系到员工的切身利益，先不要对外公开。王丽接到这个任务后，立刻将《绩效奖金分配方案（讨论稿）》发在中层领导微信群中，并要求大家将意见反馈在微信群中。

二、任务训练

1. 知识储备

（1）结合案例，列举王丽在收集商务信息时利用了哪些渠道？

（2）王丽在收集中层领导干部关于绩效奖金分配方案的意见时，有哪些不当的做法？为什么？

2. 技能锻炼

假设你是王丽，请演示正确的收集中层领导干部关于绩效奖金分配方案意见的做法，并阐述理由。

3. 素养积淀

瞬息万变的信息化时代，我们无时无刻不在接触各种各样的信息。但同时，我们的信息也存在着被泄露的风险。在现实与虚拟世界中，如何才能保护好个人信息呢？你有什么好的建议，快写下来和同学们分享一下吧。

任务二　云办公

任务目标

* **知识目标**

（1）理解云办公的概念和原理；

（2）理解云办公的特点和使用场景。

* **能力目标**

（1）熟悉云办公系统的功能；

（2）掌握云办公系统的操作方法和技巧。

* **素养目标**

（1）提高数据的分析能力；

（2）培养数据的安全意识。

任务引入

随着长远有限公司业务量的增大，公司原有的传统行政管理模式受到了很大挑战。这天，在行政部会议上，行政经理传达了公司中层会议精神，目前公司业务部门在质疑行政部门的办公效率，认为当前传统的办公模式应改进。销售部反映一份合同的签订要层层审批，跑几个部门，找几位领导签字，如果再赶上领导出差，又不知道一个流程要走多久。财务部反映每年都要填不同的数据，公司数字化档案管理水平太低，很多时候在做无用功……为此，总经理提出要引进全新的云办公平台，实现数字化、智能化行政管理。这项任务自然就落到了行政部门的头上，行政经理先是让王丽去本市智能化办公典型的 A 公司，学习如何采购和应用云办公平台，为项目推进奠定基础。

王丽来到 A 公司学习，从交流中了解到使用智能化办公平台不仅能帮助公司提升管理效率，还能使相关工作变得更加规范、便捷。这极大地促进了公司的发展，并提升了员工的工作体验和满意度。但平台的采购、安装调试和上线调试依然需要一定的周期，也需要全身心地投入此项工作，难度不小啊。王丽陷入了沉思……

任务分析

随着大数据技术、数字化技术、智能化技术的广泛运用，企业对于智能化办公的需求日益增加，将数智技术应用到行政管理中不仅可以大大提高企业效率、节省资源，也是企业数字化管理水平的体现。但在数字化行政管理改革的进程中，"适合自己的才是最好的"，所以不能一味地追求高端技术，而是要做好企业的需求分析，使云办公平台真正助力于企业发展。为此，王丽应该掌握以下技能：

（1）云办公的实施；

（2）云办公的管理。

一、认识云办公

（一）云办公的概念

云办公是指将办公软件和数据存储在云端，员工可以通过互联网随时随地访问和共享这些资源。这种工作方式可以提高员工之间的协作效率，同时也可以降低公司或组织的 IT 成本。云办公是一种基于云计算技术的新型办公方式，已经被广泛应用于各种类型的企业和组织中。中国互联网络信息中心发布的第 50 次《中国互联网络发展状况统计报告》显示，截至 2022 年 6 月，中国在线办公用户规模达 4.61 亿，占网民整体的 43.8%。2022 年上半年，在线视频、电话会议用户规模较 2021 年 12 月增长 5.9%。

（二）云办公的原理

云办公的原理是将用户的数据和应用程序存储在云端，实现用户无须安装任何软件或存储数据，只需通过互联网连接到云办公平台，就可以轻松实现办公任务。具体来说，云办公系统会将用户的数据和应用程序存储在云端服务器上，用户只需要通过互联网连接到云端服务器，就可以使用云端中存储的应用程序和数据。当用户进行操作时，云端服务器会将相应的数据和应用程序传输到用户的终端设备上，用户也可以将自己的数据上传到云端服务器上进行存储和备份。这种基于云计算技术的方式，可以避免用户购买昂贵的硬件设备和软件，同时实现数据的安全备份和高效管理，大大提高了工作效率。

（三）云办公的特点

云办公作为一种新型的办公方式，具有以下优点：

1. 高效便捷

云办公可以随时随地进行，只需要连接到互联网即可，不受时间和地域限制，可以大大提高工作效率。不需要电脑，不需要网线，只要拥有能够上网的便携终端，包括手机、平板等，不管是上下班路上还是出差在外，都可以很方便地通过云方式及时审批公文、浏览公告、处理个人事务等，还可以处理一些紧急事务，将以前不可利用的碎片时间进行有效利用，这样工作效率自然而然就提高了。

2. 成本低廉

云办公可以避免用户购买昂贵的办公软件和硬件设备，降低了企业的办公成本。对比传统的办公软件，在一次性授权许可费用的背后，还包括安装实施、硬件投入、升级或迁移、IT 人员及管理等大量潜在费用。云办公时代，采用的是按需付费的模式，就如使用水、电一样的方式来使用我们的计算资源、软件服务，多少的存储空间对应多少的费用，不够了再扩容，这样不仅降低了企业的成本，同时还能做到绿色环保。

3. 资源共享与协作

现在的企业越来越注重员工之间的协作和信息交流，这主要是由于云计算技术的出现以及全球化的商业环境所促成的。云办公的数据和应用程序都存储在云端，实现了资源共享，可以方便多人协同办公，提高工作效率。云办公凭借其强大的云存储能力不但让数据文档无处不在，更结合云通信等新型概念，围绕文档进行沟通讨论或多人协同编辑，从而大大提高团队协作项目的效率与质量。

4. 高度可定制化

云办公平台可以根据用户的需求和特定业务进行定制开发，提供个性化的解决方案。随着智能终端的日益普及以及移动通信网络的日益优化，很多厂商都已将传统的办公软件进行改造，发布了各个移动平台版本，以前在传统 PC 上完成的大部分工作如今在智能终端就可完成，功能更加强大，市场上还有云 CRM、云 OA 等专业性更强的应用供企业选择。针对不同行业领域的业务需求，企业还可以对移动办公进行专业的定制开发，大到软件功能，小到栏目设置，都可以自由组装。

当然云办公也存在如下一些缺点：

（1）依赖网络：云办公需要依赖互联网进行访问和使用，如果网络出现问题，会影响到用户的正常办公。

（2）隐私泄露：云办公的数据存储在云端，一旦云服务提供商出现数据泄露等问题，可能会导致用户的隐私泄露。

（3）稳定性不足：云办公服务的稳定性受到云服务提供商的控制，如果云服务提供商的服务器出现故障或停机，会影响到用户的正常办公。

（4）安全漏洞：云办公存在被黑客攻击的风险，一旦出现安全漏洞，可能会导致用户的数据被破坏或丢失。

二、云办公的应用

（一）云办公的使用场景

云办公的使用场景非常广泛，特别适用于需要经常协作和交流的企业，例如跨地域的分支机构、团队项目、外部供应商和客户等。同时，云办公还适用于需要大量存储和处理数据的企业，例如金融、医疗、科研等领域。云办公已经成为企业数字化转型的重要组成部分，是提高企业工作效率和竞争力的重要手段。以下是常见的云办公使用场景：

1. 远程办公

项目的实时数据分析、在线进行审批报销、电子签约……如今，随着云办公的加速普及，人们只需一台电脑、一部手机，就能随时进入办公状态，工作时间和场所更加弹性灵活。互联网和信息技术的快速发展，催生各种新业态产生，也使工作模式更加多元化。疫情期间，云办公更加普及，成为中国数字经济新业态的一大亮点。一些企业还将线上办公模式固定下来，因为发现它能显著提升工作效率、降低员工流失率并提高客户满意度，还有些企业开始推行混合办公，员工可根据实际管理需求，每周选择 1～2 天云办公。

2. 团队协作

云办公可以让团队成员在同一个平台上进行协作。比如，团队成员可以在云端共享文档、表格、PPT 等文件，进行实时编辑和修改。这样可以避免因为文件版本不同而导致的沟通和协作问题。

3. 会议管理

云办公可以让企业进行在线会议管理。企业可以通过云端平台进行视频会议、语音会议等，不需要到公司或者其他地方举行会议。这种方式可以节省企业的时间和成本，同时也可以提高企业的工作效率。

4. 客户管理

云办公可以让企业进行客户管理。企业可以通过云端平台进行客户信息的录入、管理和查询，方便企业进行客户管理的同时还可以提高客户满意度和忠诚度。

5. 人力资源管理

云办公可以让企业进行人力资源管理。企业可以通过云端平台进行员工信息的录入、管理和查询，这样可以方便企业进行人力资源管理，提高员工的工作效率和满意度。

（二）云办公的实施

1. 需求分析和方案设计

首先要对企业的实际需求进行分析，行政部门要协调各部门提出信息化改革的需求，并将汇总后的需求与服务商对接，根据企业需求设计云办公的整体解决方案。在方案设计阶段还要特别考虑到企业的业务流程和数据安全管理。

2. 云办公系统搭建

选择适合企业的云办公平台，可以根据实际需求自主选择部署私有云环境或者租用公有云平台。在搭建之前，需要提前准备好相关设备，对服务器的配置做出规划，建立必要的安全保障体系。

3. 网络架设与布线

云办公需要快速的数据交换，即需要一个稳定的网络，因此企业需要对网络进行升级和调整。一般来说，需要在内部网络上部署防火墙和安装合适的监控系统。

4. 培训和推广

在搭建好系统后，行政部门要组织员工进行培训和推广，让员工了解云办公的功能和优点，提高员工的使用效率，以更好地支持企业的业务流程。同时，企业可以进行相关产品的推广宣传，激发员工积极性，提升云办公的推广效率。

（三）云办公的管理

在云办公的实施完成之后，企业还需要对云办公进行相应的管理，以保证云办公的正常使用和安全。一般而言，主要包括以下几个方面：

1. 数据备份与恢复

确保企业的数据安全，及时进行备份，并能够快速进行数据恢复，保障数据的稳定性和可访问性。

2. 权限管理

对企业的员工进行权限分配，建立紧密的数据权限控制系统，只有获得权限的人员才能访问企业的数据。

3. 安全保障

企业需要在网络中加入安全防护和入侵检测措施，做好用户的数据安全管理，保证数据的安全性。

4. 支持与维护

企业必须能够快速地响应员工提出的问题，并及时解决，保证云办公系统长时间的稳定运行。

任务书 11 - 2

一、任务背景

长远有限公司总经理意识到公司需要一款高效的云办公系统来提高工作效率。作为行政秘书，王丽被委派负责采购合适的云办公系统。

她首先进行了市场调研，收集了多家公司的信息，包括功能、价格、用户评价等方面的数据。通过对这些数据进行比较，她筛选出几个优秀的云办公系统，准备进一步了解和测试。接下来，王丽联系了这些云办公系统的供应商，了解了更详细的信息。她与供应商进行了交流，了解了系统的使用流程、技术支持、数据安全等方面的内容，也提出了自己的需求和疑问。在了解了供应商的回答后，王丽综合考虑了系统的功能、价格、服务等多个方面，最终确定了一款适合公司需求的云办公系统。

但是接下来的工作使她陷入了困境，该公司的云办公平台可以为长远有限公司的需求进行个性化设计，但在现有的平台上还需要增加哪些功能呢？涉及业务部门的具体需求她又说不清楚，每天她都在做传声筒，一方面系统开发公司催她提供需求清单和确认平台功能的函；另一方面，其他部门又不配合她的工作，不能详细地阐述他们的要求，王丽真的是要崩溃了。

好不容易等云平台上线了，没想到却被员工们"吐槽"说功能不全、设计不人性化、操作不便捷……还不如原来的OA，王丽委屈得快哭了。

二、任务训练

1. 知识储备

（1）请简述云办公系统采购、安装、使用的流程。

（2）请分析案例中王丽有哪些工作失误的地方。

2. 技能锻炼

如果你是王丽，在确认云办公平台的功能需求、使用云办公平台时你会采取哪些措施？请将你的工作计划写下来。

3. 素养积淀

在新的平台上线时也要注意将原有的OA数据进行迁移，重要的企业电子文档和数据需要各部门及时做好备份。你平时有文件备份的习惯吗？请提供文件备份的措施供王丽参考。

参考文献

［1］胡鸿杰．办公室事务管理［M］．北京：中国人民大学出版社，2004．

［2］高萍，曹辉．办公室事务处理［M］．成都：电子科技大学出版社，2015．

［3］钱立静．新编秘书实务［M］．成都：电子科技大学出版社，2014．

［4］邹小强．小强升职记：时间管理故事书［M］．北京：电子工业出版社，2021．

［5］葛红岩．新编秘书实务［M］．3版．北京：高等教育出版社，2014．

［6］金常德．办公室事务［M］．5版．大连：大连理工大学出版社，2019．

［7］陈冠任．顶尖秘书［M］．北京：大众文艺出版社，2009．

［8］葛红岩，董悦．会议组织与服务：知识·技能·案例·实训［M］．4版．上海：上海财经大学出版社，2020．

［9］孙兆刚．行政文秘商务办公全能一本通［M］．北京：化学工业出版社，2021．

［10］黄良友．办公室工作与管理［M］．5版．北京：首都经济贸易大学出版社，2021．

［11］肖云林，孙汝建．秘书综合实训［M］．5版．大连：大连理工大学出版社，2021．

［12］任康磊．行政管理实操：从入门到精通［M］．2版．北京：人民邮电出版社，2022．

［13］陈韵，邹远志，武端理．秘书实务［M］．北京：清华大学出版社，2022．

［14］时代光华．一场近300员工规模的跨国线上考试：中建海峡案例［EB/OL］．http：//www.21tb.com/h-nd-221.html，2019-07-15．